AQUARIUS

AQUARIUS

AQUARIUS

AQUARIUS

Catcher

一如《麥田捕手》的主角，
我們站在危險的崖邊，
抓住每一個跑向懸崖的孩子。
Catcher，是對孩子的一生守護。

心教

點燃每個孩子的學習渴望

李崇建——著

獻給程延平先生（老鬍子）

【推薦序二】

改變，來自渴望

台中教育大學語教系助理教授／劉君珰

我是一位平凡無奇的教師，能夠獲得書寫這篇序文的殊榮，是因為崇建老師說，我是聽過他的講座「最多次」的大學教師。為什麼會「追逐」著崇建老師的講座？其實我一直沒有自覺，直到讀了此書，才明白自己就像書中的雲杉一樣，原來，我是如此想要改變！

我想要改變。可是，總是能夠大方分享內心世界的我，其實並沒有勇氣接受崇建老師「正向探索的問話」，因為，崇建老師總是會翻倒人們內在的冰山，我深深恐懼自己的感受、渴望和期待將不受控制，在人前「眾聲喧譁」，因此，在崇建老師面前我盡可能的三緘其口。可是，我想要改變，「改變」所經歷的起起伏伏，所遭逢的阻滯關卡，只好透由崇建老師的講座伴著我度過。

閱讀此書，就像是聆聽崇建老師的講座：一面攪動著內在的冰山，一面又看見改變的契機。或許，有許多人沒有我這樣的好運，可以聆聽「最多次」崇建老師的講座，然而，閱讀此書可以無盡的「重播」，恣意的「倒帶」，不亞於親莅講座；或許，也有許多人像我一樣，想要改變，卻選擇了三緘其口，我將為這些朋友分享我「改變」的幾重轉折，以回饋崇建老師這幾年來，對我們這群師生不厭其煩的宣說和示範。

「正向探索的問話不是一種策略」，這是崇建老師講座上所強調的；然而，在我嘗試實踐的過程中，真正能體驗這句話卻是經歷了許多內在轉折：

令人疑惑的一致性溝通姿態

崇建老師善於說故事，在故事中帶出薩提爾模式的冰山理論和對應姿態，我也在老師的引介下翻遍了坊間關於薩提爾模式的各式書籍。

我看懂了四種對應姿態，也隨時能夠「對號入座」——覺察自己對孩子的「指責」，對學生的「討好」，對同事的「超理智」，對朋友的「打岔」，以及這四種姿態的牽動關係。然而，我卻一直無法體驗「一致性表達」——語言要「帶有感受、思維、期待、願望及不喜好的誠實」，這是什麼樣的語言？帶有感受不就陷於情緒化了嗎？運用思維所說的話語，還有融入感受的空間嗎？表達出不喜好，適當嗎？曝露內在願望會不會過於揭露呢？

描述「一致性表達」的語彙淺顯易懂，但是，我卻無法想像那是什麼狀態，即使崇建老師多次的示範，我所看到的都是「外相」，看不見老師內在寧靜和諧的世界，也許我不相信這是活生生的人類可以擁有的內心世界，因此，我便看不見了，就算看見了，也未必懂得。

忽地「看見」了家庭圖像

看見了自己的對應姿態，卻無法作出一致性表達，是最令人挫折的一段時光。憤怒後的自責，討好後的羞愧，超理智後的孤獨，打岔後的疲倦，因為「知道」，反而加深了「感受」；然而，我卻無能為力。

有一日，全家人圍坐在餐桌，經歷了一場言語間的不愉快，我清清楚楚看見我們一家子都是以「指責」的姿態對應著彼此，結成由責備所串連的鏈結，我也牢牢被綁在這鎖鏈當中，沉重的無力感席捲而來。這幅圖像清晰地印刻在我的腦海，直到我想起某本薩提爾模式的書籍曾說，只要一角鬆動了，家庭圖像就會改變。那麼，最先鬆動的這一角除了我，還會是誰呢？我決定從自己先改變。

改變，要先整理好自己的內在冰山。只是，理智的時候我可以條理分明的剖析自己的內心世界，但是，情緒一來，所有的整理都將崩壞。我知道，我得先處理自己的情緒。

無可言喻的５Ａ自我對話程式

在某一次的講座，我向崇建老師提出了如何整理情緒的問題，崇建老師回應了5個A的自我對話程式。說實話，當時我覺得對自己說「我知道你難過」、「我允許你難過」、「你做得很好，我很欣賞你」這些話，實在很愚蠢。可是，我真是受夠了挫折感與無力感，即使認為愚蠢，我仍是照做了。我在開車的時候，心情煩悶的時候，會這樣跟自己對話。很奇妙的，每每在來回幾次５Ａ的自我對話後，我找到了「遺失的感覺」。我自以為是個善於覺察內在感受的人，卻在５Ａ的自我對話中翻出了被我壓抑忽略的感受，但是，感受卻不因此而氾濫渲染，反而被妥善安置了。

這段經歷對我來說不可思議！年少時期的我，曾經以為盡情的悲傷或痛苦，這些情緒終有殆盡的一天，因此我縱情於悲春傷秋；然而，事實證明，悲傷或痛苦並沒有因此而減少，反而更加綿延不斷。於是，我開始信奉理性，否定了情緒，拒絕受情緒的撥弄，沒想到當情緒反撲並淹沒理性時，我完全無法駕馭。５Ａ（覺知、承認、允許接納、轉化、自我欣賞）卻整合了感性與理性兩端，承認、允許情緒，對感性而言輕而易舉，卻不一定通得過理性那一關；但是，感性容易沉浸在情緒之中少了轉化，理性卻又太過急躁的想轉移情緒。對待情緒，不論感性或理性，都一定能夠被接納，一般也不會走到欣賞自己這個階段；在我的體驗中，能夠接納情緒，並走到欣賞自己的階段，才能真正達到崇建老師所說的「經驗憤怒，憤怒就漸漸縮小；經驗難過，難過就有了宣洩」。

運用5A整理內在情緒，並不會因為這樣就不再有情緒，而是像崇建老師說的「若能時常練習，轉化的速度便比較快速」。因為允許了、接納了，我不需要再害怕或對抗情緒；因為轉化了、欣賞自我了，也不需要再因情緒而否定自我。一旦情緒暢通了，才有可能展開「一致性的表達」。

拙劣的連結渴望勝過停駐於觀點的對話

一致性的溝通姿態是我十分嚮往的境界，但卻不是整理好情緒就可以做到的。

在教育問題上，我最大的挑戰是對應我的兒子。我和他非常的「不對盤」，雞毛蒜皮的小事在我們之間常常演變成激烈的嘶吼，甚至全武行。我想要改變，大部分是為了他。性格一向溫順隨和的我，沒想到會成為一個時常情緒失控的媽媽，而我實在不想反覆這些不愉快的相處模式。

在一次的講座中，我聽見崇建老師說「連結渴望，便跨越了行為問題」，會後我寫了E-MAIL給老師，我問：

是不是當我與兒子一起確認他真正的感覺與期望後，我直接表現對他的接納、愛或重視，這樣就是渴望的連結了？

崇建老師回覆我：

大致上來說是的，但兒子真正感受到接納、愛與重視，那便是渴望的連結。一般而言，這是最不易做到的

部分，因為當父母接納孩子，告訴孩子自己的愛，孩子不一定能接收，那便未連結渴望。關鍵的模式在於，處理教育問題的大人，在那一瞬間，是否能有更一致性的表達？

崇建老師慷慨而清晰的回答，並沒有讓我成功的轉變為「一致性表達的大人」，在E-MAIL往返不久之後，我和兒子又爆發激烈口角，他憤怒的轉頭就走，我也激動得無法平復情緒，我知道我是愛兒子的，但憤怒扭曲了我的愛，讓他無法感受我的愛，這時，腦中突然浮現崇建老師說的「連結渴望」，我怒氣未消的走向兒子（這時早忘了5A），他則是一臉防衛冷漠的經過我的身旁，很突兀地，我的雙手搭在兒子的肩上，對他說：「媽媽愛你。」這畫面應該很滑稽，我的臉上還寫著不滿，語氣溢著怒意，這是相當「不一致」的表達，原以為兒子會甩開我的手，但是他沒有，我感覺到他的肌肉開始放鬆，他臉上的防衛冷漠瞬間消退，取而代之的是焦急、難過和受傷，這才是他真實的感受——原來，連結渴望並沒有想像中的困難，即使是那麼拙劣的表達，只要出於愛的，還是能回應對愛的渴望，其中只有品質良窳的差別罷了！

回頭檢視這次的經驗，我發現與兒子的「不對盤」來自我堅持我的「觀點」，而他堅持他的；當他開始不滿，我便感到憤怒，然後責備，爭吵便如是展開。有了這層覺察，我開始練習跳過他的「觀點」，先關注他的「感受」，並且，允許、接納他的憤怒（負向情緒），並用愛陪伴和聆聽，在愛裡，因受傷而生的憤怒會逐漸消融，這時，再溝通「觀點」，身為父母應有的「教導」才真正具有功能。這個過程說來簡單，到現在為止，我仍是常常在半途便失敗，例如：無法「暫時擱置」他的觀點、不能接納他的憤怒、耐心在他憤怒的語言中消失殆盡、急於要他接受自己的觀點……，跨越這些障礙，並不是容易的事情。

愛根基於「我是」

現在，雖然偶爾可以順暢的展開一致性的表達，但失敗的經驗仍是比成功多出很多，但是，我的挫折感和無力感已消融了許多，因為我已接納了自己的失敗和不美好。我學會對自己慈悲，然後才能如我所願的對他人慈悲。

薩提爾模式中最抽象的就是「自我、我是」的層次，用「生命力、精神、靈性、核心、本質」說明仍是一樣抽象，也許因為抽象，崇建老師並沒有在這個層次著墨太多。很幸運的，向崇建老師學習的過程中，我同時也在福智的《廣論》讀書會學習，這兩種系統並進的學習，逐漸改變了我對這個世界的看法，改變了我對生命的看法，也改變了我對有情物與無情物彼此關係的看法。雖然我的體驗不深，但我相信，來自「渴望」的愛有一天會被消磨殆盡；根於「我是」的愛，是無窮無盡，無彊界、無時空分野的。

最近聆聽崇建老師的講座，不只一次聽他說，他擔任這樣的角色並不是因為很有熱忱，只是覺得他「正好可以」。我不知道是否有令崇建老師熱忱的事情等著他去完成，但我以為，只是因為「可以」便貢獻自己給這些素昧平生的人們，只有「渴望」是支撐不了的。

感恩崇建老師，謹以此序記錄我的改變，並以我的改變印證書中的一切並不僅僅是故事，而是許多生命的真實波動。

【推薦序二】

大寧靜

中山女高國文教師／張輝誠

崇建和我同往南京演講，途中對我說：「也許你不相信，我感覺內在的能量越來越強大。」雖然當時我並沒有回答，但其實我是相信的，因為我曾受教於毓老師，我確實感受過那種內在深厚而穩定的力量，崇建確實有，只是型態不一樣。

我是個怕生的人，很不喜歡接觸陌生人。在桃園機場登機櫃檯前，崇建在後方叫了我的名字，這是我們第一次見面。當時我只知道他是好友徐國能的學長，朋友小說家張耀仁的８Ｐ同人，之前他還寫了一篇自己在新加坡旅館特地抽空觀看學思達影片的心得文字〈我看張輝誠演講翻轉教室〉，那時候學思達剛起步沒多久，還有少數人對學思達表達懷疑、甚至冷嘲熱諷，但是素昧平生的崇建已經這樣寫到：「張輝誠的演講，我大部分都同意，只是由體制內教師說出來、做出來，我認為相當不容易……但我是從體制外至課後教育教學，比起張輝誠在體制內這樣做，便大大比不上他了。」初看此文，我真是備感溫暖，覺得受到支持。

即使如此，我還是怕生。

崇建很快就開始展開我們兩人的對話，他的語氣平和而穩定，不卑不亢，沒有討好，沒有鄙視，他開始談起自己的成長過程，我感到不可思議。我也開始講起我的卑微家庭、自卑的心態、壓抑的情感，還有因自卑而轉變成充滿攻擊性的性格……崇建一邊聽著一邊回應：「其實我們這種家庭長大的小孩都會這樣……」我沒想到他是這樣回應，我感到非常溫暖，後來我才知道這就是崇建強調的「接納」和「同理心」。他又講起他如何接觸薩提爾，如何改變他的教學與輔導，甚至改變他的生命，導致他現在所做的一切種種；我也跟他說我如何花十七年打造出學思達、如何再花十年推廣、如何要改變台灣教育、甚至全世界華文教育。——對話當中，我很快就看出崇建將薩提爾模式融入教育現場的開創性與珍貴性。我對他說：「崇建，學思達需要你的幫忙！不，是全台灣的老師都需要你的幫忙！」崇建說：「我比較隨興，我沒有像你這樣熱情、有方法、有策略。」這樣的回答，心裡又是一道暖流，他沒有高高在上、沒有興高彩烈、得意洋洋，同時又給了我重要的價值感。

是的，感受之重要，價值感之重要。不注重自我感受與他人感受，常常就是落得自傷而後傷人的局面；失去價值感，人生的內在動力就常常消失到無影無蹤。——崇建不是天縱英明，他在《麥田裡的老師》直接而明白坦承自己過去是如何不懂輔導學生、不懂處理自我情緒、不懂處理他人與自我的感受，他是接觸薩提爾之後，又一步一步鍛鍊深化、發揮延伸，才變成現在這個模樣，可以安頓自己，又能安頓他人。

回到台灣，崇建希望我能為他的新書寫序，我回了一封信給他：「謝謝，期待大作。在桃園機場和南京聽君一番話。我的躁動之心忽得大平靜，從前種種之委屈求全、驚惶不安皆霎時雲淡風輕矣，漸漸感受何謂大自在、何謂止觀、何謂喜怒哀樂之未發，發而皆中節之意，感謝感謝，受用不盡。」

崇建說他感覺內在的能量越來越強大，我相信這是真的。從前我在各種書上「看過」、「知道」各式各樣的境界：「中和」、「禪定」、「逍遙」、「心齋坐忘」、「心凝形釋」……但現在才忽然慢慢真實

「感受」、「領悟」、「覺察」到。——如果說毓老師的生命力是「剛毅堅強」，那麼崇建就是「寧靜致遠」，毓老師常說：「成就事業，心要像鐵一樣堅，像水一樣平。」崇建如今很輕易就能做到後者，像水一樣平，看似容易，其實太難太難！

為學日益，為道日損。崇建這本書之珍貴，在於有理論，更有實務、有技術(薩提爾強調體驗與實務)，技術如為學可以日益，但是崇建已經走向求道了，他開始減少各種外在的損耗，集中關注內心能量的鍛鍊與培養，他在焦躁又充滿衝突的世界中提供最簡便的寧靜、安定的捷徑，以科學為底，體驗為主，沒有玄虛，不涉信仰，讓躁動的人們感受到大寧靜的平和與喜悅。

他一方面接引焦躁者，同回大寧靜之際，一方面又踽踽獨行，深往大道之途，他的力量越來越飽滿，恰好是他證道深淺的具體之表現啊！

正道坦易，祝福崇建。

【推薦序三】

心靈的主旋律——停頓

國立嘉義大學教育學系副教授／張淑媚

不論在教育界與輔導界裡，他都是個奇葩。

他沒有修過任何的教育學分，卻不斷地在為老師與大學教授分享他獨創的作文教學；他沒有拿過諮商師的證照，卻一直在以薩提爾模式輔導青少年、家長以及老師，這樣的崇建這些年來被許多人尊奉為心靈導師！我聽過太多對他超乎尋常的讚美，什麼「聽他的演講是大學兩年中唯一一堂全神貫注的課」，什麼「整場演講我的眼睛一分一秒都沒離開過他」，乾脆有學生直接稱他為「神人」，這在所謂「難搞」的年輕學子身上是非常難得一見的場景。而主動為他寫這篇序文，其實是不想讓大家神格化高高在上的心靈大師李崇建，我想先來個毀神運動……

幾次接觸後，慢慢看到他的另一面！

有一回請他口試，他初到時臉色超臭，一副完全不可入侵的嚴肅模樣。口試後的短暫閒聊中，才知道前一晚他只睡了三小時，倒也不是在趕什麼不得不做的工作，而是看了一場很感動的電影《藍色是最溫暖的顏色》。他與奮地提到裡頭女同志的性愛過程實在是太感人了，神情全然陶醉其中，臉上的嚴肅盡褪。口試結束，我跟同事邀他一起去吃飯，他不斷加強手勢、手舞足蹈的繼續說起這部電影，又再度強調這齣電影裡細膩的性愛鏡頭。我同事第一回見他，加上我平日的努力宣傳，她很興奮的期待跟一位心靈大師做深度交流，沒想到第一次的深度會談中有四分之一的時間都在頌讚女同志的性愛鏡頭、四分之一的時間在聊作家名人的故事，中間還穿插著他哈哈哈哈哈足以讓人側目的大笑聲，好啦好啦，起碼還有將近一半的時間回應我同事的深度心靈問題。

這是崇建非常阿建的一面！有時臉超臭、有時聊聊小八卦、說話笑起來很大聲、講故事的時候很戲劇化，還不時陶醉在自我的世界裡。據說晚上只睡五六個小時已經是他生活的常態，擔心他工作太多時，他會一派優雅地說：「我事務繁忙，但是我很隨性，照顧自己的時刻非常多。」我放在嘴邊忍住沒說的是，隨性!?該是任性吧！明明就是歐伊桑，怎麼就像青少年一般生活作息不正常呀!?不知道這樣有沒有毀了一個心靈大師的形象？毀了正好，正因為毀了形象，看到心靈大師崇建緩緩降落人間，成了一個有個性、不完美的阿建，反倒是真實而豐富的面貌！

阿建這本書是《麥田裡的老師》的延伸，同樣串穿了薩提爾模式的精神。其中展現了很細緻的晤談細節以及清楚的應用技巧，可以說是一本薩提爾專業指南書。說真的，不是那種可以閒散的翹著二郎腿、翻到哪頁都可以開始讀的書，而是一本得泡杯好茶、在一段寧靜的時空裡，預備好安適的心才能仔細品嘗的心靈書。在這本書裡，阿建構築了「姿態」、「語態」、「感受」、「渴望」、「正向好奇」與「停頓」六個環環相扣的脈絡，然而我不斷在故事裡反覆聽見、最觸動我的主旋律卻是「停頓」。我認為，「停頓」是阿建近年來巧妙的運用自己的靈性體悟對薩提爾模式所進行的獨特詮釋。他在晤談過程中的「停頓」，往往只是瞬間的留白，然而暫停對話不但為對方的情緒創造了醞釀以及表達的空間，也為自己留下一個空間可以調整姿態回歸安穩。「停頓」看來只是一個簡單的暫停技巧，然而以阿建在短短的停頓裡他可以迅速轉化情緒進入寧靜之中，讓寧靜的巨大能量推動著晤談往心靈深處前進。

對我來說，「停頓」很難，難的不是那幾秒鐘的中斷，而是在那短暫的空白中如何安頓自己的尷尬與倉促，安適的回歸自身，這是很深刻的心靈體驗，需要在平日的自我觀照中不斷練習。工作忙碌的阿建，很習慣在內心停頓、察覺與調整自己。我曾經好奇的詢問他，是不是可以說說自己如何學習停頓的故事？阿建說不太上，他說自己從大量閱讀與薩提爾模式的學習中就懂了，他的改變幾乎是一個頓悟的過程。好個令人妒羨的頓悟呀！這樣一種頓悟的天分或許跟他的個性有極大的關聯。他寬厚隨和卻有些難以靠近，自稱有點嚴肅刻板、喜歡獨處、個性冷寂，這樣的生命基調看似並不符合一個熱心、溫暖、喜歡接近人群的助人者形象。然而奇妙的是，正是阿建這麼非典型的個性反倒成了能量強大的助人者。

我比較接近典型的助人者類型，從小就夢想著成為一名老師。這兩年參與了薩提爾工作坊之後，薩提爾成了帶領我往裡面走的重要線索。我也試著熱心跟學生分享，引領學生做冰山探索，甚至大膽的用薩提爾模式主動積極地找學生晤談，即便清楚自己的不足，但是強烈的熱情帶著我，反正就硬著頭皮試了，當時的我努力在晤談後進行記錄，將記錄寄給阿建，他也在忙碌的空檔多次給我書面回饋。他透過信件幾次提醒我慢一點，多在自己的內在停頓。起初我不太明白，幾次在學生發展不如自己預期的挫折後，慢慢發現我之所以那麼熱心不是為了什麼冠冕堂皇的理由，而是為了彌補自己這幾年心底深刻的寂寞，熱心的臉孔裡頭不但藏著想從學生討愛的意圖，同時也想從學生身上證明自己的價值。我才深深意識到自己的確該緩緩了，我提醒自己先更多的往裡頭探索，在連結別人之前，先找到自己的安穩。阿建邀請我多給自己機會一個人獨處，在心底升起的感受中停頓，即使是難過孤單，單單只是停頓著，去經驗著其中的痛，臣服與接納生命中的所有感受與歷程，才能真正的接納自我。透過阿建文字的陪伴，我嘗試緩下腳步，開始一個人的散步、一個人的獨處、一個人的旅行，試著與我的情緒面對面，細細品味一個人裡頭的孤單、難過、喜悅、自由與豐富。在停頓裡接觸情緒、連結自己內在愛的渴望，在停頓裡看見自己的豐富與可能性。真是不容易呀！有時我做得到，有時又在匆忙中陷落。但是阿建的回應是「容許自己一時做不到，我知道你會朝著正向發展」。在助人的歷程裡，他就是靜靜的透過停頓，衍生出同理、等待與陪伴的態度，這不但是阿建從薩提爾模式轉化出的助人姿態，也是他面對兒童與青少年的教育信念。

與阿建這樣的助人者相遇，在他裡頭我感受到一份不受影響的定靜。不在意求助者是否和自己產生親密的連結，也不從對方的改變成效來定義自我價值，只是透過自己的安穩連結孩子的渴望，幫助孩子找到正向價值。正如阿建常說的，「別人討厭我也好，喜歡我也罷，我就在這裡，如是而已。」

他在長年的生命歷程中努力的轉化了自己獨特的個性：他把自己嚴肅刻板的資源轉化為學習薩提爾模式的努力與堅持；他將喜歡一個人獨處的資源轉化為自己內在的沉穩；把自己長年的叛逆轉化為對青少年的同理；將自己的冷寂轉化為不受晤談對象影響的寧靜。這樣的阿建是自足的助人者，善於利用「停頓」在自我與他人之間順暢流動，深入人心的波動卻又回歸自己的平靜安穩。

我正朝著自足的助人者發展。期待這本書把「停頓」的心靈主旋律帶給每一位走向前的讀者，學習在「停頓」中聆聽自己與別人的感受，在「停頓」所開展出的寧靜中深深與他人連結！

【推薦序四】

教育的一盞心燈

新加坡行知文教中心創辦人／陳君寶

認識李崇建老師是通過許榮哲老師的推薦。那年我經常邀請許老師來新加坡演講，許老師特別推薦他。第一次邀請崇建老師給新加坡老師上課，是在二〇一二年十一月。我帶了二十多位新加坡教師前往臺灣學習，特別安排崇建老師給大家上課。參與那次課程的老師回饋非常的好，其中還有一些是英文老師，真的非常難得。

崇建老師的演說非常有魅力，能夠吸引人，讓老師們聽得津津有味，沒有一刻是沉悶的。其內容豐富，利用個案有說服力。他用實際的例子，讓參與者「搬演片段」，進行演練，也分享如何掌控個人情緒的方式，這些對於老師們來說非常受用，因為他們能夠在生活及教學中應用。如果能讓更多老師、家長更深入理解並掌握這套方法，就能夠讓更多孩子不必陷入無助與孤單中。

二〇一三年一月，崇建老師第一次來新加坡演講。這兩年裡，崇建老師已經陸續來了新加坡五次，每次都會安排超過十場的演講，對象包括學生、老師及家長。崇建老師的每場演講都得到了非常好的回饋，我想主要是因為李崇建老師有非常強的個人魅力。他的演講包括了閱讀、寫作、品格教育及親子教育，這些都是本地學府所重視的項目。崇建老師的另一個特色就是結合了薩提爾模式及正向引導的方式來提升孩子的學習能力。這也是一般老師比較少用的。其實，不管是家長或者老師，都非常需要學習這套方法。

和崇建老師交流，既像是上了一堂教育心理學的課，又像是觀看一齣動人的電影，電影落幕後，在腦海中揮之不去的是崇建老師與學生之間有品質的對話。崇建老師將理論結合實際個案，讓我也回憶起自己曾經遇過的狀況，反思當時的做法給孩子帶來了什麼影響，甚至思考如果能重來一次，我又會怎麼處理。親臨他的教學現場，觀察他與學生互動的過程，讓我留下最深刻印象的，就是他如何正向地引導和讚賞孩子。

崇建老師讓許許多多的新加坡老師和家長開始認識薩提爾模式，開始認識自己。家長和老師們把所學的運用在自己的生活及教學上，都受益良多。在一次的分享會中，他們的實際運用例子，感動了在場的出席者。過後，教育部也邀請他們前往和其他老師分享學習的心得。

崇建老師也讓許許多多的學生找到了語文學習的動機，對寫作有了信心。為了進一步協助新加坡孩子掌握語文學習，今年崇建老師也義務擔任了新加坡一所語文學校——耕讀園的課程兼親子教育顧問。耕讀園的創意寫作課程，便是採用崇建老師的故事核心創意作文術，自由地從故事出發，以討論取代套裝的架構，讓孩子們以故事作為創意，同時接納孩子的獨特性格，通過正向引導，鼓勵他們大膽創作，與孩子攜手面對寫作的難題。為了進一步學習，耕讀園老師也遠到臺灣觀摩及與崇建老師進行交流。耕讀園也與千樹成林的老師們合作，在南京和新加坡開辦寫作營。耕讀園便是希望通過崇建老師的方法，讓本地孩子能夠快樂地學習，並培養懂得感受生活、熱愛閱讀、有想法、能自信地以中文表達，具備思考與自學能力的孩子。

崇建老師如一盞心燈，照亮了黑暗世界的角落；如一把心鑰，打開了幸福天堂的大門！謝謝他每一場精妙絕倫的演講，讓我，還有每一位出席他的演說的家長和老師的心靈得到充分的滋養。

他們都誠摯推薦——

台中市何厝國小教師／王美智

執教鞭二十年，「班級經營」一直是我引以為傲的一環，然而這兩年孩子的問題越來越多元，對於處理部分孩子的狀況，開始有些困惑。明知這孩子「不對勁兒」，但就是不知道問題點在哪。直到上了阿建老師的課、看了阿建老師的書，赫然發現，問題是在大人身上。

班上一位非常容易分心、無法自我控制的孩子，在躲避球賽的過程完全恍神。教練氣得直跳腳，被換下場後一臉茫然，當下我邀請孩子做深呼吸提醒專注，並帶他回想剛才球賽的情境，果真下一場比賽的表現就比較盡如人意；另一位孩子在家跟家長發生爭執時，竟然跟媽媽說：「媽媽妳可不可以跟我們老師一樣，慢慢地跟我說、聽我說……」；另有一位桀驁不遜、劍拔弩張的孩子，經由不帶情緒的應對，他能認錯，事後並如期的繳交課文罰寫。孩子從此就變好、變乖嗎？當然不可能，但至少是個好的開始，父母、師長需要努力、成長的空間還很大。謝謝阿建老師讓我有機會改變自己，並能對孩子發揮正向的影響力。

心理工作者／李泓

看阿建老師與孩子們的故事，常常很震撼。震撼一位教師，內在可以如此寬廣與定靜，彷佛有一種安定的魔法，讓來到眼前的孩子，無論是生氣、叛逆、抗拒，都能在瞬息之間平靜下來。看阿建老師與孩子們的對話，也常會濕了眼眶。我感動有人能夠用如此簡單卻深沉的話語，與孩子複雜的內在感受同在，給出一份看見，一份理解，一份欣賞，然後，彷彿聽見孩子的心門就啪、啪、啪、啪地打開了一扇又一扇，一層又一層。

而繼《麥田裡的老師》之後，阿建老師透過這本書，將他的魔法轉化為一般人可以理解的脈絡與概念，娓娓地帶領讀者貼近孩子，同時更是貼近自己。讓內在的感受可以被好好表達，努力可以被好好欣賞，生命的價值與美可以被溫暖地感知。

美好的故事，美好的知識，美好的愛，飽滿地蘊藏在，這本美好的書裡。

台中市大鵬國小輔導主任／李秀美

讀過《麥田裡的老師》，讓我不再單靠大腦的ＳＯＰ處理孩子的問題，嘗試開啟「心的感知」。而《心教——點燃每個孩子的學習渴望》則讓心更全然的展現！透過實例，阿建老師將薩提爾模式更具體明確的呈現脈絡與對話，不但提供與孩子的有效溝通，也讓愛如實的交融，更特別的是連大人也因此浸潤在溫暖中，不再是身負重任、沉重悲情的老師（師長），而是溫暖、自在、寧靜陪伴孩子欣賞生命風景的老師與父母。

上海創業成功企業家／李宜隆

崇建是我國小同學，我們比鄰而坐，對於他的成長與轉變，我有很深的體認：原來人擁有的資源來自內在，學會取用資源，人就能夠擁有巨大改變。我對於他從薩提爾模式轉化出來的教育方式，深深讚嘆與贊同，我認為不僅運用於親子，也適用於師生，甚至企業之中，都能帶來巨大的效力。

台中市立大墩國中家長會副會長／林佩芬

一直以來，我認識的崇建就是一位心懷大愛，且可以帶給周遭朋友無限溫暖的人。感謝崇建引領我進入薩提爾的學習，讓我有機會從指責、討好、超理智及打岔的姿態中不斷修正。崇建身上有股神奇的魔力，每每透過他的寫作、課程或是演講等，總是可以帶回滿滿的能量。

一〇四人力銀行資深協理、中央大學人力資源兼任助理教授／林俊宏

崇建融入薩提爾模式的心法，不只運用在學校教育、家庭教養上有助益，在企業上人力資源的運用，人才適性發展更是有效，對於人員在學習心態及工作意願上都有強大的幫助，我極力推薦這本難得一見的好書。

台中市大秀國小輔導主任／翁秀如

聆聽阿建老師的演講是一種享受，可以與自己的內在小孩做連結。現場任何自願分享的教養實例，老師總三兩句對話就令談話者落淚，更神奇的是令一旁聽講的人也對號入座，心頭一陣酸也紅了眼眶，彷彿就是自己的例子浮上了檯面。老師結合各家學派，和自己輔導孩子的經驗，發展出與孩子談話的要項，在方法和實例間穿梭自如，我卻來不及把所有的重點記下。引頸期盼老師的新作終於出版了，有了葵花寶典在手，我們就能好好研究，精進自己與孩子談話的品質。

佳音英語南投分校班主任／張千珠（Jully）

親子溝通需要方法，崇建兼顧理論與實務，傾聽與實作，他能清楚看見所有父母親的想法，與孩子的需要。藉由這本書，可以看見所有親子與教育問題，在書中娓娓道來的觀念與故事，定會讓讀者有所幫助。

曙光文教機構執行長、台中惠文國小家長會副會長／張志

認識阿建老師已經八年，每次找阿建老師時，十之八九都在跟孩子與家長談話。常常一等就是要一小時以上，後來，就只能改以預約方式碰面了。阿建老師有一種獨有的氣質，氣質的背後，是深厚的薩提爾模式心法，協助父母、教師與孩子連結人的渴求，我也從阿建老師身上學習許多。我這八年來，不斷向阿建學習，嘗試以阿建對人的方式運用在機構中，發現同仁更具有向心力，互動的品質也更好了。

南投縣政府教育處處長、國立臺中教育大學語文教育學系教授／彭雅玲

面對心靈的創傷和缺口，人們往往選擇逃避、遺忘、壓抑或憤怒等方式遮蔽自己、保護自己。在講求效率的當代社會，我們已一點一滴失去自我對話，以及與人溝通的耐性和能力。阿建老師多年來運用薩提爾模式解決許多學生的情緒問題，書中一個個案例，沒有艱澀難懂的術語，只有愛的關懷和正向的教育理念，可以療癒和撫慰人心，讀完令人充滿力量。

台中市大明國小教學組長／彭麗芝

我從崇建老師演講的聽眾，到成為他長期觀課的教師。也從懵懂模糊的概念，到具體實證的經驗，我在教育現場一次又一次看見老師，運用薩提爾模式中的一致性與冰山模式，關懷著無助的孩子、教師與家長，在崇建老師面前，我們的冰山都融化了。崇建老師有一種魅力，讓人專注的聽他說話；也具有一種魔力，讓人們願意與他分享；他還有一種活力，支持著我們面對自己。

台東縣立寶桑國中教師／楊惠如

二〇一一年春天，邀請崇建與孩子們分享文學，崇建和班上最有狀況的幾個孩子對話，我第一次感受到愛原來可以如此寬，孩子們的心自然變得柔軟。是好奇也是輔導專業上需要，我開始學習薩提爾，還沒幫助到學生，就先安頓了自己，原來，我一直沒有好好的照顧過自己的內在。崇建總是如此的提醒我，要先懂得愛自己，才能有更大的能量愛學生，這幾年體會甚多。每半年，我必親自邀請崇建研習，重整自己的內在，崇建見到我總會說：「你都聽過，不需要來了。」我總是微笑，理論容易實踐難，每次複習都會有不同的收穫。在這本書之前，每每面對孩子問題不知所措時，我的伙伴總會說：「你該重讀《麥田裡的老師》了。」那是過去那段時間處理孩子們棘手問題的葵花寶典，接下來這本書，相信我們可以從案例中揣摩更多！

台北市雨農國小教師／鄭士凱

曾經，我一直好奇人的價值是什麼？教育的核心又是什麼？人師又該當如何？直到認識崇建老師，啟發我對人與教育更開闊的觀點，以及更深層的體驗，我似乎有了答案。從過去著重目標導向、解決問題，轉而選擇接納陪伴，我也確實感受到「冰山」所蘊含的能量。所謂的「愛與榜樣」、「溫和而堅定」，有了具體的方向。照顧人的「感受與渴望」，「人師」也有了新的詮釋與實踐。

貞誠文教機構負責人之一／鄭吉裕

與崇建認識三十餘年，他是一位能抒發人壓力的導師。我與崇建同樣從事課後教育，深深體悟學生的學習問題，來自學生成長的環境與過程，大多細微不易覺察，和崇建書中許多的故事相同。從崇建的書中，讓我了解試著用不同視界，以更寬闊的方法看待和處理問題，得到更美好的教育品質。

佳音英語溪湖分校班主任／盧進坤（Roger）

崇建是我的國中同學，三年前他應邀到高中演講，結束後來家裡看看老同學，並且敘舊。言談間我向他請教，有關青春期的女兒，因觀念差異，溝通不良導致關係緊張的窘境。他立刻與我分享看法，引領我理解與溝通，並立即進行角色扮演，當晚實作之後，獲得出乎意料的結果，父女會心擁抱……日後更漸入佳境。

宜蘭慈心華德福資深教師／謝易霖

做人，就是不斷自我覺察，當老師，就對生命永遠好奇，因來到眼前的孩子，就是奧祕。崇建是真誠的助人者，在家族治療領域投入深，體會亦深；閱歷豐富，是詩人與小說寫者，他筆下的生命交流既溫暖且高度可讀。教育誠是「善變／變善」的生命藝術，對於家長、教師與承諾自我成長的人，這本充滿故事的工具書，必能得到你的欣賞與共鳴。

台中市何厝國小校長／闕紫心

如果說「與生命連結是一種不可多得的美好」，那麼認識用真心說生命故事、以「正向回應」的互動點燃教育工作者內心深處的熱忱與初衷、時時散發有溫暖與影響力的阿建老師，則應是人生的另一份不可多得的美好。

二〇一四年仲夏「愛孩子的方程式」工作坊中，他帶領大家透過角色扮演、討論與示範，讓大家領略到「薩提爾模式」的威力與魅力。而「心教」則是更進一步將令人驚豔的「心技術」透過實務以明確的文字羅列可行步驟，提供可與孩子深度交心循序漸進的參考寶典，也讓阿建老師助人之道更加燦爛美善。

國立清華大學中文系兼任助理教授／羅志仲

跟著崇建學習薩提爾模式後，我第一次有了「覺醒」的奇妙體驗。過往積累的內在痛苦豁然而解，原來人可以這麼輕鬆活著。心變得柔軟後，更有彈性、韌性面對人生的各種挑戰。在教學上，冰山隱喻不僅可用於文本分析，也能在與學生的對話中挖掘出更深刻的內容。

海內外86位教師・諮商師・各界專家齊聲推薦！

（依姓氏筆劃順序排列）

大學教授

王文仁（國立虎尾科大通識中心副教授）
成虹飛（國立新竹教育大學教育與學習科技學系副教授）
林香伶（東海大學中文系教授、東海大學中區中文寫作中心主持人）
徐國能（國立台灣師範大學國文系副教授）
陳明柔（靜宜大學台文系副教授、靜宜大學蓋夏圖書館館長）
陳慶元（東海大學中文系助理教授）
唐毓麗（國立高雄師範大學國文學系副教授）

高中教師

李德政（高雄市三民家商體育教師）
官淑雲（台中市曉明女中圖書館主任）
林玉苹（台中市后綜高中教師會會長）
林淑芳（國立暨南國際大學附屬高級中學輔導主任）
林羿妘（苗栗縣卓蘭實中代理輔導教師）
柯文怡（台南市南寧高中圖書館教師）
徐麗娟（台中市大里高中專任教師）
高先瑩（彰化員林農工輔導主任）
高榮利（台中市清水高中圖書館主任）
秦　蓓（台南市北門高中圖書館主任）
陳文祥（彰化縣二林高中圖書館主任）

陳惠晶（新竹市成德高中圖書館主任）
莊義得（桃園縣桃園高中輔導主任）
湯雅玲（高雄市立中正高工專任輔導教師）
葉瓊琪（新竹市香山高中圖書館主任）
黃淑偵（台北市景美女中國文教師）
潘如玲（台中市文華高中國文教師）
詹淑慧（台中市東勢高工輔導主任）
趙秀金（台東體中教師）
鄭麗蓉（台中市新社高中圖書館主任）
蔡淇華（台中市惠文高中圖書館主任）

國中教師

吳敏慧（花蓮縣美崙國民中學國文教師）
吳翌貞（彰化縣芬園國中設備組長彰化縣、一〇二年教學觀摩白金獎獲金質獎）
林吏佳（新北市桃子腳國中小輔導副組長）
周依婉（南投縣 弘仁國中輔導主任）
胡金枝（台中市立人國中校長）
高銘頂（台北市政大附中前家長會會長）
張嘉亨（台中市清泉國中校長）
劉佳惠（台中市光明國中數學教師）
蘇宴慧（彰化縣大同國中輔導組長）

國小教師

王文志（嘉義市宣信國小輔導主任、一〇三年度全國家庭教育推動工作績優教師）
李宗杰（台中市東興國小學務主任）
吳姿瑢（台中市永安國小輔導組長）
吳旻芬（豐原市南陽國小音樂教師）
余偉銘（臺中市豐樂華德福實驗學校教師團主席）
巫邕儀（南投縣育英國小教師、第二屆全國SUPER教師 國小組首獎得主）
林芬惠（宜蘭學進國小英文教師）
林佩英（台中市立人國小輔導主任）
徐大偉（台中市永安國小校長）
徐昌義（南投縣溪南國小校長）
徐慧玲（苗栗銅鑼國小訓導主任）
陳怡婷（台中市大仁國小校長）
陳貞芳（花蓮縣東華大學附設小學校長）
陳素貞（台中市惠來國小輔導主任）
陳傳芳（桃園縣前仁美華德福教師）
陳愫儀（台南市慈濟國小語文實驗班兼任教師、童書作家）
張佳琪（桃園縣仁美華德福英語教師）

許瑞芳（台中市大明國小校長）
許慧貞（花蓮明義國小教師、花蓮新象繪本館館長）
楊麗珠（台中市文心國小前輔導主任）
廖曉柔（台中市上石國小輔導主任）
盧秋菊（台中市僑孝國小輔導主任）
戴莉如（花蓮東華大學附設小學輔導主任）
謝佳伶（嘉義大學附設小學輔導主任）
謝薰靜（台中市東興國小教師）
魏晨芳（台中市北屯區新興國小教師）
鍾佩怡（花蓮東華大學附設小學教師）
羅雪美（東勢鎮新盛國小輔導主任）

幼兒園教師

郭元蕙（新竹市研田幼兒園園長）
康碧貞（台中市南屯區瑪歐爾幼兒園園長）

其他各界人士推薦

王麗卿（台灣碧波關懷地球人文協會顧問）
邱振昌（新竹市家長會長協會籌備主委）

吳宜潔（澎湖家扶中心資深社工員）
林珊宇（家扶基金會雲林分所社工督導）
林香伶（家扶基金會雲林分所附設希望學園園長）
倪英渱（澳洲花精療癒師、情緒花園工作室負責人）
陳桂芳（呂旭立基金會心理諮商師）
陳裕琪（主婦聯盟環境保護基金會副董事長）
陳佩璇（台中市全人家長會長協會秘書長）
張天安（心理與教育的獨立工作者、行動諮商心理師）
張瑤華（台灣青少年教育協進會理事長）
黃鈺婷（台中市自閉症教育協進會總幹事）
彭淑燕（台中市全人家長會長協會理事長）
劉家杏（林業生基金會台中美村課輔組組長）

來自新加坡的推薦

鄧祿星（新加坡國小教師）
翁添保（新加坡國小教師）
吳佩蓉（新加坡國小教師）
陳麗卿（新加坡諮商師）
梁慧瑜（新加坡教師）

《心教——點燃每個孩子的學習渴望》

目錄

關於這本書

這本書從二〇一三年初春開始架構，寫到二〇一五年開春，更動了數次想法，也更動數次書寫方式，始成為目前的樣貌。

我曾問過自己，為何要再寫一本教育書？再出版一本教育書，除了增加收入之外，對我的意義並不大。坊間的教育書已經夠多，並不需要再多一本書，我還有新的想法分享嗎？我在《麥田裡的老師》一書中，已將教育的想法表達完了。

隨著時間過去，我對教育有新的體會，主要從薩提爾模式、托勒、教育書、心理學，以及靈性書得來。在這一段期間，我決定接受出版社邀請，再寫一本教育書，將教育內涵呈現更細膩一點兒。

我思索這本書，應該如何書寫，如何安排？才能讓父母與教師，或者對教育有興趣的人，能更簡單、更深入的瞭解。除了我一貫喜歡說故事，並且延續《麥田裡的老師》寫法，從帶領孩子成長的故事，將關鍵的對話、思考與脈絡的運用書寫出來。

我將對教育的想法，分為六個脈絡：姿態、語態、感受、渴望、正向好奇與停頓，這六個脈絡看似獨立，實則環環相扣且息息相關，都屬於我長年講座的「情感教育」，但這兒必須說明的是，我此處所提的「情感教育」，有別於一般人認識的ＥＱ教育，甚至內涵大不相同。在這些脈絡之下，我一反過去的寫法，書寫了大量的概念，以及辯證這些概念的思索，給善於思考的朋友參考，並且在每一個脈絡之後，都提供相對應的範例，俾便讀者瞭解。

除了六個脈絡之外，我邀請幾位學員展現學習成果，除了分享教育上的學習，也讓讀者對照本書來看他人的實踐。書末我整理了良好環境建構的願景，補足我在《麥田裡的老師》大略提及的「如何建構主文化」內涵。

在本書最前面兩篇，我以兩個教育現場的故事開啟，在關鍵之處列出本書可深入瞭解的線索，以免開始翻閱就被大量概念淹沒。

本書中呈現的範例，我刻意模糊了故事背景，將文學性描述的部分減少，甚至直接展現記錄的對話實錄。我一反過去的書寫習慣：拿給當事人閱覽，同意之後再行刊登。因為故事背景刻意模糊了，和現實的當事人已有出入，特別要在此說明。

當前台灣的學校教育，大規模推動翻轉教育，揚棄舊年代套裝講授的教學法，轉而針對教育現場設計出更活潑、更適性、更高效的學習方式。但是在師生互動、家庭教養，以及課堂遭遇的狀況，不少師長仍舊有無力感。我常思索教育者改變舊慣性的可能，能否發展一套新的思維，新的應對模式，有別於過去的舊慣性？這本書中的脈絡是我期望改變的一部分。

最後我要感謝寶瓶出版社，尤其是總編輯朱亞君，謝謝她願意出版這本超過十五萬字的書，對於出版社而言並非好選擇，但是她始終一路給予我支持，也謝謝所有為我推薦的朋友，還有購買本書的朋友們。

一 與青少年對話

同理孩子的內在，也覺察自己的姿態，
不高高在上，不口是心非，
讓你與孩子的溝通，有最真誠的開始。

憤怒的少年也有柔軟

二〇一四年暑假特別燠熱，幾乎沒有颱風造訪。來造訪我的多半是家長，詢問孩子的教育問題。也有孩子詢問如何和父母相處？如何面對親人過世？或者詢問如何寫一篇作文！其中有兩位孩子的母親先後來電，分享孩子大考後的成績，他們考上理想的學校了。我不在乎孩子一時的表現，但的確為他們開心，他們如此認真對待自己的生命。他們過去曾處於困頓，那也是我少年時期曾有的歷程，我曾陪著他們讀書，也曾經陪伴他們一段時光，彷彿陪伴少年的李崇建（Tip1）。

單親少年

小柏是寫作班的孩子，長相斯文英俊，行為謙恭有禮，不僅很少說話，被稱讚時，常流露靦腆的表情。但是當班上秩序吵鬧時，他會主動要求同學安靜，是個很有正義感的孩子。

小柏的媽媽一日來電了，憂心忡忡地訴說小柏的處境：剛升上國中的小柏，班上有三個令教師頭痛的孩子，小柏不僅是其中之一，還被老師稱之為「周處」。

媽媽特別向我解釋：「你聽得懂這意思嗎？古人說『周處除三害！』，最大的一害就是周處。他功課已經滑落谷底，上課公然睡覺就算了，還破壞班上秩序，老師用了各種方式都拿他沒辦法。昨天學校打電話來，說這個孩子嗆（這個詞彙，比『頂撞』更強烈一點兒）老師，在走廊上惡狠狠的瞪老師。我已經不在乎他的功課了，只要他品行好就可以了，現在我不知道還能怎麼辦？」

「爸爸怎麼看待這件事呢？」我試著詢問家庭狀況（Tip2）。

媽媽停頓了一下，難過地說：「我是單親家庭，他的父親另外有家庭了。」

「孩子和爸爸的關係好嗎？」

「他應該會生爸爸的氣，沒去找過爸爸。」媽媽費力的陳述家庭狀況。我知道單親父母，帶著一個孩子，容易心力交瘁，何況青春期的孩子出了狀況。

單親的孩子，也是辛苦的。若是孩子能夠符合主流價值：一般而言是功課表現。青春期出現狀況

Tip1——每當提到孩子的叛逆，我都會想到自己的成長歷程，我也常邀請父母連結自己的經驗，便容易同理孩子，教育也會變得比較簡單了。

Tip2——面對孩子的問題，身為一個教師，我會以簡單且尊重家長的方式，了解家庭的圖像。比如我詢問：「爸爸怎麼看待這件事呢？」事實上是在探索家庭動力，我從中獲取的資訊，有助於我幫助孩子。

的比例較少；若是無法符合主流價值，情緒又無法被人理解，狀況也會比較多。

小柏向來尊重我，我也很喜歡這個孩子，我答應媽媽，和他談一談學校發生的事，但我也鼓勵媽媽請孩子多和父親連結。

同理孩子的內在

一個青少年頂撞老師，表示內在的憤怒壓抑不了，以激烈的方式表達，有時也非他們所願。孩子頂撞師長，顯然並不恰當，但是頂撞師長的現象，從三十年前就時有耳聞，只是現今台灣的社會環境，人們對嗆已經司空見慣，這個現象值得教育者深思，我們正創造什麼樣的環境給孩子？

讀者不妨設想，如何應對頂撞老師的孩子？諄諄教誨？嚴厲指責？曲意討好？或者不在乎（附註1）？還是其他？

我選擇的方式，是先同理孩子的內在，再導入規則討論，讓孩子學會負責任；若我是該校老師，我會執行規則，這是我的大方向。

小柏和我對談時，一如既往的拘謹恭敬，坐在我面前，有一點兒不安。

我的身心放鬆，很專注地和小柏對坐（Tip3）。

當我和孩子對話，很少東拉西扯不重要的瑣事，總是很快地開門見山。這一次我直接和小柏聊單親家庭（Tip4）：「你媽媽告訴我，你爸媽離婚了，你和媽媽一起住。媽媽還提到你對爸爸有點兒生氣，很久沒和他聯絡了。」

小柏有點兒不自然，但表情很鎮定。

「我這樣說，你會不舒服嗎？」

小柏搖搖頭。

「你會緊張嗎？」、「會生我的氣嗎？」、「會尷尬嗎？」我緩慢地核對小柏情緒，小柏都對我搖搖頭。（Tip5）

「我也是單親家庭長大的小孩。我跟爸爸住在一起，因為媽媽選擇和別人過生活，選擇另一種不同的方式吧！很長一段時間，我很生她的氣，甚至很恨她。我的心裡常常感到孤單、生氣，還有難過，只是我不想承認，我也無法和別人說這些。」

我停頓了一會兒，才繼續說下去，我想心靈與情緒的交流，都需要一點兒時間。

Tip3——要與孩子或學生溝通，我通常邀請大人：先整理自己的姿態，安頓自己的內在，盡量以沉靜安穩的語態談話。這部分的技巧，我放在第二章〈覺察自己的姿態〉，有詳細清楚的說明。

Tip4——當我和孩子對話，有時候會直接切入感受，有時候會以一個事件連結。當時我腦海裡面，直接聯想的是「單親」，因此以此事件切入對話。

Tip5——對談的時候，我常邀請師長與父母，能夠關注孩子的感受，因此切入感受的問話，已經成為我的對話習慣。詳細的說明，可以參考本書第二章。但是當詢問他人感受時，一般人常找不到感受，因此我建議師長，以「正向的好奇，封閉的選項」進行對話，可以參考本書第四章。即使我以封閉的選項詢問，孩子也不一定能夠連結自己的感受。但我常邀請師長，將這樣的方式，內化成一種問話的習慣。

「而且我的功課很差，無法達到老師和爸爸的要求。但是我沒有膽量和學校對抗，只是常和爸爸吵架，我覺得自己很糟糕。這一段時間很難熬，經歷很長的一段時間，一直到二十幾歲，我考上大學了，才有一點兒改變。」

提及這些往事，我心靈仍有深深感觸，感覺自己青少年時期的困頓，一路走來的確不易。小柏只是靜靜地聆聽，一句話也沒有說。

「我知道你也是單親的小孩，所以和你分享一些心情。我不知道你是不是也有這樣的感覺？但是我想，你也許能體會我當時的心靈。」（Tip6）小柏點點頭。

「謝謝！」我又停頓了一下。「你媽媽打電話來，主要是和我談你在學校發生的事情，我現在請她上來好嗎？」（附註2）

小柏也點點頭。

我們因此轉換了空間，媽媽、小柏和我在教室裡坐了下來。

媽媽很無奈地，重新陳述學校發生的事。媽媽陳述到一半，很無奈地對我說：「你看這個孩子，只要教訓他兩句，他就不高興，你看他那種表情。」

是什麼表情呢？我轉過頭來，看見這個謙恭有禮、擁有天使臉龐的孩子，聽到媽媽的指責之後：眼神帶著冷漠、帶著一點兒不屑、一點疏離的憤怒，桀驁不馴地看著天花板。（附註3）

「媽媽……」我停頓了一下。（Tip7）

「妳希望他怎麼回應呢？」我好奇的問。

媽媽聽我這樣說，似乎欲言又止。

「他小學三年級，爸爸就不在身邊了。沒有爸爸的孩子，心裡可能會很孤單，會有很多難過，也可能有很多的生氣。但是誰能理解他的感受呢？當他做錯事情，必須面對很多道理與指責，但是誰能理解他？」（**Tip8**）

當我說到此處，小柏的姿勢依然沒有變動，但是臉頰已經流下兩行淚水，小柏很安靜地任由淚水滑落，並未掩飾自己的眼淚。（**Tip9**）

Tip6——當我開啟自己，便是要展現更大的同理心，我視為展現「接納」的一部分，讓孩子接納自己的處境。這部分的對話脈絡，請參考本書第三章。

當師長開啟自己，若是一種接納，那就不會隱含著「策略」。「策略」的意思，是這樣的談話僅是一種計策，或是一種暗示，背後期待孩子有所開放與回應。

當師長開啟自己，最需要注意的是，切莫以為孩子的內在與自己相同，而對孩子說：「所以我知道你也是孤單的……」如此可能成為另一種形式的霸凌，霸凌孩子內在的感受。

Tip7——我在教育的過程中，經常停頓，比如語氣、等待對話、處理事件、語言與語言之間……因此可以在文章中發現，我羅列了很多的「停頓」時刻，可以參考本書第四章。

Tip8——我認為教育與溝通的簡便路徑，便是從「感受」導入，因此切入感受，成為我對話的主要「脈絡」，詳細的說明，可以參考本書第二章。

Tip9——一旦言談「碰觸」感受，就容易讓對話的人「覺知」感受。此處我僅是和母親談到單親孩子的內在處境，小柏的感受便被開啟了。但是我必須說明的是，此刻我的姿態、語態以及接納孩子的心靈，是很重要的關鍵。

我問媽媽：「妳看過他這樣流淚嗎？」媽媽搖搖頭，紅了眼眶。

「我知道妳也很委屈。因為單親媽媽帶一個孩子並不容易，希望妳不會自責，我只是想讓妳瞭解他的感受而已。」（Tip10）

我轉過身子，靜靜地看著小柏，小柏變換了姿勢，頻頻以袖口擦拭氾濫的鼻水。我告訴小柏：「我也曾經不喜歡老師。老師是人，你也是人，身為一個人，我要讓你知道，你可以不喜歡老師。」（Tip11）

讓孩子學會負責

小柏聽我說這句話，眼淚更如泉湧，鼻腔也幾乎塞住了。小柏將整個臉埋在衣服裡面，彷彿委屈多時的情緒，如洪水般傾瀉而出。

我停頓下來（Tip12），讓小柏接觸難過，將眼淚流得更多一點兒，我深知一位父親缺席的孩子，心靈裡面有多少壓抑？這些壓抑來自各種情緒，常壓得人喘不過氣來。尤其是一個背負自我與家人期待的男孩，可能也不允許自己難過，因為要表現得更堅強，如今突然宣洩了難過，應該是很不容易的事吧！

也許過了四十秒，或者一分鐘，我才再次以沉靜且支持的語氣說：「小柏，你可以不喜歡老師。但是，不可以對老師不禮貌。你知道嗎？」（Tip13）

這是在教育小柏。我希望選擇「對」的時機進行教育，才不會白費力氣。

小柏的眼淚、鼻涕不斷流淌入衣服裡面，可見他有多少難過深埋？即使如此，小柏聽我這樣說，仍然給了我回應，他對我點點頭說：「我知道。」

我又停頓了片刻。「學校打電話來了，說你在學校嗆老師，這是校規不允許的，聽起來有一些棘手，你看應該怎麼面對？」我不是學校的老師，只是個陪伴的人，因此詢問他的看法。（Tip14）

小柏是個勇敢的男孩。即使他這麼難過，鼻涕與眼淚仍然大量湧出，他依然抬起頭來，很認真地對我說：「我明天會去跟老師道歉。」

「即使道歉，學校可能會處罰你。你能接受嗎？」（Tip15）

Tip10——讓母親同理孩子的感受，也要同理母親的感受，母親才會感到被支持。

Tip11——從觀點進入深層的感受：接納。可參考本書〈情感的教育II〉一章。

Tip12——我將停頓劃上粗體字，可參考本書〈停頓〉一章。

Tip13——連結了深層感受，也同時宣達規則。可參考本書〈情感的教育I〉一章，以及〈良好文化的建構與養成〉中關於規則的部分。

Tip14——以好奇的問話，讓孩子意識到問題。請參閱本書〈正向好奇〉一章。

Tip15——讓孩子學習負責，尊重規則，是我很堅持的教育脈絡。我前面已經傳達了「界線」：可以不喜歡老師，但是不能對老師不禮貌。此處的問話探索他如何面對「責任」，他的內在有什麼困難？我可以如何幫助他釐清，給予支持，並且協助他負責任。

小柏認真的對我點頭。

我深呼吸了一口氣，因為孩子很真誠，也很有勇氣，願意為自己的行為負責任。「我很好奇，你怎麼能這麼勇敢？願意向老師道歉？也願意接受處罰？」（Tip16）

小柏聽了我的問話，很久都沒有回應，我猜他也沒有準確的答案吧！過了一段時間，他才緩緩地跟我說：「因為我做錯了。」

我回過頭來，跟媽媽分享：「妳兒子很懂事，不是嗎？」

我猜媽媽應該感到內心複雜吧！也許放鬆了許多地說：「阿建老師，他比較聽你的話啦！」

我的想法不只是這樣，也許孩子真的比較聽我的話，但我面對孩子的方式，也許也和一般人不一樣吧！

小柏的成長

那次以後，我每週和小柏都會有一小段對話，關心他的學校生活，和他聊聊心中的想法。不過，小柏是個不多話的孩子，我需要更沉靜的等待，也就是需要停頓。

在這段期間，媽媽希望我能關注他的功課，我在徵得小柏同意之後，關心他的讀書情況。我和他討論讀書的進度，但我感覺小柏是個聰明的孩子，自己就很有能力了，因此我的脈絡中，僅是幫助他建立小小的紀律，接納自己的不完美，欣賞自己的努力，設定成合理的目標而非遙不可及，以建立他的自我價值。（附註４）

小柏不僅是個上進的孩子，也是個重感情的孩子，他後來搬家了，作文班的課程也結束了，我們便較少見面了。他曾經利用週六的時間，獨自搭一小時的公車到寫作班找我，請我到速食店用餐。我記得那一次他搭車迷路了，延遲了一些時間才和我碰面，我很高興他搭車過來見我，也很高興他並未太懊惱與責備自己的失誤。這一段公車的旅程，對他而言是個小小的漂流，我們聊了搭公車的狀況，以及他的生活近況。

小柏依然話不多，簡單和我分享學校與家庭的生活。我印象較深的是，他和爸爸有聯絡了，暑假會去爸爸家小住，也會分享一些想法。在學校方面，他表達有些科目上課很無趣，還有些老師的說話態度，以及應對的方式，都令他不舒服，但是他不再憤怒面對了，知道如何面對這樣的情況，而且他的成績進步了。

二〇一四年暑假他國中畢業了，媽媽在中秋節前夕送柚子來，碰巧我不在寫作班，撥打一通電話給我。當媽媽將電話交給他，要他跟我說話的時候，他依舊靦腆，在電話中依然不多話，簡單告訴我自己上了最理想的高中。

上了理想的學校，只是人生的一個階段，我依然為他感到高興，他憑藉自己的努力，走過了一段風暴的歷程。當我掛了電話之後，腦海裡浮現最鮮明的印象，是他剛上國中一年級，怒嗆老師之

Tip16——當孩子願意負責任，出現了正向的選擇，我通常以「正向的好奇」，讓孩子更意識到自己的價值。可以參考本書第四章。

後，我們三人的一場談話，他坦誠的心靈與勇氣，我相信是他日後最大的寶藏。

附註1

我這樣的說法，包含在本書第一章，歸納薩提爾模式的四種應對姿態，讀者不妨檢視自己過去的應對姿態，再檢視自己可以如何更改慣性。

附註2

我和小柏在寫作班四樓談話，媽媽在接送孩子之間，已在一樓等待。

附註3

孩子被指責，顯然會有所回應。我常邀請大人，給予孩子回應的空間，不要一味指導孩子，要有什麼樣的回應方式。

小柏在我面前，向來展現謙恭有禮，一旦遇到母親的教訓，展現另一種面貌，對我而言是相當自然的狀況，也讓我好奇他們慣性的應對姿態。

附註4

這部分的細節，我曾經在《麥田裡的老師》中，〈當孩子讀書不夠認真〉一篇帶著柚子讀書的故事，心法大致都相同，有興趣的讀者不妨參考。

躁動的青春也有寧靜

二〇一四年明槿的媽媽來電，告知我明槿上大學的消息，我為明槿感到高興，那是她喜歡的大學及科系。

明槿今年十八歲了，即將邁入新的求學階段，回首陪伴明槿成長的歲月，諸多畫面深刻地烙印在腦海，那是她認真走過青春期的印記。

支持的力量

我曾經陪伴明槿讀書，那是明槿十五歲的事，當時她面臨高中聯考，常因為心志收束不易，沉湎於電腦世界，導致功課逐漸下滑。她猶豫了許久，才在媽媽鼓勵下找我幫忙。當時她聊了自己的處境，決定立下讀書計畫，一週至兩週和我碰面一次，討論讀書進度與生活狀態，協助她收束心志。

我至今仍然記得那個寒涼的黃昏，天色早早黯淡下來，我結束白天的講座，匆匆驅車趕赴明槿家，要載她到寫作班討論功課。時序進入秋冬之交，車窗外呼呼掠過的冷風，讓人感覺季節的轉換，如街道上行色匆匆的人車。我對這樣的季節、這樣的氣候情有獨鍾，讓我懷念年幼的時光，一家人相聚在一起，生起一爐炭火，如此溫暖又如此幸福。

明槿是否也和我一樣呢？也喜歡這樣的季節？喜歡這樣的氣候？明槿從小便失去父親了，她還記得父親在家的溫暖嗎？我無從得知。

車即將抵達明槿家，我卻聯絡不到她，家中電話與手機都無人接聽。是我記錯時間？還是她忘記我們的約定？我也無從得知。

當我返抵自己的書房，明槿媽媽來電：「阿建老師，我女兒今天跟你有約嗎？」

「有啊！我剛剛去妳家，但是沒有接到她。」

「我人在公司加班。」媽媽說到這，嘆了口氣，語氣相當無奈的說：「我覺得很沮喪，不知道該拿她怎麼辦？我記得她今天跟你有約。下午問她是不是和你約了？她卻說沒有，跑出去玩了。」

我只是靜靜地聽著，回應簡單而支持性的語言。窗外的世界依然繁華，冷風逐漸令人蕭瑟，亞熱帶的冬天已經來臨了，我的書房溫暖而寧靜，但並非人人都如我一般，感受冬日來臨的靜謐感。

掛了電話之後，我檢視自己的內在，一如往常的平靜（Tip1），多年以來帶孩子的經驗，我深知陪伴孩子成長，要看成長的脈絡，不侷限在孩子一時的表現。（Tip2）

與此同時，我也要同理家長，給予父母深深的支援，因為當父母並不容易。

明槿大概看到未接來電吧！隨後打電話過來：「阿建！你找我什麼事？」

「剛剛我去家裡接妳了。我們今天晚上有約，妳忘記了嗎？」

「喔！我忘記了。」明槿講得很輕鬆。

「那我們改約下星期天吧！」我思索了一下，敲定下一次見面的時間：「晚上七點，好嗎？」

「喔！好。」明槿答應得很乾脆。

「妳會記得嗎？需要前一天提醒妳嗎？」我一邊講電話，一邊思索可以為約定做些什麼？

「喔！不用了，這一次我會記得。」明槿很肯定的回答。

「那就好。」既然不能見面談話了，我透過電話關心她。「這一個禮拜的讀書狀況還好嗎？」

「喔！還好。」明槿的回應很簡單。

我並不瞭解她讀書的狀況：「還好的意思是？」

「嗯！就是一半一半。」

「一半、一半？我不瞭解。」

「嗯……就是一半有讀，一半沒有讀。」明槿的解釋，有點勉強而模糊。

「嗯！需要什麼幫忙嗎？」

「喔！不用了，沒有問題。」

「那好。下個禮拜碰面再說吧！」

這是我記憶中的簡單對話，當孩子未履行承諾，我既想關心她的狀況，又不想咄咄逼人，只是進

Tip1——和孩子溝通的時候，我常邀請大人檢視自己內在的狀態，若是能達到平靜，則是最好的溝通狀態。

Tip2——可參考本書〈正向好奇〉一章。

行簡單的關心與詢問。因為孩子一旦違反承諾，內心往往複雜而敏感，一則內在潛藏著對自己的批判，一則又想在師長面前維持尊嚴。

我的角色是什麼呢？我想給予她支持，她才有力量繼續下去。

當我要掛電話了，明槿在電話那頭沉吟了一下，支支吾吾地，似乎有話想說。我停頓了好一會兒，才聽見明槿謹慎地說：「阿建，我有一件事想問你。」

「嗯！妳說。」

電話那頭陷入了安靜，約莫有一兩秒的時間，明槿開口了：「阿建，我最近正在玩一款電腦遊戲，但是家裡的電腦壞了，你補習班的電腦可以借我嗎？」

當明槿提到玩電腦遊戲的剎那，我察覺心中有生氣的情緒。（**Tip3**）

我稍微一沉澱，情緒便轉化了。（**Tip4**）

我心中的念頭流轉迅速，深知自己心靈要更寬闊，才能陪伴明槿面對困難。

我決定答應明槿，因為討論功課的地點在寫作班，我琢磨著週日討論完功課後，才讓她玩電腦。

「下禮拜天我們不是在寫作班討論功課嗎？結束後，電腦借給妳用吧！妳玩完之後，我再載妳回去。好嗎？」

「不行！破關的期限到星期四，禮拜天就來不及了。」明槿迅速否決了。

借不借電腦給明槿，不是我考慮的重點。我意識到明槿對電腦的執著，即便快考試了，她似乎仍無法自拔。我也曾經是這樣的青少年，沉迷於電動玩具，尤其我越感到焦慮，便越想玩電動遊戲，伴隨著一連串的悔恨情緒。焦慮、電動與悔恨，彷彿是共伴相生的連體嬰。想阻斷孩子玩電動

遊戲的慣性，我認為不能從表象的限制著手，而是要啟動人的「渴望」，才能有所成效。（Tip5）

和明槿講電話的瞬間，我腦中思緒迅速流淌，其實無法做嚴謹的判斷，只是憑藉直覺對話，上述的思索只是事後的歸納。但我可以清楚明白，我內在有一個信念：我願意陪伴這個孩子，即使時間拉長一點兒也無所謂。

「寫作班的電腦借妳吧！」我停頓了一下，語態平緩地說：「週一到週四妳都可以使用。我平常不在寫作班，但妳隨時可以使用電腦，我會跟會計先說明，這樣好嗎？」

明槿聽了我的決定，大概出乎她的意料！電話那頭安靜無回應，我也安靜等待她。

過了幾秒鐘吧！明槿回應我了，聲調明顯沉穩下來，帶著些微的顫抖問：「阿建……你有沒有覺得……我很不應該？」

天外飛來的一句話，我其實聽不明白。剛剛還在討論電腦的事，怎麼轉移到這裡？

「我不懂妳的意思。」我想確認她要表達的是什麼？

明槿彷彿深呼吸一口氣，才緩緩說：「我都沒念書，還跟你借電腦，你會不會覺得我很不應該？」

Tip3——若不能覺察生氣的情緒，溝通較不易順暢，常會卡住。若能覺察生氣的情緒，是轉化情緒的第一步驟。

Tip4——轉化的方式，在情感教育一篇有詳盡解釋，若能時常練習，轉化的速度便比較快速。

Tip5——這是教育的目標之一，細節於〈情感的教育II〉一篇中。

我至今仍然記得，當天晚上安安靜靜，僅有冷風呼呼吹拂的聲音，我原本已經安頓的內在，也許因為明槿誠懇的自白，更感覺到一種大規模的寧靜。我常有細微的感受，當兩人內在真誠溝通，心靈便會出現這樣的定靜感覺。

明槿這樣問我時，我體會了教育者的信念：每個人的內在都有一份「善、美、真」。重點不只是教導孩子要如此，而是如何啟發孩子的本性，有時候教育者的急切，反而打壓了孩子的本性。

我很定靜誠懇的回應她：「是呀！我覺得妳很不應該。」

明槿問我：「你覺得我不應該，為什麼還要借我電腦？」

我又停頓下來了，相信她也感到一種靜謐，安靜而無須說話都不會感到尷尬的時間，也許只是停下來兩三秒而已，對我而言就是一種巨大的寧靜感。

「明槿，我也曾經是妳。我也是那個想玩電動，不想面對學業的少年，我的心靈充滿痛苦。也許妳對自己很失望吧？或者也有生氣吧！妳知道嗎？我曾經就是這樣的少年，深深為此痛苦。」當我說到這兒，和內在的平靜感在一起，既緩慢且深刻的告訴她：「因為我很愛妳，我答應要陪妳到高中畢業，妳現在只是國三而已，我想慢慢來吧！」

當我的話語結束，我聽見電話那一頭傳來吸鼻子的聲音，我想明槿落淚了吧！我只是靜靜地等著，最後明槿帶著一點兒哽咽，簡單的說：「謝謝！」

明槿沒有再多說話，將電話掛了。

明槿並未到寫作班借電腦。

很多人聽我講明槿的故事，紛紛問我當時的想法，是否知道這樣做，明槿就會改變？就不會再來借電腦？我是不是在賭注？或者在暗示明槿？

其實我不知道會發生什麼事！我只是單純地想要陪伴她，經歷這一段歷程而已。明槿最後沒來借電腦，並非我預期的狀況。

在教育的過程中，我很少講求策略，也避免給予任何暗示（附註1），因為教育者本身，就是策略的一部分，言行一致的展現，便是最好的教育策略。

明槿在下一個週日，準時帶著功課赴約了。

我並未和明槿談論電腦的事，僅是談論她的功課與生活。隨著考試的日子接近，明槿完全投入讀書的計畫，最後考上她理想的高中。

有一段期間，我常帶著孩子讀書（附註2），我的目標從來都不是眼前的成績，但很多的家長誤解我的目標。設想一個孩子，能接觸到自我的價值，體驗到愛人與被愛，體認自己是自由的個體，認為生命是有意義的，願意為自己負責，又何需擔心孩子的課業呢？

辯證愛與期待

「你再不聽話，媽媽就不愛你囉！」商店街的騎樓，媽媽拿著大包小包，對著小男孩發脾氣。小男孩在櫥窗前嘔氣，櫥窗內的湯瑪士小火車浮起笑臉，櫥窗內外兩種表情相映成趣。小男孩顯然很生氣，因為他的期待沒有被滿足，媽媽又可能「不愛他」，小男孩更是彆扭了，母子倆在店門口僵持著。

我見了這幕，覺得孩子真是可愛，他們常執著地想要某個東西，展現他們的意志力。（附註3）

我只是個過客，剛結束社工培訓的講座，匆匆瞥見這齣家常戲碼。送我離開的社工小莉，忍不住想要安慰孩子，主動蹲下了身軀，拉著小弟弟的手問：「你很想要買湯瑪士火車嗎？」

小弟弟點點頭，臉上掛著淚痕。

「媽媽不買給你嗎？」

小弟弟又點點頭。

「你是不是很生氣呢？」

小弟弟停了一下，再次點頭。

「嗯！姊姊知道你很生氣。」小莉聲音很緩慢，帶著深沉的力量，同理了小弟弟。

小弟弟彆扭的神情，一瞬間鬆開了，大量的眼淚奪眶而出。此刻小男孩的眼淚，是失落之後，被同理的眼淚，小莉只是靜靜地等待，接納小男孩的失落。

小莉從包包掏出衛生紙，幫小弟弟擦拭鼻涕，慢慢地跟小弟弟說：「姊姊知道你很難過。」

小弟弟大概嗆到了，不停咳嗽，小莉只是溫柔地幫他擦拭，小弟弟浮動的情緒漸漸安定下來了。

「弟弟，謝謝你跟姊姊說，你很勇敢喔！不能拿到湯瑪士火車，一定很生氣、也很難過吧！」小莉很有耐心地安慰男孩。

小男孩懂事的點點頭。小莉牽起小男孩的手，交給原本束手無策的媽媽。媽媽對著小莉抱怨，小男孩總是很倔強，常常講不聽。

小莉學得很快，又有社會工作者的熱情，在街頭展現了她剛剛所學。小莉為了送我離開，只對媽媽留下一句：「小孩子都是這樣！但是別說不愛他們啦！這樣對小孩不好喔！」（附註4）

用愛綁架、恐嚇或者傷害孩子，的確都是不好的。不只大人會這樣說，小孩子也會這樣說，因為每個人都渴望被愛。

明槿的媽媽打電話來，提到明槿要零用錢的事。

媽媽每個月都會給明槿零用錢，但明槿有時額外向媽媽要錢，有些需求媽媽不認同，常讓媽媽不知如何處理。這一次明槿向媽媽要三千元，打算買一套書，被媽媽拒絕了。明槿很憤怒地對媽媽說：「妳根本不愛我。」

明槿媽媽很有原則，不給女兒過多的零用錢。但是怎麼辦呢？孩子以此來判斷父母愛與不愛？「愛」此時只是一個名詞，彷彿成為綁架的工具。

「讓我跟她說吧！妳不容易說明白。」我對明槿媽媽說。

和明槿見面時，我開門見山：「媽媽說，妳向她要三千元買書。」

明槿聽我這樣說，臉立刻扭到旁邊，看得出她很生氣。

「聽到我這樣說，妳生氣了嗎？」我從孩子的表情，核對她的感受。

「她幹嘛這樣跟你說！」明槿並未注視我，臉依舊扭向旁邊。

「嗯。」我停頓了幾秒鐘，開始跟明槿說道理：「媽媽平常已經給妳零用錢，我認為媽媽不給妳三千元，並不是她不愛妳。媽媽沒有給妳錢，是沒有滿足妳的期待，但並不是不愛妳，我只是想讓妳知道，這是兩件事。」

我很少對孩子說教，因為大部分說教，孩子都已經知道了，說了也不容易達成教育的目的。但我依然會說道理，因為我是老師，期望能透過說理，讓孩子懂得做人做事的道理。（附註5）

但我也明白，當孩子擁有失落與憤怒，在這樣的情緒中說教，孩子很難聽進去。明槿也聽不進去，當我這樣對她說明「愛」與「期待」，她依舊維持別過頭去的姿態，不想理會我說的話。

我若是她的父母，較為理想狀況，應是在說完道理之後，靜靜地離開，允許她表達生氣，在生活中給予恆久綿長的愛；或者更進一步，同理她生氣與失落的感受，照顧她的心靈，讓她感受父母願意陪伴。

明槿從小失去父親，也許失去父親的愛，讓她一旦觸碰到未滿足的期待，內心便重新喚醒她因缺憾的傷痛。有時她會因為母親幫妹妹的忙，而覺得媽媽只在乎妹妹，對母親生氣很長一段時間。

當我決定和明槿談這件事，我已思索該如何和她談了，我思索的重點是：如何讓她瞭解愛，並且感受自己被愛？如何讓她瞭解，允許期待會失落呢？我明白關於愛的課題，需要時間等待。

當時我帶明槿學習已經兩年多了，兩年以來我們逐漸熟悉，談論作文、文學、課業與生活，我從未買過禮物送她，事實上我很少送人禮物。我很鼓勵孩子閱讀，也很關心她，我願意送這套書給她，但是我想藉由一份禮物，傳達一份愛，也要傳達一份關於愛與期待的辯證。

「媽媽固定給妳零用錢了，我覺得妳可以存錢，買自己想要的東西，不需要額外再跟媽媽拿錢。」我準備了三千元，遞到明槿面前：「這套書我送給妳吧！當成我送妳的禮物，但是妳得自己去買，不需要跟媽媽說了。」

明槿是個很有個性的女孩，對這個結果感覺很驚訝吧！立時回過頭來，帶著困惑問我：「你說我不需要額外拿錢，那你為什麼還要給我三千元？」

我安靜的看著她，停頓了一會兒，才對她說：「妳爸爸很早就過世了，也許妳常想念爸爸的愛，也許妳有未滿足的期待。我曾經告訴妳，我很關心與愛妳，此時也可以滿足妳對這套書的期待。但是我還是要告訴妳，『愛』和『期待』並不一樣，並不是期待被滿足，就是被愛了，也不是期待未被滿足，就是不被愛。」

我的語言觸動了明槿，明槿並沒有再回話，只是安靜地落淚。

我記得明槿媽媽說，很長一段時間明槿沒有要錢，問我是怎麼跟明槿談的？

我很難將這件事說清楚，一般人常為了表示愛孩子，去滿足孩子的期待，往往是寵孩子而不自知。因此當我決定要送書給明槿，便打算跟她談愛與期待的主題，而非以滿足她的期待（給錢）證明愛，那將一輩子也證明不完，孩子也不容易因此成長。

我是值得被愛的嗎？

那是一個冬夜，我在寫作班和家長晤談，十一點結束之後，才發現手機顯示數通未接來電，來自明槿的媽媽。

明槿和妹妹吵架了，媽媽束手無策。姊妹吵架是尋常小事，但這次姊妹為了電腦，竟然大打出手，媽媽當時仍在加班。妹妹偷襲得手後，逃回房間反鎖不出來，憤怒的明槿橫了心腸，鎖住家中大門，不讓媽媽下班後攔阻她。她拿著菜刀長刀剪刀，打算破門而入，想教訓令她難堪的妹妹。

我驅車到明槿家，只見明槿媽媽被反鎖大門外，既無奈又感到無助。她剛下班回家，卻不得其門而入，只能以電話和妹妹通話，隔著窗戶呼喚明槿，她只是冷冷的回應，卻不願意打開家門，專心一志地只想打開妹妹的房門。妹妹噤聲躲在房間裡面，已經僵持兩個小時了。

我拉開窗簾往內看，看見被憤怒吞噬的明槿，表情狼狽地對房門發火，拿著數把刀砍著、鋸著、鑿著、捅著，用各種手段對付房門，喇叭鎖旁已經破了一個小洞，明槿透過小洞窺探妹妹房間的狀況。

「明槿。」我拉開窗簾，隔窗呼喚她的名字。

明槿絲毫沒有改變行動，既沒有答應我，也沒有轉過頭來，更沒有停止動作。

「明槿。我是阿建。」我很緩慢地呼喚她。

明槿停止了窺探房內的動作，對著房門一陣猛鑿，表情專注地，彷彿一個精良的工匠。

「明槿。我是阿建。把刀子放下來。我不要妳這樣，這樣會傷害自己。」我說話仍然緩慢。

「我不要！」明槿維持原來的姿勢咆哮，頭並未轉過來。在憤怒的咆哮中，帶著悲傷的眼淚：

「反正也沒人愛我，媽媽只愛妹妹。」

「妳們兩個都是媽媽的寶貝，媽媽怎麼會不愛妳？」明槿媽媽在窗邊插話，試圖讓明槿瞭解實情。

我示意媽媽別說了。

因為媽媽內心一定很委屈吧！委屈的人此時解釋，只會讓另一個委屈的人衍生更多情緒。

「明槿。把刀子放下來。我不要妳傷害自己。」

我一句一句地說，但是明槿沒有再回應了，專注地搗著妹妹的房門。

時間不斷地流逝，夜漸漸地深了，明槿依舊緊鎖大門，絲毫沒有退讓的意思。這一段期間，她時而在客廳裡踱步，時而對著妹妹的房門猛砍。我和明槿媽媽坐在門外，感受到媽媽的無助，她不斷向我道謝，因為單親媽媽面對此種處境，真不知如何是好？

我只能安靜等待，並且斷續對明槿表達關心，要她將房門開啟。我思索的並不是讓明槿開門，這道門遲早會打開，但是明槿心靈的門該如何開啟？

一個半小時之後，明槿踱步到廚房，將後窗開啟了，似乎要讓窗戶通風。

我解讀明槿的行為，應該是想要結束此局面，又不知道該如何讓自己下台？才不會覺得自己認輸了，因此不經意地將後窗開啟，透露了她想要和解的訊息。

明槿媽媽好不容易從後窗進入，一旦危機解除了，所有的複雜情緒如排山倒海而來。媽媽對著明槿吼著：「妳殺我好了！反正我也不想活了。妳殺呀！我們一起死吧！」

這不是事實，這只是明槿媽媽委屈、難過與憤怒之後的發洩。

小孩與大人都是人，都同樣需要給予愛，需要時間沉澱與轉化一切。

明槿手上的刀子仍然緊握，也奮力的吼回來：「反正妳也不愛我！反正也沒有人愛我。」

媽媽開啟了大門，讓我進入家裡。我站在明槿面前，這個女孩委屈地流著淚，倔強地杵在當下，滿臉的憤怒、傷心與無助糾結在一起。

「好了，沒事了。」我立在明槿面前，輕輕地安慰她。

「妳這樣不好，會傷害自己，我不要妳傷害自己。」我重述了一次剛剛說的話。

「反正也沒人愛我。」明槿帶著憤怒，帶著呼救的渴求，聲嘶力竭地吐出這幾個字。

「我知道妳很生氣，也知道妳的委屈。」我專注地望著明槿，緩緩地告訴她：「我知道妳有時感受不到媽媽的愛。」

明槿僵硬地站著，嚴肅的表情瞬間鬆了下來，眼淚與鼻水如氾濫的河流，密布在無助的臉龐上。

「妳記得嗎？上一次妳向媽媽要三千元，我曾經告訴妳，『愛』與『期待』不同，妳的期待失落了，並不代表妳不被愛。如果妳感受不到媽媽的愛，妳可以感受我給妳的愛嗎？」我很穩定，很緩慢的說著這些話。

明槿這時放下手中的刀子了，新的眼淚大量湧現，彷彿訴說著一個委屈已久的故事。

「我很愛妳呀！這是我曾經告訴過妳的，我今天只是再提醒妳而已。如果妳可以感受我的愛，起碼妳知道，這世界上還有人愛妳呀！」

明槿突然抱著我，放聲大哭起來。

我知道明槿用了很大的力氣，想去證明、尋找一份愛，我抱著她的身軀，感覺到她身體的顫抖，衣服在寒冷的冬夜被汗水濕透了……

我知道渴求愛的心靈，經常透過外在的事件，去證明自己是否值得被愛。我看見的目標，不是解決眼前的問題，而是如何從心靈給予力量。（Tip6）

即使頭腦知道自己被愛著，心靈時時湧出的各種情緒，也會不斷於內在騷擾著，不斷以各種圖像與事件衝擊、質疑著愛的本質。我常告訴自己，我不需要多做些什麼，不需要為孩子的外顯行為起舞，我們只是穩定地在這裡，讓孩子感受到一份安定的力量，我認為這樣就夠了。

「去睡吧！已經一點半了，明天還要上課呢！」我沒有再跟明槿多談事件，只是要她答應我，不能傷害自己與他人，並且送上深深的關心，才離開明槿的家。

雖然已經夜深了，但是我很欣慰事件和平地解決了。我知道做為一個陪伴的大人，只是讓孩子相信自己不會被放棄，讓孩子相信自己值得被愛，其他就交給天意與時間吧！

孩子的回饋

二〇一一年春天，家父發生嚴重的車禍，肋骨斷了三根，身體嚴重虛弱。我在除夕夜清晨，將父親送進台中榮總，經檢查才知道父親脾臟破裂了，需要立即動手術。

冬季的北風在醫院外呼呼地吼著，父親躺在急診室外的臨時病床，嘴角不時滲出血來，身體斷斷續續發燒，葡萄糖與血液同時輸入父親體內。我守候在父親身旁，等待醫院通知病床，也等待醫生決定開刀的時間，那真是個特別的除夕。

明槿知道我在醫院，趁著除夕北上祖父母家，全家人順道來榮總探望我。

我遠遠便看見明槿的身影，一別以往青澀的模樣，顯得淡定且大方。她的微笑始終掛在臉上，眼神透露出溫暖的關心，離開前她伸開雙臂，給我一個關懷的擁抱。明槿在我的耳邊，輕輕對我說：「要加油喔！」

望著明槿離去的身影，我的心中充滿複雜的感受……

時間匆匆過去了，明槿上了高中之後，我和她見面的機會，逐漸變少了，如今聽到媽媽來電，告知我她進入大學，那些陪伴明槿成長的記憶，我們曾經歷的成長畫面，仍舊如一幕幕電影在我腦海播放著……

Tip6——滋養人的內在情感，讓一個人更有價值、意義、自由，懂得愛與接納，這是我常看重的目標。

附註1
對我而言，暗示如同曖昧溝通。越能誠懇直接的溝通，表達我的訊息，是一致性的表現。

附註2
我在《麥田裡的老師》中曾經寫過帶領柚子念書，書出版之後，不少家長希望我督促孩子念書。

附註3
每一件事情都有正向與負向，越是正向的人們會看見正向，汲養正向的資源為用，這一部分在〈正向的好奇〉一篇詳細描述。孩子的執著是一種意志力的展現，大人若能將此資源引導至好的方向，便會看見孩子的成長。

附註4
愛是無價的，也無法衡量，是一種天生的本性與需求，因此大人千萬不要用「愛」與「不愛」要脅孩子，那會適得其反。

附註5
說道理就是以觀點灌輸給孩子，父母教導道理時，簡潔不囉嗦是最好的狀態。

二

外在姿態和語態

以適當的姿態和語氣互動，是良好學習的第一步。

孩子的情緒不卡關，內在更寧靜，就更能勇敢面對問題。

覺察自己的姿態

老楊個性正直耿介，內心卻情感豐富，在學校擔任理化老師，遺憾的是孩子理化並不好。老楊更感到挫敗的是，孩子的情緒管理也不好，一旦遇到挫折，不僅輕易放棄，還會大發脾氣。

老楊亟欲解決這個問題，他想當一個好爸爸，也想當兒子的好老師，他利用暑假期間教育進修，想找到一個更適切的教育方法。

老楊分享了一件幾天前發生的事：兒子拿著理化習題，問老楊該怎麼算？

老楊思索著要如何教會兒子？他發現這道理化習題，牽涉基礎的觀念，他想知道孩子弄懂這些概念了嗎？

老楊問孩子：「速率你懂嗎？」

孩子的表情有點兒複雜。

老楊接著再問：「加速度你會嗎？」

孩子不想說話，憤怒的表情寫在臉上。

老楊只好問孩子：「老師之前教的課，你瞭解了嗎？」
原本綳著一張臉的孩子，竟然莫名其妙地，憤怒的情緒如洪水潰堤，不斷地大罵：「學校有夠爛！老師有夠爛！根本都不會教！這是什麼爛學校！爛教育部！……」
孩子的脾氣一發不可收拾，並且說：「我不想讀理化了！我現在要寫國文測驗，我要拿答案來抄。」
孩子拿起國語文作業，開始抄答案，並且不斷唸著……
老楊無奈地問我：該怎麼辦呢？
我應某大學之邀，為中小學教師開設教育進修課程，分享如何和孩子溝通，如何引導孩子閱讀與寫作。老楊在課程中，詢問如何與孩子應對的事件，想尋求解答。
為期六天的教師進修工作坊，已經進行至第六天，現場的老師應該具備基礎素養，我正好利用這個案例，驗收與討論教師學習心得。
我邀請老楊扮演兒子，再邀請現場的教師，扮演教導孩子的父母，如何透過這幾天所學習，應對這位好學但情緒不佳的孩子？
第一位教師上來扮演，很認真的扮演一位教導者，老楊也很認真扮演兒子的模樣。這個模擬情境，老楊如實的扮演，要以內在的感受啟動言行，最後演到孩子發脾氣了，我讓角色模擬暫停下來，和現場老師討論：

1. 教師角色在肢體上，是否覺察自己的姿態了呢？

2. 教師角色在語態上是否平靜沉穩呢？

3. 教師角色和孩子對談時，是否從孩子的感受介入呢？
4. 教師角色和孩子對話時，是否連結孩子的渴望呢？
5. 教師角色和孩子對話時，是否找到孩子的正向呢？
6. 教師角色在對話時，是否運用好奇去探索呢？
7. 教師角色對話時，是否運用「封閉的選項」呢？
8. 教師角色對話時，是否懂得運用「停頓」呢？
9. 教師角色對話時，是否和孩子討論規則呢？
10. 教師的目標是什麼呢？

當我和現場教師檢討完畢，現場教師都有更進一步的瞭解，似乎更有信心面對孩子了。我徵求第二位教師角色扮演，請老楊再度扮演兒子的角色。我邀請現場教師，按照上述的提綱，如何和孩子聚焦問題，並且引導孩子意識問題的核心？讓孩子靜下心來，進入學習的狀態。

第二位教師的扮演，較第一位教師擁有更好的覺察，但是扮演兒子的老楊，在對話經過三分鐘的時間之後，依然開始鬧起情緒來了。

我再次和現場教師討論，歸納應該注意的重點，該如何切入對話的核心？

總共四位教師上來扮演父親角色，雖然每一次的對話都更進步了，但是扮演兒子的老楊最終都鬧情緒以終。

我帶領現場教師討論，檢視扮演父母親的教師，應對的姿態上分別呈現指責、討好、超理智與打岔的狀態，無論是否耐著性子對待兒子，都使兒子走入同樣的反應——脾氣浮躁，情緒起伏，不想面對課業。

我也透過角色的扮演，讓老楊體驗在壓力之下，兒子內心世界的狀態，會如何回應呢？通常扮演者可以感受兒子的心靈，會覺察自己平常的應對姿態，進而歸納出更適當的互動模式。

當四位教師扮演完之後，在場研習的教師，期待由我上場扮演爸爸角色。

這是我經常以現場模擬的對應，和教師、父母與社工的研習過程，以現場的模擬狀況，探索出一個更妥善、更和諧的方式，讓教師、父母、社工與孩子一同成長。

接下來輪到我角色扮演了，我是否能讓孩子沉澱下來呢？不讓孩子走入情緒的漩渦？是否能引導孩子擁有更深的意識呢？

在呈現我角色扮演之前，我先列出一般人的應對姿態，以及理想中的應對姿態。

覺察姿態

當父母與孩子溝通，教養孩子，在溝通或傳達訊息時，父母習慣以何種姿態應對孩子呢？若是我們慣用的姿態，有礙彼此的溝通，是否能在溝通時，擁有更多的覺察？從各方面調整，進而改變自己的姿態。

被譽為「家族治療之母」的大師Virginia Satir女士（附註1），將人的溝通姿態分為數種。

我在上一本書《麥田裡的老師》，介紹過Satir的應對姿態（附註2）。在這一本書中，我邀請熟悉肢體演出，也熟悉心靈語言呈現的畫家辜筱茜，畫出這些應對姿態的圖像，圖像並不是完全照著薩提爾模式的應對姿態繪圖，而是添入了一些各種姿態的觀察，雖然不一定如實呈現，但較能讓人感覺一般人談話時的姿態。我並且列出常見的應對語言，提供讀者自我覺察。

1. 求生存的應對姿態——指責

常用語言參考	「都是你不好」「我又沒有生氣」「誰叫你這樣說」「都是你的錯」「我沒有問題！」「你到底怎麼搞的？」「拜託！我要說幾次你才聽得懂？」「你再不聽話，我要生氣囉！」「你到底有沒有用心？」「如果不是我，你早就……」「連這個都不會！」「你是智障啊！」「你再這樣做，我就不想管你了！」「我數到三喔！一——二——三……」
語態	語態帶著強制性，夾雜著焦慮、憤怒的情緒。可能越講越不耐煩，越講越不爽，音量越來越大聲，聲音越來越急促，具有強制性與壓迫性。
常有的感受與心理	憤怒、挫折、不信任、不滿、被壓抑的受傷、孤單。易被激怒、反抗的、拒絕的。
擁有的資源	有領導才能、有能量。

求生存法則

面對壓力的環境，人想要求生存，想要保護自己，便以力量捍衛自我，但也傷害了他人。

這樣的姿態，如果成為慣性，一旦遇到壓力處境，會想要控制別人，令他人感到害怕。想要獲得對方尊敬、認可與聽從時，會習慣性的用較強制的方式來表達。

指責者的語調具有威脅感，身體姿勢使自己感到重要而有力量，但內在卻有低落的自我價值感，忽視他人，在乎情境（談話內容、道理）與自我。

指責的人想要控制某種情況，卻忽略了指責只是帶來表象的控制，真實情況卻不一定如願，即使看起來在掌控中，都可能只是假象。

以指責姿態應對兒子

「連這樣的題目都不會，你是怎麼搞的？」「你來問爸爸，還在那兒發脾氣，你到底是怎樣？」「你給我坐好。」「你聽清楚囉！我只講一次而已喔！」「我前天不是告訴過你了嗎？你到底有沒有用心聽？」「你是不是可以專心一點？」「你怎麼都教不會？」

肌肉容易僵硬，身體可能會有肩頸疼痛的感覺，緊繃而難安。

被指責對待的孩子

找個人扮演指責者，自己扮演受教的孩子，體驗一下在這樣狀態中溝通的孩子，心中有什麼感受？有什麼想法？有什麼期待？你會覺得自己是個很棒的孩子、感覺自己被接納、覺得自己被愛嗎？

孩子會因此而努力向上嗎？是否會達到我們預期的成效呢？還是創造了憤怒、委屈、愧疚、自責與無奈呢？

從覺知到改變

若是已經覺察自己正用指責的方式應對，請檢查自己的肢體語言，是否正給予壓迫呢？位置是否居高臨下呢？那就先調整自己的肢體吧！試著將肌肉放鬆，雙眼專注且和諧的看著孩子說話。

若是覺知自己的語言指責，先別急著指責自己。就先停頓吧！不要先解決眼前的問題，那並不會變得更糟糕。相反的，持續在慣性姿態中，才會使情況更糟糕。試著讓自己放鬆，接納眼前的狀態。

一旦覺知自己的語態急促、有壓迫感，也先停頓吧！

擱下想要教導孩子，且已經成為慣性的無效方式，先深深的呼吸。

接下來試著以更舒緩，更寧靜的語言溝通。

若是覺知自己的指責狀態，那已經是很好的開始，不一定能立刻改變，別忘了自己擁有如下資源：領導能力與豐沛的能量。若意識到這一點，便可以這樣的能量，領導自己改變目前的狀態。

2. 求生存的應對姿態——討好

常用語言參考	「這都是我的錯」「對不起，對不起，都是我不好。」「我沒有你就不行。」「你喜歡什麼，我就喜歡什麼！」「拜託你不要這樣子！」「你一直都很瞭解我。」「可不可以安靜一點？」「好，我願意。」「求求你幫我。」「我覺得自己很可憐。」「能不能不要再……」
語態	帶著焦慮，彷彿提心吊膽似地，過分小心翼翼，表情及語調顯得刻意而扭曲。
常有的感受與心理	悲傷、焦慮、不滿、可憐、被壓抑的憤怒、無助、委屈、哀怨、易受傷的。 憂鬱的情緒、易被激怒、神經質、焦慮、恐慌、自殺意念。
擁有的資源	關懷的、滋養的、敏銳的、友善的。
求生存法則	遇到壓力的環境，人想要求生存，想要保護自己，便以委屈自己的方式求和平，表面上似乎平靜，但可能讓自己心靈受傷了。 想讓他人滿意，因而貶損自己，便是討好的姿態。比如委屈自己，跟

他人無知的過錯或缺點道歉，但並不知道為什麼要委屈。

討好者深埋的內心世界，可能覺得自己不如人、不值得被愛，會忍受對方的攻擊和控制，最嚴重的甚至是被虐待。這樣的模式，透露出的訊息是「你比我重要」，所以關閉自己的需求和感受，試圖取悅對方，不想冒險被他人拒絕。討好的姿態漠視自我，不尊重自己真正的感受，只有對他人和情境（談話內容、道理）重視。

討好的人，常有一種錯覺，就是想要達成和諧的目標，維持和平的樣貌，忽略了自身的和諧。和諧是從自身開始，而非深深的壓抑情緒，如此一來，不僅問題長久以來未解決，也錯失了真誠面對問題的成長契機。

以討好姿態應對兒子

「你要不要休息一下？待會兒再來算？」「好了。寶貝！不要再生氣了。」「理化不會沒關係！」「你不要那麼急，爸爸幫你算好了。」「你太累了啦！」「你已經很認真囉！已經可以了啦！」「你要不要吃水果？我先幫你切，你再慢慢想一想。」

肌肉無法放鬆，內心有一股緊張感，常感覺自己很累，卻不知道該怎麼辦？

身體可能會覺得頭疼，胸中有悶悶的感覺，一顆心很難安住在當下。

被討好對待的孩子	從覺知到改變
不妨找個人扮演討好者，自己扮演受教的孩子，體驗一下在這樣狀態中溝通的孩子，心中有什麼感受？有什麼想法？有什麼期待？ 當你開始被討好的時候，和持續不斷被討好的感覺，有什麼差別？ 你會認真學習嗎？會覺得自己很棒嗎？還是覺得爸爸很煩呢？有一股莫名的憤怒想要衝出來嗎？ 是否會達到預期的成效呢？	若是覺知自己正在討好孩子，覺察自己的肢體，是否處於不安而焦慮的狀態？試著停頓這一切，感覺自己的內在，是否焦慮？是否不安？是否委屈？是否緊張？ 若是有所覺察，先放下眼前的問題，讓自己以停頓作為轉換的開始，接納眼前的狀態。 試著深深的呼吸，以更舒緩、更寧靜的語言溝通。 若是覺知自己正在討好，那已經是很好的開始，不一定能立刻改變，不要指責自己。別忘了自己擁有如下資源：關懷的、滋養的、敏銳的、友善的。因此先將資源運用在自己身上：關懷自己，滋養自己，敏銳地覺察自己，對自己友善。

3. 求生存的應對姿態——超理智

常用語言參考	「人一定要講邏輯。」「這個你懂嗎？」「你要知道身為一個人，就要懂得做人的道理……」「亞里斯多德說：『人是理性的動物。』」「在學術上來看，應該是……」「據我的觀察有幾點報告……」「是是是，人一定要講理，所以『有理走遍天下，無理寸步難行。』」「按照正確的方法，應該是……」「關於這點，我來跟你解釋，古人說『……』」「人一定要講求客觀和數據。」「我建議你應該要照著我的話去做。」「連這點道理都不懂，那就白學了。」「我是對的」「你不瞭解」、「我知道的更多」「你不合邏輯」「我知道什麼對我們最好」……
語態	理智的聲音、富於節制的聲音、聽起來很冷靜、表情較為僵硬。
常有的感受與心理	僅顯露少許情緒、內心極為敏感、孤單的、孤立感、空虛的、冷靜、沉著、不慌亂。 強迫行為、獨來獨往、較缺乏同理心。
擁有的資源	有知識的、注意細節、理智的。

求生存法則

在遇到壓力時，超理智者想要控制他人，以咬文嚼字、引用統計數據和研究報告、強調邏輯……等，保持自己在討論中的主導權，言談很少觸及情感層面。這種過度理性的溝通方式，和對方的情感連結阻隔，也阻隔與自我的感受連結，因此常常忽視自己和對方的感受。

超理智者的說話方式，聽起來高高在上，過度理性卻沒有彈性。身體姿勢常挺直而僵硬，目光不常看著對方，反而穿過對方或高於對方，一副高高在上不可侵犯的樣子，自我和他人都受到漠視，只重視情境（談話內容、道理）。

以超理智姿態應對兒子

「速率和加速度的關係，就是……」「你懂速率嗎？」「你知道為何要學物理嗎？」「拿破崙曾說：『勝利屬於最堅忍的人。』」「不要那麼毛躁，沒聽過『無法轉變天氣，卻可以轉變心情』嗎？先深呼吸一口氣。」「馬斯洛說：『心若改變，你的態度跟著改變；態度改變，你的習慣就跟著改變，習慣改變，你的性格跟著改變；性格改變，你的人生跟著改變。』所以要先改變你的心態，這樣你懂嗎？」「《大學》提到：『知止而後有定，定而後能靜，靜而後能安，安而後能慮，慮而後能得。』你要懂得定、靜、安、慮、得。」

語態僵硬如宣布命令，或者諄諄教誨，不帶著感情。

背部容易僵硬，聲音刻板、有著一絲不苟的固執，並且覺得自己面對兒子的情況，以非常冷靜的方式處理。

被超理智對待的孩子

找個人扮演超理智者，自己扮演受教的孩子，體驗一下在這樣狀態中溝通的孩子，心中有什麼感受？有什麼想法？有什麼期待？

當超理智者開始說道理、說教的時候，請覺察自己的狀態，會是很專注地聆聽嗎？能夠解決自己的問題嗎？會不會很想叫說理的人停止呢？

從覺知到改變

超理智的人，因為太依賴大腦思維，不容易覺察自己的姿態。

若是覺知自己正在說理，或者正在說教。覺察一下自己的眼睛，是否平靜而專注地注視兒子？覺察自己的手臂，是否交叉在胸前？

若是覺知自己的狀態，試著將雙手下垂，安然地放下來，並且帶著溫暖專注地注視著孩子，試著將話題帶離原有的討論，想看看如何與孩子情感連結？並且試著探索自己內在，是否有焦慮？是否有孤單？還是完全找不到感受？若是找不到感受，那就深呼吸，以覺察自己為目標，放下想要教導孩子的模式。

若是覺知自己超理智姿態，已經是很好的開始，不一定能立刻改變，但已經開始要改變了。別忘了自己擁有如下資源：有知識的、注意細節、理智的。等待抽離和孩子相處的模式之後，以超理智的聰明，可以知曉清楚分析這一套應對姿態，已經成為慣性，且沒有為現狀帶來改變，那麼現在可以試著改變了。

4. 求生存的應對姿態——打岔

常用語言參考	「我忘了！」「現在幾點了？」「哇！這件衣服好漂亮呀！我阿嬤也有一件。」「天呀……」「你說什麼？我怎麼聽見有人叫我帥哥？」「有人在叫我嗎？是是是！我是金秀賢。」
語態	不自然的、輕浮的、不安的、張揚的、戲劇性的、微弱的。
常有的感受與心理	敏感、孤單、焦慮、不安、悲傷、空虛、易顯示脆弱的、困惑的。不合時宜的、控制不佳、較為混亂的。
擁有的資源	幽默、有彈性、有創造力。
求生存法則	當遇到壓力時，會改變話題以分散注意力，是一種應對的方式。但成為慣性之後，常不能專注於一件事上，說話抓不到重點，並且避開個人或情緒上的話題，卻喜歡講笑話。打岔者想轉移焦慮或害怕的主題時，可能會改變話題、中斷談話，不安的走來走去、或是離開現場，或者透過不相關的話題，顯示自己不想進入情境和他人，自我、他人和情境都受到漠視。

543

以打岔姿態應對兒子	「哇！你看那是什麼？哈哈！是你的聲音加速度撞過去啦！」、「這題不會算喔！那水果會不會吃？」、「我一定會算，如果地底會噴現金的話。」、「不會算的話，那就去工作啦！」、「哇哇哇地叫就會嗎？我也不會呀！」、「要不要去看電視？」
被打岔對待的孩子	找個人扮演打岔者，自己扮演應對的孩子，體驗一下孩子是否也很想打岔？感覺浮躁而坐不住，而問題永遠沒有解決的一天。
從覺知到改變	當覺知自己正在打岔，需要的是停頓與專注。關注自己的內在是否有不安、焦慮？若是有了感覺，那就深呼吸吧！告訴自己慢慢來，並且已經準備好接納自己的不安焦慮。再專注地面對孩子，並且記得精簡和孩子的對話，不要多說。

5. 一致性的溝通姿態

常用語言參考	帶有感受、思維、期待、願望及不喜好的誠實；開放而分享的；聆聽他人；尊重自己、他人與情境三者、真實的語言與身體姿勢、聲調、和內在感受配合；語言也顯示對感受的覺察。
語態	沉穩而深刻、和諧的、語速緩慢的。
常有的感受與心理	寧靜、安詳、和諧、平和的、有愛心的、接納自己與他人。高自我價值、欣賞自己、與生命力連結、重視自己且尊重他人。
擁有的資源	自我覺察、負責任的、開放的、關懷自己與他人、統整、連結、接觸、高自我價值。
以一致姿態應對兒子	沉穩和平的肢體，安定寧靜的語態，專注和諧的眼神。 表達自我的訊息，並且願意為自己負責。 探索孩子的困難，以開放的態度詢問，更進一步接納孩子的處境，協助孩子面對心靈的浮躁、不安與沮喪。協助孩子面對自己的問題。 實際的例子可參考後面的對話。

被一致性對待的孩子	心靈較容易得到寧靜、得以真誠面對問題、懂得為自己負責任。
更多關於一致性	表達我的訊息：覺知與表達感受、釐清與表達觀點、表達自己的期待、能接觸自我的渴望。 為自己負責：為自己的感受負責、為自己的觀點負責、為自己的期待負責。（附註3）

我的角色扮演

老楊（此處扮演兒子，下同）：「爸爸，我這題理化不會算。」

我（此處扮演父親，下同）以平穩的語氣，和緩地說：「爸爸看看。」

我接過老楊的理化習作，專注地看著習作，此時我與老楊對坐，我的肢體放鬆，雙肩輕鬆舒緩，並且覺察自己內在寧靜。

我看了十秒鐘，抬起頭來，專注且溫暖地對老楊說：「嗯！這一題理化，我也不會算！」（Tip1）

Tip1——除了我真的不會理化之外，有時師長若非教導者，而是共同探索問題者，孩子更有意願協同學習。

老楊有點兒驚訝，這個答案大概超出他的預期。因為我不是理化老師，我的理化並不強，我評估自己也許不能理解國三理化，而且我有更重要的目標。

我將理化放在一旁，語氣平穩的問老楊：「我很好奇，你遇到理化題目不會算，怎麼這麼認真？那麼勇敢地來問爸爸。」（Tip2）

老楊靦腆地說：「因為我不會呀！」

我專注且語態沉靜地回應：「嗯，我知道。不過我好奇的是，爸爸平常對你很兇，有時候還會不耐煩，你怎麼還這麼認真？會來問爸爸呢？」（Tip3）

老楊臉上的表情變化複雜，如秋季日落時的雲霞，顯現出一種純真，很誠實地對我說：「對呀！爸爸的脾氣很不好，每次問你問題，你都很不耐煩。」

我語速緩慢，認真的說：「爸爸跟你道歉。」（Tip4）

我停頓了一下，才繼續說：「對不起。爸爸以前的確脾氣不好，但是我想要改變了。因為爸爸去上了一門課，決定要改變了。你願意原諒爸爸嗎？」（Tip5）

老楊臉上流動的表情更豐富了。

……

我省略中間的對話。我的角色扮演，老楊並未扮演到發火、情緒失控的姿態，因為他沒有機會情緒暴走，或者說情緒暴走的機率比較小。若是老楊真的讓姿態扮演進入暴走的狀態，我相信「一致性」的應對，有助於父子拉出一個長遠的脈絡與目標，逐漸讓父子關係走向和諧之路，進而讓父親協助兒子共同面對課業問題。（Tip6）

這場角色扮演，最後老楊說了：「阿建老師，如果你真的是我爸爸。我要對你說：『我好愛你喔！』」

我問老楊：「那你會不會認真讀書呢？」

老楊說：「我絕對會認真讀書。」

接著我再和現場教師提問與討論，我在角色扮演中，是否符合授課提出的方向？

Tip2——此處便是以正向好奇，和孩子一同探索。但探索的目標，已經從原本的功課轉移成情感，在情感教育一章有詳細描述。因為課業討論也是親子溝通一環，我捨棄了對功課的討論，而是直接進入應對姿態的討論，目的就是要創造一種新的面貌，而不是在情緒上卡住。

Tip3——將正向好奇更深入一步，有助於孩子意識問題，也是再次聚焦於應對姿態議題，因為前面的回答，只是說明了一個狀況，並未更深入探討。

Tip4——道歉不是策略，道歉是真誠的表達。因為有感於自己要改變，因此真誠道歉，因為要改變孩子之前，要先改變自己。

Tip5——再次聚焦於誠懇的表達，這是彼此真誠流動的開始。

Tip 6——當彼此的溝通和諧了，討論課題這件事，便顯得比較簡單了，情緒不會卡在一個地方。因此疏通情感，要比討論課業來得更優先。這也符合薩提爾女士所說：「面對問題不是問題，如何面對問題，才是問題。」

歸納教養與溝通時的自我準備

當父母、教師要和孩子對談時，我建議在姿態上，能先準備好自己。

▲在肢體的儀態上，歸納下列幾點：

1. 將自己的覺知放在肩頸，覺察是否放輕鬆？
2. 雙手自然安置，不做出指責、討好、超理智與打岔的姿態，專注且放鬆地對話。
3. 眼神與談話的人，盡量維持同一水平，亦即眼睛的高度相當。

▲在說話的語態上，歸納下列幾點：

1. 說話的聲調盡量深刻，勿將聲音緊縮在喉頭處。
2. 語速平靜緩慢，切莫急促。
3. 說話之前，學習深深呼吸，安定自己內在。（附註４）

附註1

Virginia Satir在台灣翻譯成薩提爾，中國翻譯成薩提亞，香港翻譯成沙維雅。兩岸三地都有Satir的推廣中心，將

Virginia Satir的心理治療體系運用於心理諮商、社工輔導、家庭晤談、教育現場、企業、個人成長……等各系統。

附註2

因為《麥田裡的老師》是教育書，只是簡介一小部分的溝通姿態，本書介紹稍微豐富一些，只是為了讓讀者更明白，教育現場的姿態將影響教育品質，因此以此為目標介紹。若是想要更瞭解溝通姿態，有興趣的讀者可以參考張老師文化《薩提爾的家族治療模式》一書，有更詳盡的解說。

附註3

表格中的溝通姿態，參考《薩提爾的家族治療模式》並且增加個人的看法。

剛剛學習薩提爾模式的人，對於一致性比較不容易明白。

我節錄《薩提爾的家族治療模式》一書，對於一致性的解釋，俾便讀者瞭解，若有興趣探索此一模式，閱讀《薩提爾的家族治療模式》將會更深入瞭解。

一致性的更深入闡釋如下：

一致性不只是一種姿態，而是讓人更可以趨於統整而且富有人性的另一種選擇。

它是一種存在狀態，也是一種與我們自己、與他人溝通的方式之一。高自我價值和一致的狀態是成為更有功能的人的兩個主要指標，也是薩提爾模式的理想境界。

當我們決定一致地回應別人時，並不是因為我們想贏過別人、想控制別人或控制情況，或是想抬高自己地位、獲得別人的愛戴，選擇一致性，只是意味著我們選擇做我們自己、與別人接觸建立關係，以及直接與別人連結，沒有障礙地表現出自己內在價值和坦誠面對外界。

溝通的時候，人們常向對方做出「即時的反應」，但是我們可以選擇一致性的回應，也就是「適當的回應」，當我們一致性時，情緒上的觸動就失去了力量，而我們也不再是過去的受害者了。

附註4

人們無時無刻都需要呼吸，但是很少注意、觀察或意識呼吸。

練習芭蕾、瑜伽、太極拳、靜坐與靈修者，意識呼吸與人的關係，都有關於呼吸的引導。我發現有意識的深呼吸，有助於人擺脫焦慮，若是深呼吸時能將注意力專注於美的事物，或者專注於啟動心靈中的感激、愛、寧靜等狀態，有助於人更放鬆與平和。

一般人的呼吸頻率，據統計一分鐘十到十六次。不少人面對壓力時，感到焦慮不已，但焦慮感帶來的呼吸淺短，成了一種不自覺的習慣，平常也容易呼吸短淺急促，往往超過十五次以上。若是呼吸急促而淺短，常無法如實地生活，說話也會顯得急促，且易讓人感到焦躁；若是呼吸悠長而深刻，則會說話和緩穩定，易讓人感到寧靜安然。

因此建議教育者經常深呼吸，而且有意識地深呼吸，並且隨時隨地深呼吸，哪怕是在開車、等紅綠燈、打電腦、散步時，都能有意識地深呼吸一到三次都很好，只要緩緩從鼻腔吸氣，緩緩從鼻腔吐氣即可，其他如腹式呼吸或各種呼吸法就更好了。

若是能有意識地深呼吸，在面對教育處境時，就能擁有更寧靜的心靈面對了。

三

情感教育，是所有教育的基礎

情緒不是洪水猛獸，只是需要疏導。

先覺知內在的感受，不忽略、不否認，

情緒穩定了，孩子更專注，學習更美好。

情感的教育I——從感受切入問題

我常常在講座時，現場示範教養、教育與對話的方式，很多人都訝異如何能在短時間內，達成和諧一致的教育目標？使得狀況不那麼棘手。這是我透過薩提爾模式學習而來，除了一致的姿態，一致的語態之外，我經常在應對時，從感受切入對話的脈絡，事情彷彿變得簡單許多。（附註1）

因此我常邀請父母，練習在對話中，切入感受的層次，讓孩子覺知自我，更進一步意識自我；我也邀請教師，在課堂引導孩子討論問題、事件、文本，也能從感受層次進入，將會有不同的面貌發生。

人與感受

人類誕生於世界，便以感官和世界接觸：聆聽世界的聲音，看見世界的景物，聞到世界的氣味、品嘗世界的味道、感知世界的溫度……

除了感受這個世界，人們也感受到自身：放鬆、舒緩、緊張、疼痛、痠痛、刺痛、僵硬、灼熱……

心靈也有感受，一般人熟悉的感受，是各種情緒：喜悅、興奮、平靜、害怕、生氣、難過、不安、焦躁、尷尬、緊張……

人最初以感官接觸世界，並且逐漸認識世界。但這樣的生長秩序，早被知識、概念、規則綁架，忽略了感官的重要性，衍生出諸多問題而不自知。

多數人在長大成人的過程，無法深刻感覺身處的世界，忽略身體的感受，忽略了心靈的感受。

讀者不妨試著檢驗：

你注意周遭的顏色嗎？清晰地看見線條嗎？注意環境中光影的變化嗎？聆聽周遭所有的聲音嗎？對氣味是敏感的嗎？這些感官是同時開啟的嗎？

善於運用感官的人，應有鮮明的體驗，當感官專注於環境，與未開啟感官時有巨大差別。

你注意身體的感受嗎？感覺手腳的自由？感覺身體的輕盈？感覺身體的緊繃？身體的痠痛？身體的麻木感？

善於覺察身體感受的人，最常體驗身體的自由，感到身體的美妙狀態。

若是不常覺察身體感受，一旦將意識專注於身體感受，常感受到身體的緊繃與不適。

你是一個注意心靈感受的人嗎？感覺心靈的寧靜？感覺心靈的浮躁？感覺心靈的自由？感覺心靈的各種情緒？

善於覺察心靈感受的人，最常體驗心靈的寧靜，容易有喜悅與祥和的感覺。

若是不常覺察心靈感受，一旦讓自己深呼吸，寧靜地以選項探索自己內在的感受，才真正有機會正視長存於體內的感受。（附註2）

我並非教導身心靈的課題，而是**開啟感受的覺知，是教育中深刻且重要的項目，但往往被絕大多數的人忽略了。**

比如本書前兩章所述，覺知肢體的動作，以及覺察說話的語態，都是讓受教育的一方，擁有正面及寧靜的感受，也是創造受教者擁有安穩、寧靜與專注的說話方式。反之，則亦讓受教者感到浮躁不安。日常生活中，多數人應該擁有類似經驗：和某人講話，內心容易浮躁；和某人說話，特別感覺不舒服；和某人說話，容易感到放鬆；和某人說話，特別感到寧靜。若是不論談話的內容，憑藉著說話的語態與表情，就可感到說話人的情緒，也影響聆聽者、對話者的情緒。我發現內心多浮躁、憤怒、不安、焦慮、委屈、不安、難過的人，言談行止也特別易讓人感到不穩定；反過來看，內心多寧靜、平安、喜悅、淡定、穩當、和緩的人，言談行止也特別為人帶來穩定的感受。讓自己能夠寧靜淡定，不為負面情緒干擾，第一項要素並非壓抑、否認或逃避感受，反而是正面的覺知、承認、接納感受，才能真正轉化這些情緒。

覺知與承認感受

人時時刻刻都擁有感受，但是大部分的人並未覺知感受，反而選擇忽略感受，甚至否認自己有感受。受到人們忽略、否定的感受，往往是「負向感受」居多：生氣、難過、害怕、不安、煩躁、緊張、悶……人們似乎通過忽略、否定負向感受，就代表自己沒問題，就代表自己有高情商（EQ）。

我常聽見人們講話，越講越大聲，越講越激動，旁邊的人提醒他：「你不要那麼生氣！」而大聲說話的人，常激動地辯解：「我沒有生氣！我只是講話比較大聲而已。」他的非語言訊息中，姿勢、語態、神情都充滿激動與怒氣，但是他卻說沒生氣，到底有沒有生氣呢？他未覺知生氣，以理性否定情緒，是怎麼形成的呢？

有時我見人們談話，某人越講越生氣，對話中都出現數次「生氣」的字眼了，問他怎麼生那麼大的氣？某人卻說：「其實我並沒有生氣！」、「其實我不是很生氣！」、「我真的沒有在生氣。」

對大多數人而言，情緒彷彿洪水猛獸，而人們應對洪水猛獸的方法，往往是拒絕去意識，拒絕承認「它們」，任洪水猛獸在體內奔騰，只是欺騙「頭腦」這個發號施令的皇帝。

表達感受

若是覺察了情緒，頭腦也願意承認情緒了，你會如何表達呢？

比如你對某人的行為，感覺到自己在生氣，你會如何表達生氣的情緒呢？是否一致性的表達自己呢？不僅表達了訊息，並且也能夠為自己負責？（附註3）

假設你正經歷如下的狀況：家裡經濟並不寬裕，伴侶舊有的3C產品仍能使用，卻購買一款昂貴的3C產品。**你已經感到心中的憤怒，會如何表達呢？**

有人以指責的方式，表達自己的意見。

「誰叫你買這個東西？你很有錢嗎？」、「你去買一款，我也要來買！」、「東西很好用喔！」、「家裡都沒錢了！你還敢去買！」、「你都這樣浪費錢嗎？」、「誰叫你買的？」、「下個月的生活費怎麼辦？」

有人以隱忍委屈的方式，不表達生氣，或者說：「沒關係。」、「你喜歡就好。」……

上述的答案，是我在演講場合中，最多人回應的答案。

但是上述回應，沒有一項提及「生氣」。

人們常常困惑的反駁：有啊！在語氣上已經很兇了啊！

但是很多人的語態，經常都帶著憤怒啊！怎麼知道你在表達憤怒呢？前面提到有些人明明很生氣，卻說「我沒有生氣」？

在家庭教育中，父母若是這樣表達憤怒，孩子會長成什麼樣的人呢？他會養成什麼樣的內在？會有什麼樣的應對模式，是否將來也會這樣表達憤怒呢？會不會只是流於爭論對錯？而世界上大多事情卻無絕對的對錯。

當大人以憤怒的語態，與孩子進行溝通，孩子會不會產生懼怕呢？是否會不樂意溝通，不讓父母知道自己的想法，以免父母的責難？是否會因此而恐懼，畏首畏尾不敢做決定？是否會以憤怒回應大人，學習大人給予的應對模式？

有人習慣以不說話表達憤怒，但期望他人知道自己生氣了。

當人們忽略不說話的人，忽略了他的生氣，不說話的人忍不住了：「你剛剛沒看見我在生氣喔？」

然而不說出來，別人怎麼知道呢？

有人習慣掩藏憤怒，卻也以不說話掩飾自己，但神情很難掩飾得住。

當人們察覺了身邊人有異，關心地詢問生悶氣的人：「你是不是生氣了？」

被詢問的人，常會不耐煩的說：「沒有啦！」

「那你怎麼都不說話？」

生悶氣的人更生氣了：「不說話不可以喲！」

該如何表達憤怒呢？可否直接表達生氣的訊息呢？

如下也是我們常見的語言：「我很生氣！誰叫你買那個3C產品？」、「我非常的生氣！你實在太過分了！竟然……」、「我氣死了！你到底是怎樣！」……

上述語句大家應該不陌生，表達了憤怒的訊息，但是卻未將事情變得更和諧！因為人們常要他人為自己的憤怒負責，那便是指責的姿態。

上述說話的方式，充斥在我們身邊，你我應該都不陌生，從家庭、學校、電視、媒體、鄰居，甚至是路人的對話……

讀者不妨思索，如何才能既表達訊息，又能為自己負責任呢？此處的意思是：我們能否為自己的情緒負責？

我們所教養的孩子，是否能脫離這樣的環境？懂得為自己負責，而不是將情緒壓抑、奔流，或者曖昧不明。

人生來就擁有感受，擁有各種情緒，這是再自然也不過的事。**情緒本身不是個問題，有問題的是表達情緒的方式**，比如生氣的時候打人、罵人、跳樓、自殘、恐嚇……都是欠妥當的表達方式。**若能覺知自己的情緒，妥善對待自己情緒，合理表達自己情緒，我發現那就是通往和諧、寧靜與平安的道路。**若是懂得與自己的情緒相處，懂得表達自己的情緒，心靈就得到和緩平穩，教育通常變得相對簡單，因為身教是教育中最根源、也最重要的一環。

常見應對孩子情緒的方式

情感表達的方式，來自童年接收的教育，當孩童受了委屈、難過、挫折、生氣，父母親並未容許孩童抒解情緒，只是讓孩童轉移注意力，或者以打罵、羞辱、恐嚇、瞞騙的方式，杜絕孩子的情緒表達，讓孩童內在埋藏傷痛。（附註４）

這些對待孩童情感的方式，已經成為一種習慣，甚至成為整個國家、民族、人類的慣性，人們將此種應對方式，視為理所當然，談論教育現象也未從此處進入，而是很浮面的、表象的、概念化的講述這些問題，將很難推動整體教育的進步。

比如阿明就深為這種問題所苦，卻毫無覺察，也就毫無準確的方法應對了。

阿明經常向我抱怨，兒子的脾氣不好，動不動就發脾氣，問我該如何是好？

孩子的情緒問題，與家庭教育密切相關。

若要孩子擁有較好的情緒管理能力，情緒穩定而非浮躁不安，大人要懂得善對孩子的情緒，允許孩子擁有情緒，而非討好與順應孩子的意志。

大人首先需覺知自己情緒，並且懂得梳理自己的情緒，才能引導孩子的情緒逐漸成熟。

我跟阿明探詢，是不是他們寵孩子呢？阿明揮一揮手否認：「我和老婆從來不寵小孩。」寵孩子的意思，便是一味順從孩子的意志。當孩子日漸成長，遇到不滿足的情況，父母又無法滿足期待，孩子情緒反應也會巨大。

我經常看見父母寵孩子，父母總是說：「沒辦法呀！」

若是父母一味寵孩子，那便是「愛」之適足以害之，苦果只好讓父母承擔。

某個秋天午後，我聽見陣陣孩童哭鬧聲，斷斷續續不絕於耳，淒厲的哭聲隨著秋風從巷弄傳來：「我不要……我不要！我要哭了喔……我要哭！……」

孩子哭哭鬧鬧相當常見，我感到好奇的是，孩子想哭就哭吧！為何聲嘶力竭地宣告：「我要哭」呢？彷彿以哭泣來綁架大人。

我探頭朝樓下看，看見鄰居老奶奶蹲著身子，像個僕人般哄孩子：「好囉！好囉！寶貝。別哭、別哭！奶奶明天買給你好不好……」

父母希望孩子不要哭，以條件換取他的情緒，孩子易學得以情緒要脅父母。比如餐廳的服務員，拿糖果給哭鬧的孩子，要他們安靜不哭鬧，往往能暫時安撫孩子的情緒。若是父母也如法炮製，以糖哄孩子不要哭鬧！那麼當孩子想要吃糖，而要不到糖吃，孩子顯然會以激烈的情緒回饋。

阿明否認寵孩子。

孩子的情緒管理不佳，反應激烈，或者呈現極端反應，除了孩子受寵以外，父母的脾氣可能也不好，互相應對狀況而成。

阿明又揮揮手說：「我們夫妻的脾氣好得很！不會亂發脾氣。」

我進而探索，那麼孩子會為了什麼事情，而發脾氣呢？可否舉個例子給我聽？

阿明搖頭又嘆息，兒子的情緒管理欠佳，動不動就發脾氣！已成了家常便飯，例子不勝枚舉。

阿明舉一個前晚的狀況：五年級的兒子方方，蹲在客廳玩小汽車，阿明提醒兒子：「方方！等一下要去寫功課囉！」

方方當時還很乖巧的回應：「喔！好。」

半小時過去了，阿明再次回到客廳，看見方方還在玩玩具，手扠著腰對兒子說：「都幾點了？還不去寫功課！只知道在那裡玩！講都講不聽！」

方方的情緒瞬間爆發了，激動的站起來，對著阿明吼：「好啦！你很煩耶！每次都這樣！」

方方將玩具甩在一旁，生氣的踩著樓梯，回到房間狠狠將門甩上，留下巨大的甩門聲。

阿明重新述說這齣家常戲碼時，神情非常激動：「你看看這孩子的脾氣，怎麼會這麼壞呢！」

方方本來在玩遊戲，被阿明挑怒了情緒，因為阿明的語態是指責。

我聽出引發方方生氣的關鍵，是阿明憤怒的語態，向阿明核對：「是你先生氣的吧！」

阿明說：「沒有吧！我沒有生氣呀！」

我再次核對阿明那時的狀態：「你一點兒都沒生氣嗎？」

阿明說：「對呀！我沒有生氣！」

當我靜靜地看著阿明，阿明才緩緩地說：「有啦！我有生氣啦！但是改不掉了啦！」

方方的壞脾氣，怎麼來的呢？

當阿明手扠著腰對方方說：「都幾點了，還在那裡玩？講都講不聽！」這句話的語態，已經帶著憤怒的情緒。阿明以憤怒的語態壓制方方，方方只是以更憤怒的表達回饋而已呀！這是方方從父親身上學習的方法。

阿明未覺察自己的生氣，正是一般父母常見的狀況。應對孩子的第一個狀況是覺知自己的情緒，才有辦法進行情緒的轉化。

當阿明沮喪的說：「有啦！我有生氣啦！但是改不掉了啦！」

若是大人改不掉，那這個問題就很難解了，因為孩子也很難改變呀！那誰先改變呢？我的答案：當然是父母要先改變。

身為父親的阿明，從小所受的教養，就是被教養「不應該生氣」，卻形成已經生氣而不自知。當阿明以生氣的態度，和孩子互動，孩子的回應又怎麼會健康呢？

大人除了無法覺知情緒之外，也常常壓抑孩子的情緒，創造了孩子浮躁的內在。

比如孩子生氣了，跟孩子說：「不准生氣！」

孩子難過的哭了，跟孩子說：「好了！別哭了！」、「不要再難過了。」

最典型的就是害怕。

當孩子告訴父母：「明天要去演講，我覺得好害怕！」

我常常聽見父母跟孩子說：「你不要害怕！把台下的人當西瓜。」當孩子緊張了，人們常跟孩子說：「你不要緊張！真的不要緊張。」當孩子有壓力了，父母最常安慰孩子：「你真的不要有壓力！」我也常常聽見父母或老師鼓勵孩子：「你一定沒問題的！」試問這樣的方式，有助於孩子解決問題嗎？還是讓孩子衍生更多複雜的情緒呢？因為孩子一旦做不到，便可能對自己生氣，情緒在心靈裡形成悶鍋。

善對孩子的情緒

過去的年代，人們較不關注感受議題，也許因為物質缺乏，努力求得溫飽都來不及了，誰還在乎感受呢？但是過去的年代，父母生養孩子較多，即使父母嚴厲，也無暇全天候管教孩子，而且環境較為單純，人的感官體驗亦較為純粹，孩子較易脫離嚴管桎梏，感官得到某種程度的釋放。

現今的年代，父母生養孩子較少，一個家庭普遍一到兩位孩子，父母雖然注重教養，但是很可能缺乏身教意識，有時像個褓姆寵孩子，有時像個法官監視與審判孩子。況且現代環境中，權威被解構了，資訊流量快速，電子產品大量充斥，讓孩子的感官無法得到深刻體驗，反而在迅速流轉的世界中，積累了大量的浮躁、憤怒與憂傷，卻未正視情感的美麗與枷鎖，以至於教育過程事倍而功半。雖有人大力推廣冒險教育、漂流教育、體驗教育，或者另類教育體系，從各種管道解放情緒與體驗感官的教育，並未喚起世人對情感教育的認識與注重。

先不論情感教育如何養成？單就世人對情緒的認知，彷如洪水猛獸，避之唯恐不及，便可瞭解人們對這麼重要的議題，在主流教育裡從未深刻探索，僅能在頭腦上避開，無法真正逃離情緒的枷鎖。

情緒是個複雜的迴路，過去主流認知與情感養成的路徑，存有一個矛盾的區間：**既要人不要有負面情緒，卻又缺乏完整的情緒教育。**

一個人承載著諸多情緒，不僅不容易覺知，也不容易與之應對，漠視、壓抑、發洩、依賴、轉移、引導……凡此種種方法，只要應對的方式不同，就會衍生出諸多不同的反應，每一個反應都牽涉各種應對與自我回饋，影響個人生命，也影響事件的發展。

然而關於情緒的教育，不僅未成為一種教育議題，在更細微的情緒反應上，更鮮有人真正提及，積極正視這些情緒的影響。不只個人的情緒應對，兩人以上的情緒應對更複雜，也形成更複雜的應對關係，比如名叫「蒲草」的人憤怒了，夥伴「蜂鳴」會如何應對呢？「蒲草」有各種表達憤怒的方法，「蜂鳴」也有各種回饋與表達憤怒的方法，每一種方法都使對方回饋不同反應，形成一個複雜的網絡迴路。

前面提到人們視情緒如洪水，果真如此的話，人們應該如何應對呢？

《山海經》有一則傳說，鯀治理水患，以圍堵的方法，水患最終並未解決，反而更為氾濫。最後大禹治水，採取了疏導的方法，解決了水患。

不妨審視一般人面對情緒的方式，其實與鯀治理水患頗為相似，多半使用「圍堵」的方式：「不要生氣！」、「不要難過了！」、「不要緊張！」、「不要有壓力！」、「不要害怕！把台下的人當西瓜！」

這些面對情緒的方式，經過經年累月的印證，多半無效，甚至更形嚴重。那為何還要一代傳一代？何不仿效大禹治水的方法，以疏導情緒為方向，引領情緒成為一種正向的力量？這也符合古人所說：「水能載舟，亦能覆舟」的說法。（附註5）

情緒如何應對，影響大腦皮質層的變化，並且有越來越多的證據顯示，情緒與腦部發展的關聯，比如神經科學家達馬修博士（Dr.Antonio Damasio），針對人類情緒與大腦變化，在一系列研究中呈現情緒的主宰。一個孩子成長期間，要讓孩子更成熟，擁有更良好的腦部發展，不可輕忽情緒的應對，這正是教養與教育者需要在意之處，我將之視為所有教育的基礎。

疏導孩子情緒的方式，落實在策略上並不艱難，首先便是梳理自己的情緒，以平穩寧靜的語態面對孩子，其次便是同理孩子的情緒。

同理孩子的情緒，並不代表認同孩子的行為、觀念與期待，而是接納孩子生命發展的歷程中，必然經歷的一種程式。

試想，一個人期待未滿足，能平靜地面對，這樣的能力從何而來？除了基因天生之外，如何從一次又一次生氣、難過、失落與悲傷中學習？孩子健康經歷情緒的程式，不是單單被壓抑或忽略而來。

接納孩子的情緒，允許孩子擁有情緒，就是同理孩子情緒的方法。落實到孩子的生活事件，在語言的表達中，先幫助孩子意識情緒，再接納孩子的情緒，將會是更好的路徑。

幫助孩子意識情緒，便是以情緒為探索的脈絡，詢問孩子：「我這樣說，你有難過嗎？」、「我這樣做，你會生氣嗎？」、「面臨這種狀況，你會害怕嗎？」、「你有什麼感覺？」、「說到這兒，你有什麼感受？」、「說到那件事的時候，你心裡發生了什麼？」……各種以情緒探索與核對的方式，我稱之為「由感受切入問題」，將有助於迅速釐清問題的源頭。

比如我有一次到中學演講，一位中二的女生舉手問我：「人為什麼要讀書？」

一般人的回答莫不是以道理、概念、期待或答案回應：「不讀書妳要做什麼？」、「妳可以不讀書呀！」、「不讀書就沒有未來！」、「讀書很棒呀！」、「人生有更崇高的理想。」、「讀書可以幫妳找到好工作！」、「人生來就有求知的欲望。」……

這些答案，往往不能幫助孩子解惑，因為尚未核對孩子的問題（附註6），就立即給了意見，這些徒勞無功的方式，卻是在你我生活周遭充斥著。

較有經驗的人，會想要探索孩子的問題，比如：「妳怎麼會這樣問呢？」、「妳讀書遇到困難嗎？」、「妳不想讀書嗎？」……

若是先探索孩子的問題，並且懂得切入孩子對問題的感受，往往能切入問題的核心，協助孩子解決問題。

我問提問的女學生：「妳問的是一般的閱讀？還是學校的課業呢？」女學生回答是後者。我問她：「課業是否讓妳感到壓力？」學生立時紅了眼眶，並且點點頭。

我當時停止了對話，邀請她會後再找我談。

若是細究我們的對話，雖然只是一個尋常的提問，但我先核對了她的問題，其次從她的感受探索。接下來的對話脈絡，我會在她如何應對壓力，產生出什麼樣新的感受，如何影響她的行為與看法上探索。這樣的方式，在本書節錄的個案故事，以及對話脈絡中，應該隨處可見。

這個過程，便是「幫助孩子意識情緒，以情緒為探索的脈絡，也就意識了問題的核心。」具體落實在生活中，接納孩子情緒的語言，我則歸納為：「我知道你很……」，對話框中的「……」便是情緒的核對。

比如一個孩子坐在房間哭泣。我看見孩子哭泣了，坐在孩子的對面，詢問孩子：「怎麼啦？」孩子倘若不說話，只是哭泣而已，我便允許、也先接納孩子哭泣。

我停頓一小段時間，靜靜陪伴哭泣的孩子，就是一種接納的過程。

我可能會探索孩子：「你哭了，是因為難過嗎？」

假設孩子點點頭。

我通常會在停頓之後，以深刻而穩定的語態，告訴孩子：「我知道你很難過。」只是這麼簡單的動作！孩子往往會覺得自己被同理了，情感被健康的對待。

我經常在講座的場合，示範孩子生氣、難過與害怕時，大人該如何應對，而不是壓制、忽略與漠視。我常更進一步，示範孩子遇到事件時，如何在對話中，切入感受的脈絡，讓孩子意識到情緒，引導孩子正視問題的核心。

當大人有意識的引導，孩子的情緒不穩定狀況，也就相對減少很多，孩子的思維與情感，也往往變得深刻多了。我更將這樣的對話探索，帶入閱讀討論，以及作文教學之中，藉由文本的力量，打開孩子更豐富與深刻的感官經驗。

善對自己的情緒

在善對孩子情緒的同時，需要先整理自己的情緒。這個看似簡單的前提，卻往往是所有大人的罩門，因為大人們的成長過程，也是被人壓制、漠視與忽略情緒，又如何擁有善對自己情緒的方法呢？遑論善對孩子的情緒，甚至幫助孩子從細微處意識情緒了。

物理學家費曼說：「知道事物的名稱，和瞭解某件事物，中間有很大的差距。」我深深覺得知道事物的道理，和實踐那個道理之間，也有很大的差距。知道自己不要發脾氣，和做到不發脾氣，這中間的距離彷彿地球到月球一般遙遠，有人說自己沒有發脾氣，卻在語態上表露了憤怒，無疑也是很難被捉摸的距離。

坊間的教育教養書籍，多半要大人要控管情緒，但控管的細節卻模糊或忽略。一旦大人遇到情緒暴走的時刻，新的情緒如愧疚、對自己生氣、難過、不安伴隨著而來，這種「生生不息」的情緒衍生，實在是令人絕望且沮喪。這樣的情況，往往讓人產生煩躁、不安、悶悶的、緊張等不能聚焦在當下的處境，與人應對也就少有品質了。

善對自己情緒的第一步，先讓自己意識到慣性，或者意識身體情緒，並且懂得在意識到的當下，讓自己停頓下來，不在慣性中繼續言行與應對。

當停頓下來之後，最好先覺知自己的情緒，是生氣呢？是煩躁呢？是不安呢？是難過呢？是沮喪呢？是害怕呢？覺知的程式，可以一個又一個選項，試著緩慢的問自己：「我在生氣嗎？」、「我在煩躁嗎？」、「我在沮喪嗎？」……

若是能夠覺知當下最主要的情緒，就承認這個主要情緒，並且允許自己擁有這個情緒，接納自己擁有這樣的情緒，那麼情緒就有了轉圜，反而不會形成那麼大的困擾。**這也是當我們對孩子說：「我知道你很……」的時候，孩子的情緒被卸下了一半，因為他無須再用力量隱藏與對抗這種情緒。**

美國的研究人員發現，幫助那些焦慮的人們，不是要他們不要焦慮，而是讓他們正視焦慮。比如在考試之前，讓學生將他們的憂慮寫在紙上，竟然能有效提升學生的成績。

因此我在薩提爾模式中，學到和自己情緒相處的方法，並且將薩提爾模式中，歸納健康應對情緒的路徑，以自我對話的方式，緩緩在內心一步步訴說，有助於幫助人們善對自己的情緒，這個步驟就是５Ａ的自我對話程式。

當我們意識自己有情緒，便停頓下來，給自己兩分鐘的時間，找一個小小的空間，和自己進行對話，這個對話的脈絡是：

- **覺知（aware）情緒。**
- **承認（acknowledge）情緒。**
- **允許（allow）情緒、接受（accept）情緒。**
- **轉化（action）情緒。**
- **欣賞（appreciate）自己。**

當我感覺自己難過了，我不想讓難過困擾自己，因為未經察覺的難過，可能讓人心靈恍惚，讓人胸口阻滯，讓人無法專注聚焦。我可以在心裡面告訴自己：

1. 我感覺自己有一點兒難過。（停頓十秒鐘。）
2. 我承認自己是難過的。（停頓十秒鐘。）
3. 我允許、並且接納自己感到難過。（停頓十秒鐘，甚至更長一點兒時間。）
4. 為自己做五次深呼吸，感覺呼吸從鼻腔進，從鼻腔出去。
5. 告訴自己，即使我感到難過，我也欣賞自己，仍然這麼努力。

若是感到憤怒、煩悶、焦慮的情緒呢？也可以在心裡面告訴自己：

1. 我感覺自己有一點兒生氣。（停頓十秒鐘。）
2. 我承認自己是生氣的。（停頓十秒鐘。）
3. 我允許、並且接納自己感到生氣。（停頓十秒鐘，甚至更長一點兒時間。）
4. 為自己做五次深呼吸，但是呼氣的時候，想像憤怒從鼻腔吐出，並且有意識的發出聲音，讓憤怒從體內有機會流轉到體外。五次的深呼吸做完之後，再做五次深沉而緩慢的深呼吸。
5. 告訴自己，即使我感到生氣，我也欣賞自己，仍然沒有放棄。

在我引導自己與帶領學員的經驗中，越是能覺知、承認、接納自己的情緒，情緒就越能趨於緩和，逐漸不被負面情緒困擾，或者被困擾的時間不至於過久，心靈也能逐漸得到寧靜與自由。

當一個人憤怒的說：「我沒有生氣，我只是說話比較大聲。」

當一個人語態急促，大聲的咆哮，大聲的說話。

當一個人凍結住語言，故意不與人溝通；或者顧左右而言他。

當一個人隱藏憤怒，只是想討好其他人。

當一個人已經憤怒了，只想透過道理說服他人。

這些人都未必覺知自己在生氣，因此覺知生氣是第一步。

覺知生氣了！只是發生在頭腦（認知）的層次，卻未必願意在心靈的層次和憤怒接觸，就會在潛意識依慣性封阻，最常見的就是有人說：「對啦！我在生氣啦！誰叫你……」、「「對啦！我在生氣啦！不行喔！」憤怒的情緒繼續流竄，無法得到合宜的出口，問題永遠都在纏繞的狀態，無法真正解決。

因此所謂的覺知，不是只有頭腦的認知，更有身體與心靈的整合。因此透過在心中默唸5A的程序，緩緩讓自己由頭腦層次，透過停頓與意識，逐漸整合於身心之中，情緒也就有機會轉化，人也會擁有更多的寧靜與自由。

當人的情緒更自由，感官也就有機會更細膩豐富，不再困於褊狹的負面情緒之中，身心裡的困頓、煩悶、不安、緊張、憤怒、委屈……等各種負面情緒減少，教育孩子就會變得簡單許多了。

（附註7）

附註1

前一章提過的一致性的姿態，有一項便是表達自我的訊息，並且為自己的訊息負責。讀者在閱讀故事或個案時，檢視我的對話，是否負責地表達我的訊息？是否經常從感受切入對話之中？又是如何在對話中切入感受？

應會有更多理解。

附註2

深呼吸是一種停頓，有助於覺知與意識當下。

附註3

一般人表達情緒，往往是要別人為自己負責，也有人以自責的方式表達，都不是一致性表達。真正的負責任表達，並非指責自己與他人，而是一種接納之後的承擔。

附註4

我常常詢問家長，孩子幾歲聽得懂道理？

當孩子上幼小的階段，通過感官探索、認識這個世界，父母常常對著孩子說教，或者帶著情緒對孩子說話，孩子的感官便無法完整發展。

因此常常詢問，孩子如何從感官通往概念？

但我們的教育常常將概念擺在首位。比如一個二年級的孩子，老師引導作文時，並未讓孩子透過程序，引導孩子從感受風的和暢，感受陽光的美麗，甚至開啟孩子的覺知意識也無，便讓孩子運用概念，使用成語「風和日麗」。我常見一個孩子，從二年級開始寫風和日麗，卻不感覺到文章中有體驗性，一直寫到國中了，仍然一提筆就「風和日麗」，成為一種概念的反射動作。

孩子美好的感官未被發展，便被概念優先綁架了。

另外，孩子的情緒，被父母的道理、訓斥、情緒壓制，使得孩子的情感無法完整發展，內在更形窒悶，而衍生出不專注，內在也累積大量的傷痛，也無能力處理。我在大量的個案中發現，只要注重情感的互動，孩子就有健康的轉變。

附註5

憤怒能帶來力量，悲傷帶來細膩的同情，焦慮與創造伴生，恐懼讓人謹慎……這些都是情緒正面的部分，因此情緒有豐富的面貌，帶來各種資源。

附註6

大人給予答案，往往都是表達觀點與期待，但是無法解決問題。因此我常建議大人，擁有更多的耐性，學習如何探索問題，核對問題，再給予陪伴，並且以訊息與規則表達界線。

探索問題的方式，就是本書提出的「運用好奇」，並且「正向」看待問題，開發孩子的資源。

附註7

在教養、教育程序中，教導孩子面對情緒與感受，我認為是重要的課題。當我寫作此篇，收到一封來信，來自后綜高中的張芝華同學，她曾於文藝營聆聽我的講座，給予我一封回饋信，我徵得她與父母同意，節錄她一部分回信內容，說明情感教育的重要，且並不困難實行，落實在文學教育之中，也是相當具有豐富美麗的風景。

我當天在台中女中講座，透過文學作品打開孩子們的次級感官，運用正向好奇的對話，讓參與的孩子們進入敘事、觀點與生命經驗連結。

以下是信的節錄：

「我清楚記得，您用豐富情感的聲音，娓娓向我們道出童年和求學經過，惹得學生哈哈大笑。印象最深且無法忘懷的，是您講陸游的〈釵頭鳳〉，還不忘停下來，讓我們猜故事的後續，我們也把故事編得天花亂墜，您稱讚並且告訴我們訓練思考與創造力的方法，可將書闔起來思考劇情的下一步，讓我感到無比新鮮。當我被您的故事感動得一把眼淚一把鼻涕，為故事結局雙目含淚時，您卻哎呀一聲，告訴我們那是信手拈來的故事，我既驚愕又震懾。

您透過故事讓我們感動，還告訴我們情緒的重要性，要為自己的情緒負責，要懂得表達自己的情緒，要正視自己的情緒，還要我們學會原諒自己……

學校教的知識千奇百怪，無奇不有，卻從來沒有人教我們要怎麼面對與處理情緒這種東西……您帶領我們走到文本的另一個世界，這個世界讓我大開眼界，並讓我對您所描述出來的天地神往不已，深深撼動我的世界觀……」

透過文本讓孩子擁有更寬的體驗性，是將情感教育以客體的形式，連結孩子內在的情感，打開孩子的生命經驗，擴大他們的世界觀，也引導了情緒的正向流動。在傳統的教育脈絡中，人的情緒往往被壓抑，也被賦予負面的意義，常見孩子情緒控管不佳，衍生出諸多不當的事件，起因於無人教導孩子情緒的面貌。因此教導孩子正確認識情緒，是我在課堂中常帶入的內容，亦並非難事。

除了聆聽一次演講的芝華，對情緒認知給予回饋，還有一位我認識兩年的學生賴芷妍，她常分享生活的事件，還有情緒如何應對。兩年前她面對人群、功課與生活中的困境，常陷入深深的情緒，迴旋久久而無法掙脫。我除了穩定地展現關懷與愛，陪伴她一段情緒起落的歲月，也教導她如何面對負面情緒的方法。兩年過去了，我感覺到她每個階段都在進步，雖然偶爾仍會陷入情緒迷障，但是時間已經變得相對短暫，能夠獨立從情緒中走出來。當我問她如今情緒應對的狀況，她回了簡訊給我：「我覺得現在比起兩年前，我增加了很多和情緒相處的時間。以前只要碰到不好的感覺，就會一味地陷進去，但現在我會和自己核對情緒，然後與它共處。雖然我還是很常逃避，但兩年前的我連覺察情緒的能力都做不到。」

我為芷妍感到驕傲，並且常為她祝福，她覺知自己的情緒，也看見自己的進步。我沒有特別為她記錄成長故事，因為她的故事面向寬廣，需要大量的文字篇幅呈現，但是她一直如實面對，而且一直都沒放棄成為一個更好的人，也讓我體驗到情緒教育重要且並不困難，因此特別提出來。

好動的孩子

小桐出生數個月之後，父親過世了。

小桐媽媽心靈難受極了。單親媽媽帶著兩個孩子，既要維生又要教養，很難好好照顧自己，心中的委屈、難過、苦悶經常奔流出來。一旦遇到生活不順遂，年幼的孩子又難免哭鬧，母親便常疾言厲色以對，甚至將心底的委屈一股腦兒傾瀉，覺得人生無望且無奈極了。

在教養、教育的道路上，父母、老師的情緒若是不穩定、語氣急促而帶著怒氣、過多的規則限制，只是想要教會孩子，常無法改善問題，反而使孩子內在的情緒紛雜，容易形成情緒的大悶鍋，呈現好動無法專注的狀況。然而情緒的穩定，語態的平穩，不是透過壓抑而來，而是透過對自己的接納與覺知，才能夠逐步改變。（附註1）

我常邀請父母，設想自己是四歲的孩子，被急促語氣、壓抑的情緒、過多規則限制應對之後，內心是否也會感到浮躁難安？便不難看見問題的根源。若是孩子從四歲開始，一直到青春期，不斷被糾正、壓制、告誡與說教，內在往往長期浮動不安，想要專注便很難了。

小桐父親過世之後，母親要帶兩個孩子，要停頓靜心的確不易。母親一心期待讓孩子聽話，只是可期待而不可得，因為孩子年紀尚小，如何能同理母親的憂傷？

小桐過了四歲了，是個靦腆可愛的小男生，母親卻為他頭疼不已，理由是小桐調皮好動，不聽大人的勸誡與管教。四歲的男孩子，調皮好動的狀況應屬常見，考驗父母的耐性，考驗父母的應對能力，**父母的應對方式，常決定孩子擁有什麼樣的內在，那也是孩子成長的關鍵之一，遺憾的是大多數人並不在意。**

小桐媽媽向我訴苦，小桐調皮極了，她動用各種方式，都無法使孩子穩定與安靜，該怎麼做才能讓孩子不調皮好動？

四歲的孩子活潑好動，是活力的一種展現，我常邀請父母，先接納孩子的好動，其次調整自己的情緒，專注穩定地與孩子談話。小桐媽媽覺得這個方法太慢了，也懷疑這樣就有效嗎？

小桐四歲的年紀，身體裡面有大量的活力，在房裡奔來跑去。我喚他的名字，邀請他坐在我前面，小桐只是笑了一下，靦腆地坐在我跟前。

我問小桐：「喜歡來這裡嗎？」

小桐點點頭，表示喜歡。

「你喜歡呀！喜歡這裡的什麼東西呢？」

小桐看看四周，看看一旁的書，小桐眼光落在圖畫書上。

「小桐喜歡看這裡的圖畫書嗎？」

小桐點點頭。

「喜歡哪一本呢？」

小桐手指著《別鬧了，怪獸阿抖》。

「喜歡這一本嗎？」我將這本圖畫書拿起來，問他喜歡哪些段落？

小桐坐在我面前，以手指著書裡的片段，安靜地和我分享這本書，小桐此時是一個很聽話的孩子，很親暱的和我看著一本書。如此過了數分鐘，我轉過頭來，看著小桐媽媽：「不是很安靜嗎？」

小桐媽媽說：「他可能跟你不熟啦！一會兒熟了，就不安靜了。」

我相信小桐的安靜，有一部分是和我不熟，但是這也證明了**小桐有安靜的資源，並非不能安靜下來，重點是我們如何讓小桐意識到資源，並且明白界線？**（附註2）我雖然這樣思索，但是我很接納孩子的調皮。

我轉過頭來，專注地看著小桐：「媽媽說你很調皮，有嗎？」（Tip1）

小桐點點頭。

「小桐，你很誠實。當阿伯問你，有沒有調皮？你這麼快就回答有呀！」（Tip2）

Tip1——這是針對媽媽的話，和孩子核對狀況，探索孩子是否和媽媽的說法一樣？

Tip2——這是聚焦在正向的部分探索。

小桐又露出靦腆的笑，頭低下去，又抬了起來。

我核對小桐對調皮的覺知：「你是故意調皮的嗎？還是不小心的呢？」（Tip3）

小桐停了一秒，才小聲的說：「我是不小心的。」

我點點頭，繼續**從感受和他核對**：「媽媽說你很調皮，你有什麼感覺呢？」（Tip4）

小桐看著我，隨即低下頭來，沉默不語，過了一會兒才將頭抬起來。

我意識到小桐年紀還小，可能聽不懂「感覺」一詞，於是一個一個感受核對。（Tip5）

「媽媽這樣說，你會生氣嗎？」

小桐搖搖頭。

「媽媽這樣說，你會害怕嗎？」

小桐也搖搖頭。

「媽媽這樣說，你會緊張嗎？」

小桐輕點一下頭，又搖搖頭。

「媽媽這樣說，你會難過嗎？」（Tip6）

這回小桐既沒點頭，也沒搖頭，再次將頭低了下來，我看見兩行眼淚，緩緩從他臉頰滑落。

我停頓了數秒鐘才問：「告訴阿伯，你難過什麼？」

小桐也停頓了幾秒，很小聲、很慢地告訴我：「我不乖。」

「你不是告訴阿伯，你是不小心的嗎？」

小桐點點頭。

「告訴阿伯！你想要不調皮嗎？」

小桐又點點頭。

「那阿伯教你的，你會聽嗎？」

小桐又點點頭。

「小桐，謝謝你這麼認真，跟阿伯談這個問題，而且你不是都不乖呀！阿伯剛剛和你說話，和你一起讀書，你不是都很安靜聽話嗎？」（Tip7）

小桐眼神澄澈的望著我，露出了靦腆的笑臉。

我回饋完小桐，轉頭過來看媽媽：「小桐不是很安靜嗎？」

Tip3——這是以選項來好奇孩子狀況，讓孩子容易回答，但是選項也有其危險。

Tip4——此處切入了感受的問話，是此篇要呈現的重點。

Tip5——此處也是以選項一個一個核對。

Tip6——我通常將最有可能的選項，放在最後面一個，尤其是感受的選擇。

Tip7——這裡進行的對話，除了從感受切入之外，都是以好奇的方式，啟動正向、資源與意識，在〈正向好奇〉一章中有詳細的說明。

媽媽早已淚流滿面，媽媽很自責，自己總是如此多的情緒，不像我如此安穩定靜。我跟媽媽說：「那就學習吧！我們和孩子一樣，不會一下子就學會的。也請媽媽將自己當個孩子一般，先學著接納與關懷自己！」

附註1

過去的年代，父母生養孩子較多，即使嚴厲也無暇管控，孩子和自然環境的關係較親近，情緒與感官得以釋放。現在家庭生養孩子較少，父母將「正確概念」不斷灌輸給孩子，對孩子的管控較緊，感官的釋放亦少了，尤其孩子專注於電腦遊戲，更是讓心靈難以安定，好動的狀況日漸增多。

附註2

此處提到的意識與資源，在〈正向好奇〉一章中有詳細的說明。

當恐懼籠罩一個人

阿楠是個早產兒，學習較同齡的孩子緩慢。他的作文寫不出來，媽媽送他來寫作班，希望對他的作文與表達有些幫助。

阿楠剛來的時候，說話很大聲，和同儕互動時，眼神會刻意瞄向老師，似乎觀察老師有沒有注意他？但表情又帶著不確定感。（附註1）

我要阿楠大膽書寫，隨便寫就好了，幫助他解放能力，建立自信心。（Tip1）

幾堂課之後，阿楠比較放得開了，作文也越寫越多，篇幅從一行擴展到了半頁，從半頁到兩頁。字數增加了，但是文章胡言亂語，不僅和主題完全無關，也看不出要表達什麼東西？（附註2）

Tip1——我常讓剛來寫作班的孩子寫三次「爛作文」，這是在「接納」的層次，讓孩子大膽書寫。再從文字中，以「正向好奇」，找到他們的資源。

十餘堂課過去了，阿楠媽媽關切孩子的學習狀況。我據實以告，阿楠有進步了，從寫不出文章，到如今可以寫兩頁多了。媽媽也注意到阿楠的進步，頻頻點頭道謝。

但是我接著分享阿楠所寫的文章，幾乎都和主題無關，常常不知所云。那就像是畫圖，老師要學生畫一幅山水畫，學生卻畫出雜亂的線條；老師要學生畫靜物，學生也畫出雜亂的線條，看不出畫的是什麼？只是繪畫有抽象畫，但是阿楠的文字比抽象更抽象，也不像意識流的寫法。我曾經在未經早療的自閉症孩子，看過比阿楠更雜亂無意義的文字，但阿楠的狀況不一樣。

媽媽很慈悲，之前不好意思說！聽我這樣陳述，才放心的對我說：「對呀，我也看到了！字數變多了，但是文章亂七八糟，到底是怎麼了？該怎麼辦才好呢？」

我也不知道阿楠怎麼了？只能告訴媽媽，我還需要多一些時間，對阿楠進行更多書寫嘗試。

阿楠口語的表達沒有問題，就算以口語化成文字，頂多只是口語化，不至於文意凌亂不通。我只能更多一些觀察，思考不同的介入方式，比如書寫刻意縮短一些、給一段開頭提示，或者抄一段文章改編，看阿楠有無改善？

又是幾堂課過去了！阿楠的狀況依然如此。

阿楠某天上課前告訴我，要提早半個小時離開，媽媽帶他去看牙醫。

我點點頭，表示接收了這個訊息，和他聊一些關於牙齒的日常，仍然要求阿楠在離開前，要努力寫一些文字。阿楠很聽話，大力的點頭，並且大聲說：「好！我知道了！」

提早離開的時間到了，我接過阿楠的作文檢查，內容仍是胡言亂語，和主題一點兒關係都沒有。不只文字凌亂，主題未掌握，原本應該空四格的題目，阿楠只空了三格。我請阿楠將題目擦掉，告知他題目上方要空四格。阿楠又賣力地點頭，大聲說：「喔！好！」他重新交回作文，題目並未空出四格，而是空出兩格。

為求清楚表達意思，我特別伸出四隻指頭，數著一、二、三、四，要空四格，並且數著作文裡的空格，核對他聽懂了嗎？阿楠又是一陣賣力的點頭，聲音宏亮的回答我：「嗯！懂了！」

阿楠第三次交回來的作文，題目僅空了一格。

這是怎麼回事呢？我非常好奇，**是他聽不懂嗎？聽力有問題嗎？還是他會害怕呢？**

我認為自己已經清楚表達，還使用手指在作文簿上，一格又一格地數給阿楠看了，怎麼會這樣呢？一般人在什麼情況下會發生類似問題？往往是心不在焉，或者耳朵聽不見的狀況下，才會如此狀況。我因此判斷阿楠心中，如何會心不在焉呢？心不在焉的狀況，通常是思緒紛雜，或者是內在感受凌亂，我心想阿楠是否裝著滿滿的恐懼呢？我想到阿楠的眼神，充滿著瑟縮的神情。若是阿楠的心靈被害怕籠罩，那就什麼也聽不明白了。一般人經驗的害怕，是外在凍結住了，無法有所回應！但是阿楠大力點頭，大聲回應我，也許已經習慣迅速回應世界了吧！然而，阿楠的恐懼這麼大嗎？大到我用手指一格一格指著，他都無法明白？

我想探索阿楠，內心是否真的被恐懼籠罩？（Tip2）

Tip2——我感覺阿楠應有恐懼，因此想要探索與核對，這是我在教育過程中，列為順序的幾個步驟：觀察、探索、核對與陪伴。

我深深呼吸一口氣，停頓了兩秒鐘，凝視著阿楠，傳遞一份寧靜的力量，緩慢沉穩地詢問：「你會怕我嗎？」（Tip3）

在那一刻，阿楠的眼神瞬間黯淡下來，低下頭來摩擦著手掌，很小心地點點頭，表示他「會」害怕。

我停頓了一下，核對他只有怕我嗎？還是怕所有的老師呢？因為媽媽曾經說，阿楠最喜歡來上作文課。（Tip4）

阿楠頭沒有抬起來，聲如細蚊的說：「怕所有的老師。」

我點點頭，表示他回答得很清楚。我有一點兒明白了，輕拍著他的肩膀，給他讚許與鼓勵，要他趕緊去看牙醫吧！

受恐懼攫住的心靈

我約了媽媽晤談，分享我的觀察與評估。

若是阿楠的內心充滿恐懼，他的學習並不會專注，反而容易分心，因為恐懼如烏雲在心頭盤據，時時刻刻出來騷擾他。（附註3）

媽媽告訴我，阿楠總是心不在焉。但阿楠要如何心能在焉呢？恐懼阻礙了他。

我詢問媽媽，阿楠其他項目的學習，是否有好的經驗呢？（Tip5）

媽媽無奈地表示，阿楠的學習狀況都不好。

我再次邀請媽媽思索，是否曾經有較好的經驗呢？

媽媽想起阿楠的游泳課。為了阿楠的健康，醫生建議阿楠去學游泳，阿楠剛開始學習時，換氣永遠學不會，更別提游泳了，無論游泳教練怎麼教導，阿楠就是學不來，吃了不少苦頭。當時另一位游泳教練在池畔教學，看見阿楠的狀況，主動表示願意教導阿楠。

阿楠學會了嗎？

「有耶！阿楠不只學會換氣，也學會游泳了，現在下水能游一千五百公尺，不過教練不在身邊，就沒辦法游這麼長的距離了。」媽媽露出了喜悅，分享著阿楠的正向經驗。

這是個好教練，也許有經驗，也許掌握了教學的技巧。

我點點頭問：「教練應該很有耐心，也很溫暖吧！」

媽媽分享著教練的耐心，以及教學過程的用心，不過媽媽也分享教練很嚴格。

嚴格的教練，有幾種意涵，**一種是教學嚴謹、態度嚴厲；一種是界線分明、態度從容，帶來安穩寧靜，讓孩子感受自己的價值。**

Tip3——整理自己的肢體姿態，整理自己的語態，讓自己更為專注平靜，是我和孩子對話的基礎。

Tip4——我腦海裡面有諸多訊息，因此會將得到的訊息，一一核對。

Tip5——探索阿楠的正向經驗，聚焦在正向資源，期望看見阿楠更多的可能。

前者讓孩子被恐懼推動，達成眼前的目標，但恐懼深埋心靈，以往的體罰、打罵教育便是如此。

我在軍中服役兩年，便經歷了威權的恐嚇。

我的身體並不強壯，當兵前自我訓練伏地挺身，頂多僅能達到二十下，入伍之後，嚴格的訓練與威嚇，讓我的伏地挺身一口氣能做一百下。

我的跑步總是無法堅持，入伍後我很勉力地能夠跑完一萬公尺，但代價卻是咳血、腰傷與腿傷……我永遠記得痛苦的體會，在烈陽下伏地挺身，身負五十公斤重量，伏地的下體下方插著錐狀物，只要一趴下就會受傷，班長與學長們在一旁訕笑威嚇，我彷彿是一隻馬戲團的動物，身體扭曲到了極點，即使瀕臨承受不住的極限，也不敢讓自己趴下而受傷。

我的跑步姿勢不良，但每天晨晚的跑步，軍中不可能有差別性的對待，或者因材施教，導致入伍半年腰部疼痛難耐，走路時連五十公分水溝都無法跨越，我打算請假就醫，卻換來大聲斥喝，仍舊拖著病軀跑五千公尺，甚至因為跑慢而被踹數腳；長官的大聲斥喝、訕笑、威逼、辱罵與粗魯都在我內心深處，駐紮了一份深深的恐懼。

當兵的兩年，我感覺身心俱受折磨，即使在營區中走路、吃飯、睡覺，我都可以感覺自己巨大的恐懼。

我當兵時期，處於海峽兩岸國共對峙的年代，面對可能發生戰爭而操練士兵，似乎這樣的方式最便捷有效，因此軍中流行一句話：「合理的要求是訓練，不合理的要求是磨練。」

當時不少人因此逃兵、自殺、發狂了，（附註４）在那樣的年代訓練下的士兵，像個機器人一樣，的確較能達成目標。但是人畢竟不是機器人，也不是個工具，擁有豐富的心靈，內在各種感受陳列，這些被壓制的感受，一旦解除了軍旅的生活，會如何影響一個人呢？

當兵兩年退伍，我較能吃苦了，因此收束心志考上大學。（附註5）

但是我的恐懼仍存在，幾乎每個月都會夢見軍旅生涯，夢中總是恐懼不已，在荒荒的夢境中驚醒，持續至三十五歲左右。兩年軍旅時光，留給我意志力、吃苦的能力、應變的能力，這些都是正向的資源；留給我的負面影響，除了恐懼的夢境，恐懼瞬間來襲的陰影，可能還有僵化的思維，以及突然爆發的憤怒情緒。

一般人執行權威管教，讓孩子服從命令，往往都是驅動孩子的恐懼。殊不知被恐懼壓制而成長的人，較易在既定軌道中長成，創造力也易受侷限，一旦生活的軌道改變，恐懼的影響力就出現了。

我寫作此書的當下，一位朋友為詐騙集團恐嚇，失去辛苦的積蓄。細究歹徒詐騙手法，其邏輯粗糙且破綻百出：先偽裝中華電信語音系統，通知當事人欠款未繳，要當事人回撥號碼。回撥接通之後，歹徒還幫忙轉接反詐騙專線，接通偽裝的警官，通知當事人要被起訴，因為名字被盜用，即將被拘提到案，除非當事人趕緊交出存摺、提款卡、密碼，並且不得告訴其他人。歹徒派一位小混混，冒充書記官，並且強調書記官是長官，只是其貌不揚……

從中華電信語音→通知欠費未繳→警官指控→派出書記官→交出提款卡與密碼……這一連串的手法，每一個環節都看似愚蠢無比，但是身為高知識分子的朋友如何會被欺騙呢？其實翻開報紙社會版，不只我的朋友，被詐騙者有公務員、校長、教授，甚至部長也曾被詐騙集團欺騙得逞。細細探究這些受害者，多半是被恐懼掌控了心靈，與聰明才智無關。

怎麼回事呢？並非他們不聰明，而是歹徒掌握了人們的「恐懼」：尤其所謂的「乖乖牌」，在教養過程中，大多在威權、服從，或者恐嚇的情境下成長，輕易就為「恐懼」占領。

我在相關文獻中看到，神經科學家指出：**恐懼會啟動大腦次級體感覺，腦島背後側。並且以類似化學物質形式流進血液，身體和大腦會分泌皮質醇，應付危險的現狀。但是對於經常處於恐懼的人們，皮質醇的分泌會使得大腦中的海馬迴萎縮，甚至於死亡。**

大部分的乖乖牌，在受到外界變化、失落、未滿足期待……的衝擊時，更容易陷入焦慮、緊張、深深的恐懼感中。也使得他們遭遇詐騙時，心靈頓時陷入了困窘的情緒狀態，讓詐騙集團得逞。

乖乖牌因為一路順遂，功課好、品行佳而平安成長，但是也少了探索與嘗試的空間，只有在出現意料之外的狀況時，會亂了方寸或失去理智。但是那些非乖乖牌的學生呢？有時他們功課受挫折，但是創意仍然存在，發展出一套生存的模式。但是更多主流表現不佳的孩子呢？也許被憤怒、悲傷、無奈的感受填滿心靈。還有一部分孩子，他們被恐懼攫取了，產生出凍結、分心、不安、過動甚至歇斯底里的狀態，但是大部分教育工作者卻未覺察真正的關鍵。

古有明訓：「不經一番寒澈骨，哪得梅花撲鼻香？」

我因此思索，二十一世紀發展太迅速了，這個迥異於過去的年代，能否不經歷壓迫，不給予恐嚇？而能經驗寒澈骨的鍛鍊？

我以為教育者提供一種分明的界線，清楚而簡約的規則，並以安穩的態度，給予寬闊的包覆，也能讓孩子負起責任，讓他產生勇氣，而不是產生恐懼，這是我期待的教育模式。

阿楠的媽媽覺得游泳教練很有耐心，但是也很嚴厲。具體說來，我也不知道教練是否讓阿楠心生恐懼？但是起碼阿楠也有能力學好一件事，這是他的資源。我請媽媽歸納教練成功的關鍵，除了讓阿楠恐懼之外，有沒有什麼資源是值得學習的？

除此之外，也要提醒阿楠媽媽，是否在日常生活中，不斷地讓阿楠內心衍生出巨大的恐懼呢？那麼是否能以愛與等待，化去阿楠心中的恐懼？

我帶領好動孩子的經驗，是安定他們的內在，讓他們經驗更穩定的應對方式，並梳理他們被憤怒、難過、焦慮與浮躁阻礙的情緒。那麼帶領阿楠，我也是想以安定他內在為方向，但該如何梳理阿楠的恐懼呢？

探索、接納與釋放恐懼

我將在課堂寫作文的阿楠喚出，坐在我的對面，我想探索他的恐懼。

阿楠坐下來了，但是坐立難安，他雙手不停搓揉著，甚至互相絞緊，彷彿內心充滿焦慮。我只是靜靜地、專注地看著他，阿楠的眼神不安的瞄著地下，不斷地瞄向我與媽媽。（**Tip6**）

我邀請阿楠眼睛看著我，但是他沒辦法注視我，一秒也做不到，便畏縮的低下頭。我有種錯覺，

Tip6——當有意識地讓內外在都安靜下來，也很容易讓身邊的人安靜了，一旦安靜下來，很多情緒便無法掩藏。

阿楠的瞳孔在瞥向我的那一刻，縮得好小好小，如一隻受虐的小動物，縮在一個陰暗的角落。我以雙手接觸阿楠的手，緩和一下他的焦慮，感覺他的身體緊繃。他雙手放下來了，不再交纏緊握，但是他的右手開始掰著下巴，一次又一次的用力往下掰著，那是一個特殊的動作，也是我從來沒看過的動作。伴隨著這個動作，阿楠身體微微顫抖，眼睛蓄滿了淚水，我知道他正經驗內在的恐懼。（附註6）

媽媽曾經跟我分享，當阿楠出生時，她的身心受到的煎熬，她對阿楠的期待甚高，但是阿楠各方面表現都不盡如人意，有時候一心急便對他吼叫……（附註7）

然而阿楠的學習並未改善，但是心中卻充滿大量恐懼。阿楠的內心非常敏感，學習又很緩慢，在被要求的過程，將恐懼掩藏在內在，只是學會快速當一個聽話的孩子，但是他幾乎達不到外界的期待。

阿楠此刻坐在我們跟前，我並未想要改變阿楠，也知道要讓人的內在無恐懼，需要無比的耐心與愛。我僅僅只是想瞭解，阿楠有多恐懼？

當我寧靜地面對他，阿楠內在的恐懼卸下了偽裝的回應，他不需要以任何動作掩藏恐懼，也無處掩藏了，他內在經歷的恐懼瞬間流淌。我沒有任何進一步的想法，只是想探索阿楠的恐懼，還有打算讓阿楠經驗恐懼，也經驗我們在他面前的定靜與溫暖，因為阿楠已經逃避這個恐懼太久了，但他從來逃不出恐懼的掌心。

阿楠媽媽早已經淚流滿面，她看著阿楠顫抖的身軀，不捨孩子心靈裡面充滿恐懼，不捨孩子內心的傷，但不知道該怎麼辦？

一段時間之後，我邀請阿楠深呼吸，但是我說了幾次，阿楠並沒有深呼吸。

我問他，聽得懂「深呼吸」嗎？（Tip7）

阿楠搖搖頭，表示聽不懂深呼吸。

這回換我深深的吸了一口氣，他如果聽不懂深呼吸，那他怎麼聽得懂課堂的內容？他也聽不懂要空幾格？恐懼的力量很強大，一般人是遇到特殊事件因恐懼而阻礙，阿楠則彷彿時時為恐懼覆蓋。以往恐懼占領他的心靈，現在恐懼浮上來了，我讓阿楠繼續經驗恐懼，我想改變他應對恐懼的慣性反應，並且在經驗恐懼之後，能經驗被人陪伴的溫暖，讓思維在恐懼中仍能運作。因此我只是在一旁寧靜陪伴，給予他溫暖的感受。

我不知道阿楠心靈的經驗，但我感覺他逐漸放鬆一些，雖然身體仍然顫抖。

接連兩週寫作課，我都邀請阿楠到一旁的教室，學習經驗恐懼，也學習深呼吸，阿楠的恐懼反應漸漸小了。（Tip8）

最讓我驚奇的是作文，文字有一點兒邏輯了，也能夠針對主題發展，雖然他的作文仍然乏善可陳，但是看得出他的進步了，只是仍然離一般人的目標甚遠。

Tip7——此處也是在探索，觀察了現象而核對。

Tip8——正如同人經驗憤怒，憤怒就漸漸縮小；經驗難過，難過就有了宣洩，這是一樣的道理。

我帶領阿楠兩年了，阿楠文字的進步很緩慢，但是看得出一點兒長進，對我而言便覺得欣喜。阿楠的媽媽也有很多的改變，較能看見阿楠的正向資源，也試著將過去對課業的期待，更改為對阿楠更多的肯定與愛，她帶著阿楠爬山（附註8），做手工勞作，說話的語氣也不像過去著急，越來越緩慢穩定，我深知阿楠媽媽的改變，才是讓阿楠進步的重要因素。

附註1

孩子來到班上，我對他們會有仔細的觀察，這樣的狀況，通常是無自信的表現。會讓我更著力在和孩子對話時，從各方面的表現，去關注孩子的自我價值，並放低對課業的要求。

附註2

十分之九的孩子，經歷了一陣子課堂安排，通常都會明顯地看出進步的部分。阿楠卻僅在字數上增多，文意表達凌亂，對我是個特別的經驗。

附註3

不專注的孩子，通常都是內在情緒紛亂，最常見的是浮躁、煩悶、生氣、難過、緊張與不安。也有大部分孩子是恐懼，比如我在《麥田裡的老師》中幾個數學功課不佳的孩子，因此我會讓孩子們意識到恐懼。而阿楠的狀況，主要則是恐懼。

附註4

在我當兵的一九八〇年代，這是經常耳聞的事件。我的連隊中，就有人自殺了，逃兵更是時常出現，隔壁連還發生衛兵以57步槍掃射。軍中霸凌更是頻繁，甚至是軍中文化的一部分，被視為一種「磨練」。我當兵期間，還遭遇性騷擾，其中一位性騷擾我的士官，日後性侵了軍中同袍。

附註5

這也是正向的資源。我看一個事件，經歷的過程，常看見正向的一面，已經成了一種習慣。

附註6

以往恐懼潛藏在體內，卻無法真正和恐懼連結，只是被恐懼影響。但很多人為了逃避恐懼，創造了大量的語言、行為與道理，只是阻隔自己經驗恐懼，卻無法擺脫這感覺。

附註7

一般孩子受到吼叫，憤怒的指責，衍生出的情緒以憤怒、難過害怕為最大宗。

附註8

這兩年的時間，有一位在大學任教的教授，展現巨大的耐心陪伴，帶著阿楠去登山，也幫助媽媽穩定心靈，而阿楠的爸爸也放下繁忙的工作，在生活上有了巨大轉換，都是讓阿楠轉變的關鍵。

人可以決定感受

人的內在常隱藏著恐懼，有些恐懼平常不擾人，只有特定時刻才出現；有些恐懼則時時干擾人，在生活上處處限制人。在別人眼中看來，有些恐懼也許微不足道，但心懷恐懼的人卻極為痛苦。

人們面對恐懼，會透過各種方式應對，比如唸咒語、逃避、忽略，甚至也有暴力……恐懼是人類心靈裡最深的感受，是很多感受的源頭，或者衍生出來的產品，但人們應對他人的恐懼，大部分要求他人克服恐懼，或者不在乎他人的恐懼，忽略了恐懼帶來的影響。冒險、旅行、漂流等透過身體的體驗，釋放心靈的恐懼，是我在帶領青少年時，面對恐懼最佳的方式。但一般小小的恐懼呢？比如不敢去演講，不敢上舞台，不敢說話，不敢寫作文，這些小小的恐懼，說來微小，但是影響也很巨大，卻很難徹底解決，因為有些恐懼有其根源。

小蘿的恐懼讓我印象深刻，但我要表達的，不是如何解決孩子的恐懼，而是如何陪伴與接納孩子。因為這裡的探索，顯得較為複雜，但是有興趣的人，仍舊可以看見一個問話的脈絡，如何探索一個恐懼的議題。

經驗恐懼

小蘿懼怕鳥類，到了令人匪夷所思的地步，不僅不敢親近、觀看任何鳥類，甚至鳥類畫片、圖畫與影集都不敢觀看。

小蘿接受我的邀請，幾經掙扎之後，決定嘗試探索對鳥的恐懼。我邀請小蘿對鳥類冥想，去經驗那個恐懼的感覺。

小蘿在冥想過程中，臉上出現明顯的恐懼、嫌惡與痛苦，身體不由自主的顫抖。小蘿告訴我，一隻腐爛且布滿蛆的死鳥，很鮮明的出現在她腦海。

我很好奇小蘿從小就怕鳥嗎？還是從什麼時候開始怕鳥呢？因為她不是扭捏的女孩，很喜歡親近大自然，敢伸手抓蚯蚓，野地裡的昆蟲、爬蟲、小動物她都不怕，怎麼會獨獨懼怕鳥類？

小蘿的表情有點兒複雜，回憶過往的種種，她突然眉頭皺緊，又突然間鬆開了，她想起自己幼年觀看鳥類的經驗，似乎在小學二年級之前還不畏懼鳥類。

發生什麼事呢？鳥兒如此可愛，是否被鳥攻擊過？或者觀看過鳥類的影片，而心生恐懼，比如美國導演希區考克的《鳥》？

她自己也感到好奇，小時候並不恐懼鳥類呀。到底發生什麼事呢？如今這麼恐懼鳥？

從感受的梳理到追溯具體事件

小蘿說到這兒，突然一個鮮明的回憶進入了，她看到一個圖像：

國小二年級的時候，全班到附近風景區遠足，她很清楚的記得，那天陽光盛大亮麗，她和班上同學在回家的路上，看到一隻死去的鳥兒，這是一隻死亡甚久的麻雀。小蘿清楚的描述這隻麻雀，皮肉都幾乎腐蝕殆盡，只剩下枯乾的麻雀軀體骨架，但可以分明看出是隻麻雀，身體布滿白色的蛆。

我試著從這個畫面，探索小蘿過去的感覺：當時看到鳥兒的感覺是什麼呢？

小蘿閉著眼睛，努力經歷過去的畫面，彷彿回到國小二年級的時光，緩緩地敘說：「看見麻雀布滿蛆的骨骸時，並不感到害怕。」

那是什麼感覺呢？小蘿停頓了一陣子，彷彿重新經驗那個畫面，經驗那份感覺，她陳述自己看到那個畫面時，心中感覺到孤單。

我很好奇，看到一隻死鳥，怎麼會感到孤單呢？是聯想到死亡？想到小鳥的孤單？自己的孤單？還是誰的孤單？

小蘿搖搖頭，表示並不知道這個孤單怎麼發生的？

我發現小蘿的臉上，羅列了複雜的訊息，其中閃過一絲**難過**的神情。

我重新探索小蘿的感受，我邀請她聚焦內在，感受那一份難過，**重新去體驗這份難過。**

小蘿的眼淚逐漸湧現，但她並不知道自己在難過什麼？

我邀請她不需要知道，先去經歷這一切。

我以沉穩的語態，重新複述她告知我的畫面：二年級的小蘿，和班上同學遠足，陽光盛大而亮麗，突然看見路邊一隻死去的鳥兒。這時候小蘿感到孤單，也感到難過。

我請她深呼吸，深深感知這份感覺，和這樣的感覺同在。

此刻小蘿的眼淚如泉水湧出，某些經驗到的畫面，似乎更清楚的浮現出來。小蘿告訴我，她小時候無法融入人群，經常感到孤單。

感受包含複雜的層次

這種孤單的感覺，在記憶中最鮮明的時刻，是爸媽騎車出門的時刻。那時家中的鐵捲門拉下來了，四周埋入陰影之中，那份孤單的感覺便襲上心頭。

小蘿的感覺頗為複雜，她感到的孤單，不是父母離開家，因為她在這份孤單之中感到喜悅。那種孤單的感覺，包含著一份自由，因為家庭長久處於紛爭之中，令她感到沮喪與無奈，一旦父母出門了，鐵門拉下來的那一刻，意味著她可以遠離家庭的紛爭，獨自擁有屬於自己的空間，不再受人干擾。

她喜歡這份孤單，給了她一段舒適自在的時光。

我繼續探索這份孤單，所包含的複雜感受，孤單是否帶給她一份自在的舒適，同時也帶給她難過的感覺？

小蘿點點頭，眼淚大量滑落。

小蘿在孤單之中，那份難過的感覺怎麼來的呢？

小蘿搖搖頭，並不知道。

我邀請她更專注在當下，去體驗與意識這份難過，和內心的難過相處。小蘿閉起眼睛，我看見她的顫抖，以及滑落的眼淚。

我試著詢問她，身體有什麼感覺呢？

她感受到頸部僵硬。

我再次邀請她，將意識聚焦於僵硬的頸部，是否能覺察更細微的感受？

小蘿的語氣突然帶著一份力量，緩緩陳述著，她覺察身體深處有**無奈與憤怒**。

那樣的感覺從何而來？

小蘿越見清晰地訴說著。她很渴望跟家人彼此之間的愛，但是她很無奈地感覺深深的無望。在她童年乃至青少年，家庭裡面不斷有紛爭，而且她也捲入家庭的紛爭，奶奶、父母與家人爭執時，不斷要她選邊站，卻無法與她連結愛的情感。**所以，她只能依靠孤獨，在孤獨之中，她感受遠離紛爭的自在。**

但在孤單之中，伴隨而來的，還有一股憤怒的感受。

她對家庭的紛爭感到無比的憤怒，她憤怒爸爸、媽媽、奶奶，憤怒他們不斷爭執，憤怒他們為何不能和諧相處。

講到此處，小蘿的眼淚仍然不斷滑落，我邀請她不要抗拒憤怒，將憤怒的語言表達出來。

小蘿將壓抑心靈的憤怒，不斷地訴說出來……

她說著這份孤單，一直延續到上學的處境，讓她與人群格格不入，她雖然感受到孤單的自在，卻也發現孤單的疏離感。

感受是自己決定的

我和她討論孤單給她的資源，她是否可以有所選擇？

小蘿沉靜了一段時間，她深沉緩慢的說了她的覺察：「我想起來了，其實是我自己選擇要怕鳥的。」

這是一個奇特的答案，感受竟也有選擇而來？**那表示小蘿「自由」地選擇要害怕鳥，或者不害怕鳥？這是怎麼回事呢？**

小蘿悠悠地說：「我是一個特別的女孩，不像一般的女孩子，對小事物會大驚小怪，或是害怕一般女孩認為噁心的東西，比如蟲子、骯髒的東西，還有我會玩女孩不玩的遊戲。這讓我覺得自己跟別人不一樣，也沒有辦法跟同學的感情共鳴，感到疏離又孤單。風和日麗的遠足日，我記得同學們一起走路回家，當時我們發現路上死了一隻麻雀，上面布滿白色的蛆，同行的女同學露出驚恐的神情，誇張的嚷著『好可怕喲！』、『好噁心！』、『好恐怖！』……在那一瞬間，我腦海裡面突然有了一個決定，我決定和她們站在同一邊，我決定『害怕』鳥兒，那讓我不會那麼疏離又孤單，我和她們一樣嚷著『好可怕喲！』、『好噁心！』，我想起來了，我自己決定要害怕鳥的。一直到了現在，我只記得自己決定要怕鳥，但是我忘記了自己原本不怕鳥……」

探索小蘿恐懼的過程，我發現人是自由的，能夠決定自己是否要恐懼？並且影響深遠。**我知道很多孩子也害怕鳥，原因各有不同，若是一味要求他們勇敢，指責他們這有什麼好怕的？反而會使他們感覺自己很糟糕，不僅沒有解決問題，反而使孩子更不接納自己了。**

和小蘿的談話，是一趟神聖的旅程，對於她而言，是一個重新的體驗，她可以再次決定要不要害怕鳥？對於我而言，是一個細膩視野的開展，去認識人的感受，可以如此敏銳與豐富，也可以連結著未經意識的行為，讓我對人有更深的瞭解。

情感的教育II——連結孩子的深層感受（渴望）

我是一個作文教師，也是一位文學教師，在引導孩子書寫、閱讀與班級經營時，與孩子互動時常將目標訂為：**讓孩子感受到自由、意義、愛、價值、接納。**

孩子在發言時，我期望孩子自由發言，且言談間具有創造力，為自己負責任；在學習的過程中，體驗身為學習者的意義；在文本中體驗生命，以次級感官經驗，打開不足的現實感官，感受自己值得被愛，也擁有能力去愛人；在書寫作品時，看見自己的價值，也能夠看見他人或事物的價值；當自己或他人不完美，能接納自己，也能接納他人。

當我與人對話，尤其是和學生對話時，我更期望他們透過談話，體驗這些感受，我因此視為談話的核心目標。

愛、自由、意義、接納與價值，和人的「期待」有所區別，薩提爾女士歸納為人的「渴望」層次，亦即人存活必需的要素，如同人需要水、空氣、養分，才能存活於世界。

我在薩提爾模式的課堂筆記，記錄著Dr. John Bammen的教導：「**一個人連結了渴望，就跨越了**

行為問題。」

連結渴望的意思，是讓人能體驗自由、體驗意義感、體驗愛的感覺、體驗價值感、體驗被接納。

事實上一般人的教育方法，也期望孩子達成這幾個目標。比如誇讚孩子：「你好棒喔！」、「你好厲害喔！」、「你表現得很好了啊！」……凡此類的語言，都在告訴孩子是有價值的。

但是很多人說，我都已經鼓勵孩子、讚美孩子了，為何孩子仍覺得自己沒價值呢？

我的理解是，若上述語言被當成一種策略，一種技巧性的應對，那並非真心欣賞孩子。孩子無法體驗自己的價值，也就沒有連結孩子的渴望。**問題的關鍵是，大人必須真誠，且孩子的心靈有所「感受」：「體驗」到自己是有價值、意義、接納、自由與愛……所謂的體驗，並不是頭腦的認知，而是一種心靈的感受。**

比如在照片上看到美食、美景、花朵、指揮家指揮交響樂，我們透過介紹，知道那是美好的食物，美麗的景色，芬芳的花兒，曼妙的音樂，這些都是頭腦的認知。若是未曾擁有這樣的經驗，只是頭腦的認知，與心靈裡擁有體驗感，兩者狀況非常不同。

若是親身品嘗食物，滋味會在舌間擴散，心靈易有豐富細膩的感受。

若是親臨美景現場，無論是壯闊或秀美，易為身心帶來感受上的變化。

若是親近一朵花，聞一朵花的香味，鼻腔和心靈體會的感受，易有一種幽微的曼妙。

若是聽見音樂帶來的感動，易使靈魂為之震顫。

在教育的領域，頭腦認知帶來的改變，雖然是重要的步驟，卻遠遠不如心靈體驗更強烈。體驗人內在的渴望，往往是人改變的關鍵，也是行為轉化的密碼。

因此教育工作者，無論是父母、教師、社工或諮商師，若能在教育過程中：課堂、對話，或活動設計，讓人擁有體驗性，孩子的成長將更深刻，改變也更巨大。

創造體驗性

Dr.John Bammen的教導：「一個人連結了渴望，就跨越了行為問題。」（附註1）讓我在教育領域、人際關係與職場工作，提供了一盞明燈，有了明確的方向。

細細思索這句話，對我有很多啟發。

有人問我，一個抽菸的人，會因為連結渴望，而決定戒菸嗎？

我的答案多半是肯定的。一個抽菸的人，在認知上瞭解身體的價值，但是並未體驗那份價值感，那意味著沒有「連結」渴望，並不會產生戒菸的行為。

當一個人罹患肺癌，看到健康檢查報告當下，可能感到**身體的重要，也就體驗了身體的價值**，因而選擇戒菸了。

當一個抽菸的人戀愛了，因為另一半不喜歡菸味，可能決定戒菸，**因為體驗了愛。**

當一個抽菸的人要當父母了，常是戒菸念頭最強烈的時刻，因為孩子的誕生，**讓父母體驗愛的連結。**

關於抽菸這件事，我鄰居阿亮的戒菸歷程，讓我印象深刻。

阿亮是我從小至大的鄰居，具有責任感，做事積極努力。他從年輕就開始抽菸，卻在婚後戒菸了，我猜他那時體驗了孩子將要誕生的愛。

十多年後，我在夜色中開車進巷弄，看見闌珊的路燈下，有點點星火明暗不定，到了近處才發現，戒菸的阿亮重新抽菸了。我好奇他不是戒菸了嗎？怎麼戒斷菸癮十多年，又重拾抽菸的習慣？他表示有時候會覺得煩躁、焦慮與不安，所以才又抽菸了。

阿亮藉助抽菸讓自己放鬆，正是體內幽微的內在情緒影響，他並不知道如何應對？其實是大部分人遇到的問題。這是本書上一章所書寫，人如何覺知、應對自己的感受，教育現場從未教導我們，這些被忽略的情緒，暗地裡主宰著人的行為。

不只是抽菸，其他如飲酒、不停打電動、不斷滑手機、不斷看電視……**多半起於內在的浮躁、焦慮、不安、無奈等感受作祟，當事人並未妥善應對，因而轉移至對外物的依賴。**若要解開這個循環的慣性，必須讓當事人意識問題，教育者的路徑要從感受切入，並且懂得在對話中創造對方「渴望」的連結，問題的解答就有了曙光。

所謂的「渴望」，可以視為一個人的生命能量，當人擁有了深刻的體驗，就知道自己真正是誰？人都渴望有價值，渴望自由、渴望愛……當人實現了自由，實現了自我價值，感到愛的感動時，就體驗到了生命能量，體驗到人的存有。

但是人的矛盾在於，人們的感受並未被真正重視，這些感受是通往渴望的路徑之一。

其次，這樣的體驗性常會有衝突：當我體驗自由，我卻在抗爭；我體驗到了愛，卻不敢去愛；我體驗到喜悅，卻充滿害怕……因為人的成長過程中，充滿著受傷的經驗，並未被妥善的對待。當我們知道這樣的情況，**在孩子的成長過程中，何不用更具有體驗「渴望」的方式，讓受教育的孩子，體驗到自身的生命能量呢？讓孩子成為更完整的人。

情感是成長的關鍵

一九六〇年左右，有一個著名的心理實驗，可說明人在成長過程中，對於溫暖、愛的情感需求，形塑孩子後天性格的差異。

美國威斯康辛大學靈長類研究所所長哈洛，以猴子做了一個實驗：將一隻剛出生的小猴子，放入鐵籠子裡，脫離牠的母親，以兩個「代理媽媽」取代，代理媽媽只是提供奶水，並不具有呵護、照顧、真實可感受的愛……

一個代理媽媽，以金屬絲條構成，胸前安裝奶瓶。

另一個代理媽媽是布偶，模仿猴子膚質的軟布製作，但身上並不安放奶瓶。

小猴子會依偎哪一隻代理媽媽呢？

俗語說：「有奶便是娘。」

根據哈洛的科學實驗，小猴子只有吃奶的時候，才靠近金屬猴子，其他時間都依偎著布偶猴子。尤其是小猴子受到驚嚇、或者不安的時候，會立刻抱緊布偶猴子，緊緊摟著它。

若奶瓶安裝在布偶猴子身上，小猴子就不再接近金屬猴子了。

哈洛做了各種不同的實驗對照。

若是小猴子跟著布偶猴子成長，科學家在鐵籠中放入一個自動玩具，小猴子瞬間嚇著了，馬上逃到布偶猴子身上，緊緊抱住布偶猴子。過了一陣時間，小猴子會觀察自動玩具，並且慢慢離開布偶猴子，和自動玩具接觸，最後玩起了自動玩具。

若是小猴子跟著金屬猴子成長，小猴子的反應竟然大不相同。小猴子一看到自動玩具，瞬間縮著身子躲在籠子的角落，並不會去抱金屬媽媽，也自始至終都不碰自動玩具。（附註2）

這個實驗對我揭露了一個意義：**小猴子的成長，最重要的並不只有填飽肚子，還有在感受上是否溫暖？是否有安全感？是否感受到被愛？這是一連串複雜感官的形成：從皮膚的觸覺，到內心感受到的溫度，乃至於心靈對「愛」的接觸與認識，是豐富而多元的感受組合。**

哈洛在實驗中還發現，無論是金屬猴子代理媽媽，或是布偶猴子代理媽媽養育的小猴子，即使得到很好的照顧，生病和死亡率都比由母猴哺育養大的小猴子高。而且它們「帶」大的小猴子，不容易與同類合群，個性疏離且情緒起伏不定。

尤其是跟著金屬媽媽的小猴子，長大之後缺乏協調性，極端膽小畏縮，並具有強烈的攻擊性。

這個眾所皆知的實驗，廣為心理學家、社會學家、家庭研究者、人類學家歸納出各種關於擁抱、愛與關懷的重要性。也有其他的研究，指向溫暖、包容、具有愛的環境，能減緩孩子過動的狀況。（附註3）

哈洛為期三年的實驗結果，我視「情感」為生物成長的重要關鍵，不僅靈長類如此，我認為動物也是如此，收養過流浪狗的人都知道，悲慘的流浪生涯易使狗兒性情不穩定。我甚至認為萬物也可能如此，比如有人實驗對農作物播放音樂，農作物的生長情形較好；對植物好言好語，植物生長更為健康；對水溫柔說好話，水分子便柔和美麗；甚至有人實驗，為無生命的車子、桌子、房子、杯子、電腦……取名，器物使用更永久。我視情感連結為重要關鍵，是通往心靈的一道電流，是生命力連結的訊息，是萬物存有的祕密，也是真善美的解答。

真善美不僅是個概念，更需要體驗性。

我試著將人對「情感」的接收，放入生活的脈絡裡討論，化約成一個簡單的條件，在孩子成長過程中，父母、教師與教育工作者，和孩子之間的應對，創造出內心情感連結的條件，若是具有關鍵性的影響，是否可以作為教育工作中主要的脈絡？從人的感受：憤怒、難過、害怕、緊張、高興、快樂……一直到讓人深層內在感受的價值、意義、自由、接納與愛，去啟動人內在最重要的生命力，呵護與養成人的生命能量。

人的成長過程，從誕生走向獨立的時間，要比其他生物來得長，孩子成長的變數也更為巨大。

無論是人類或猴子，給予孩子關愛，應該是出於天性。但是父母在漫長的養育過程中，是否能全然給予孩子愛，讓孩子感受安全與溫暖呢？又如何看待與應對孩子的情感，不致淪於寵孩子，讓孩子得以健康完整的成長。

父母何妨思索：在孩子獨立之前，父母的教養模式，是否在某些時刻，會如金屬媽媽的冰冷？或者有如布偶媽媽，只是懷抱孩子，但是心靈卻不一定和孩子同在？

人是複雜的動物，情感的表達細膩而豐富，父母釋放的訊息，對孩子人格影響堪稱巨大，因此從諸多心理學案例，看見人因為童年的小事件，心理受到深深的傷害，甚至留下巨大陰影，影響往後的人生。

除了那些不經意的事件，我好奇的是父母在行為、語言、語態上對孩子成長有何影響？這些都是通往「渴望」，或阻礙「渴望」的路徑。

設想一個身在襁褓之中，三、四個月大的嬰兒，順著本能哭泣的時刻，母親不耐煩的對著嬰兒說：「好了啦！不要哭了啦！我是沒給你喝奶嗎？」、「真是煩死了！這孩子太會哭鬧了！」、「就讓你哭死好了！」

就算不說這些話，一個浮躁的父母，言談或行動中流露了不耐煩、悲傷與憤怒，孩子接收了這些非語言訊息，是否也會產生影響呢？

絕大部分的父母，不會對襁褓中的嬰兒如此不耐煩。但是當孩子成長至兩歲呢？當孩子開始探索世界，諸多概念還沒有養成，父母在管教子女時，會不會在落實規則、教導觀念與說話語態上，讓孩子產生更複雜的心理感受呢？

比如幼兒的道德感尚未建立，拿了別人的東西。父母親對著孩子說：「那是別人的東西，你怎麼都聽不懂？」、「你再拿別人的東西，媽媽就不理你了。」、「你怎麼這麼壞呀！說都說不聽！」、「你這孩子怎麼搞的，不是自己的東西也拿。」、「趕快還人家！等一下哥哥生氣了喔！」……甚至吼叫著制止、居高臨下斥責、不斷說著道理（附註4）、轉身不理孩子、哀求著孩子……

我經常看見家有兩歲至六歲的孩子，父母親以這種方式應對孩子。

設想在這種情況下成長的孩子，即使聽從父母的話，心靈裡會出現什麼樣的狀況呢？會如何應對這個世界呢？我以為孩子也會不安，心靈也會擁有複雜的情感訊息。彷彿小孩感覺身邊的媽媽，如一個混雜著布偶形象、金屬形象，同時又時而接收母愛的回饋，過多情緒起落混合的訊息，不斷讓孩子在此經驗中成長，孩子情緒是否也容易不穩定、不專注，甚至疏離的情況呢？

當孩子逐漸成長，到了就學的年齡，甚至到了青少年時期，父母如此的應對方式更常見。因此很多家庭來晤談時，列舉孩子的狀況：懦弱、易怒、情緒不一致、情緒暴躁、浮躁不定、過動不安、無法專注、憂鬱症、沉迷網路或電腦、偏差行為，甚至不語的狀況……檢視家庭的應對模式，無可避免地在某種慣性模式下循環，若是父母有所覺察，更能改變家庭應對模式：「以坦誠開放的心靈應對，堅定立場的同時，也能照顧孩子的感受。」這些狀況往往都有所改善。

心靈出問題

二〇一四年台灣相當不平靜，除了政治議題、食安問題，社會發生多起無差別殺人事件（附註5），北捷的事件更讓人震驚。殺人事件發生數個月之後，又出現俗稱「人生勝利組」的資優生，當街以恐怖的方式殺害情人，震驚當時的台灣社會。這兩起事件，犯案者都是高知識分子，家庭表面看似正常，因此有人不禁探討，孩子是怎麼被教養出來的呢？但是探討這個問題，對當事人父母太過殘忍，任何評論也顯得不公允。

我認為這不只是單一家庭的問題，而是現代化的社會，情感的連結與表達都出現問題，現今的教養模式以功利導向、成績導向、短視導向，尤其過分強調理性的養成，以及觀念灌輸的養成方式，人的心靈或情感教育，往往只是聊備一格的概念（附註6），欠缺完整且合宜的落實方法。發生這些遺憾的事件，令人搖頭嘆息，比例上畢竟屬於少數，也缺乏系統化的研究探索，難以令眾人重視心靈的教育，重視由情感出發的教育議題。尤其在無差別殺人事件發生之後，我常聽見人們說：「那只是特例！」殊不知我在半年之內，聽三個青少年表示：「將來也可能變成無差別殺人的主角！」這些潛在的問題或未發生的暴力，也許只是以另一種形式在社會發生。且看報章雜誌的社會案件，社福機構統計的社會問題多不勝數（附註7），日常生活中也常見這些情感議題。

比如家父曾經以憐憫的口吻，向我訴說老朋友的境遇。陳伯伯是退休中將，陳伯母是退休教師，兩人皆八十幾歲了，養育了三個兒女。三個子女都就讀台大醫科：老大在大二那一年精神分裂，從此在家中足不出戶，老二與老三都遠在美國行醫，經年累月無法回家，電話也少有聯絡。陳伯伯很感嘆這一輩子，對於人生的目的、對於養兒育女感到困惑。

住在南部的于伯伯是大學教授，育有兩個子女。老二幾乎不返家了，老大則在北部當獸醫，一年回家一、兩次，有時過年舉家出遊，于伯伯只好等待來年的相聚。偶爾在電話中父子閒聊，兒子常抱怨于伯伯太囉嗦，于伯伯有時想打電話給兒子，卻常看著話筒搖頭，或是拿起了話筒又放下來。

當牙醫的蘇伯伯亦然，已經罹患老人失智症了，陪在身邊的是不斷爭執的老伴，其他三個擁有高學歷的子女，卻鮮少回來探望。

我並非認為孩子需要陪伴父母身邊，而是人和人心靈的連結，情感的供輸管道，如何才能夠學習取得平衡？若人們只是一味養成高成就的孩子，但是在心靈的連結上，都是疏離、陌生、憤怒、受傷與無奈，不知如何親近，這不是我理想教育的解答，我想也應非大部分父母的解答。

主流教育中忽略情感養成，心靈往往填滿了負面情緒，只是藉由理性來管控言行，殊不知情感仍舊影響了人們的生活。北捷事件、情殺事件，社會上發生的案件，是最令人心痛的結果，但是生活處境中如家父朋友的狀況，情感的疏離、冷漠、暴躁、紛擾……都不斷在我們日常生活上演。因此在互動模式中，從情感管道切入溝通，讓對話的人擁有體驗渴望：價值感、意義感、自由感、接納與愛，讓孩子在這樣的條件中成長，我認為孩子也會取得更高的成就。因為一個體驗自身價值的孩子，怎麼會不想突破挫折呢？一個體驗愛的孩子，怎麼會輕易被擊垮呢？一個真正體驗自由的孩子，怎麼會不想負責任呢？一個懂得接納的孩子，怎麼不會給自己力量與勇氣呢？

從日常連結彼此渴望

人想永存於深層的感官體驗，並非一件容易的事，因此必須不斷探索與練習，才能讓自己經常體驗，讓自己擁有寧靜的生命力，也在言行之中讓孩子有所體驗。

當一個孩子未滿足父母的期待，不去上學、不寫功課、偷懶怠惰……父母仍能看見孩子的價值嗎？仍能給予接納嗎？仍能給予愛嗎？仍讓孩子擁有自由嗎？仍然感到有意義嗎？在此之前，父母如何意識自己的焦慮、擔心、難過與憤怒，並且懂得處理這些情緒呢？

我舉一個自身的例子，說明人們連結渴望的藩籬，經常存在於你我的日常。

一九八九年，台灣開放大陸探親，家父時年六十五歲，帶著我妹妹回到他的故鄉。父親赴陝西與山東兩地，看他弟弟與妹妹，還有多年未謀面的兒子——我同父異母的大哥。我大哥四歲時便失去母親，五歲時也等同失去父親，因為父親輾轉流亡到台灣。大哥從小被祖父帶大，但祖父曾入監十八年，他成長的期間長年獨自流浪。

父親結束一個月的探親行程，即將從西安搭機返台。記憶中從未謀面的父親要離開，大哥心裡的感受應該五味雜陳吧！他相當有心地，千里迢迢趕來送行，一路從山東搭火車蹲到西安。大哥是一個窮困的老農民，遠從山東扛著大麻袋，裡面裝著滿滿的花生，那是剛剛收成的莊稼，大哥想孝敬遠道而來的父親，盡一個兒子的孝道，那應該是樸實的老農民，最深摯的誠意。

大哥說：「爹，這是剛收成的花生，您帶回台灣給弟妹們吃。」

不只大哥如此，還有我白髮蒼蒼的四姑，遠從十餘小時車程的鄉下來，胳膊下夾兩顆西瓜，還帶著自己種的莊稼，自己織的布，請父親帶回台灣。

我大哥和四姑家極為窮困，總要勞動到天黑了，才能回家吃飯，吃飯時連燭火都沒有。妹妹回憶那次行程，在姑姑與大哥家吃飯，吃到飛進碗裡的蚊子、蟲子，是很平常的事；晚上睡覺都是臭蟲；生活中沒有水，也沒有電。

父親看見他們送來禮物，沒有絲毫歡喜，反而勃然大怒，痛罵姑姑與大哥數個小時，指責兩人怎麼這麼不懂事？農產品又不能帶回台灣。其實父親是心疼他們，但是父親並未表達這個訊息，因為感受訊息很難意識，更難直接表達。

據當時在現場的妹妹描述，那真是個難堪的場面，只要姑姑與大哥一辯解，父親的怒氣便不打一處來，一場艱辛但理應溫馨感人的送行，卻成了艱辛但懊怒惱人的酷刑。

姑姑與大哥展現的行為，在渴望的層次是：愛、價值、意義。轉換成可理解的語言，應是：想對父親與台灣的親人展現愛，展現自己的價值，展現當妹妹與兒子的意義。

但是父親內在也有自己的渴望：愛、意義、價值。

父親看見姑姑與大哥的辛苦，當年離家的愧疚便升上心頭，他慣性應對的生存姿態是指責與說理，行為模式和慣性瞬間連接了。父親沒去體驗他們深藏的愛，因為深埋的愧疚感、對自己潛藏的憤怒、心靈裡深深的悲傷，覺得自己無法給他們愛，瞬間發展成對他人的憤怒。父親沒有看見他們的價值，卻看見他們如此勞頓，也貶抑了自己的價值；父親沒看重他們此行的意義，卻將無用的結果視為無意義，更貶低此行的意義。

因為父親離家四十年了，很想愛護他們，很想表現父兄的價值與意義。但是當他看見姑姑與大哥的辛苦，父親很難和自我內心的渴望連結，也很難連結他們的渴望，這往往是家人衝突的原因。若是父親能接納命運，接納自己四十年不在家人身邊，進而接納姑姑與大哥的心意，即使這份心意無法達成（因為禮物無法帶回台灣），而能表達心中的遺憾與感謝，結果就會大不相同。

假設換一個方式，父親若能這樣說話：「看到你們送禮物給我，我真心疼你們，從老遠拿東西來，我又不能帶回台灣，還讓你們千里迢迢白跑一趟，真是太辛苦你們了，我想到四十年來沒照顧你們，就感到心疼與抱歉。但是我真的很感動，覺得你們待我真好，我會將這份心意留在心裡，還有告訴台灣的兒女。我很愛你們……」

但我假設的說話內容，是父親內在真實的感受。但在現實中，卻不可能實現，因為父親心中充滿憤怒、愧疚、難過與無奈，唯有幫助父親覺知這些感覺，承認與接納這些感受，才能化解心中情緒，才有機會說出這些話，表現出正向的行為。

若是父母在教養過程，教師在教育的現場，都能更坦誠地連結渴望，表達心中的渴望，那是我心儀的教育方向。

我們在人際溝通中，在教育的過程中，如何體驗自己的渴望？如何連結他人的渴望？成了我心中一門重要的功課。

想要完成這樣的功課，身兼教育者的教師與父母，應該要先連結自我的渴望：能體驗自己的價值、能接納自己犯錯、能感受自身的意義、能自由的選擇並為自己負責，就更能愛自己與愛孩子了。

若能夠經常連結自我的渴望，以「正向好奇」、「停頓」，作為「探索」與「核對」的方式。以切入感受、連結渴望為談話的脈絡，教育的課題也就簡單了。

我不僅在日常對話中運用，也運用於文學課程的對話。

比如寫此篇文章時，我剛結束一場講座，高三的學生會後排隊問我：「如果我的人生沒有目標，該怎麼辦才好？」

這是個簡單的問答，我邀請讀者們可以思索，當孩子詢問這樣的問題，你會如何回應？會先探索與核對他的訊息嗎？會切入感受，並且讓他們體驗「渴望」嗎？

我停下手邊簽名，專注地看著學生：「你沒有目標嗎？」**（我先核對他的訊息……）**

男學生搖搖頭，顯得有點兒悲傷。

我停頓兩秒問他：「發生了什麼事呢？你怎麼會沒有目標？」**（再次核對與探索他的訊息……）**

「因為我國小發生了一件事……」他說著，眼眶紅了。

核對的路徑常常導向某些感受，這些感受則是通往「渴望」層次的路徑。

「你的難過是什麼？」**（再次核對與探索他的訊息，直接切入感受……）**

「我覺得自己很爛！很懶惰！」學生忍不住哭了。

他的難過，透露了他對自己的評價，透露了他渴望「有價值」。

我在簡單的對話中，要給予他的不是建議，也不是給予安慰，而是給予渴望的連結。我所進行的對話，並非心理師做治療，而是很簡單的回饋，讓孩子在「渴望」中連結，讓孩子逐漸找回生命力而成長。我想發展的是：一種生命的態度，一種生活的態度，也是一種教育的態度。

我接下來詢問了幾個問句，**每句都停頓了兩秒**。

「你怎麼還願意來問我這個問題呢？」**（正向好奇……）**

「你哪兒來的勇氣？」**（連結深層的感受，亦即渴望……）**

「看起來你並未放棄，你能欣賞自己仍舊在努力嗎？即使你懶惰的時間仍舊不少？……」**（連結深層的感受，落實在他的體驗與認知中……）**

學生的眼淚大規模湧出，這個眼淚正是體驗自己「未放棄」的「價值」，透過對話讓他連結了深層感受。

簡短的對話結束之前，他眼淚氾濫成河，這是健康的眼淚，因為眼淚中有了力量。我即將結束短暫的對話，結束前詢問他：「謝謝你問我問題，你現在感覺如何？」

學生說：「我現在感覺好像有方向了。」

「發生了什麼事呢？怎麼這麼短的時間，你就有了方向？」**（正向好奇……）**

學生搖搖頭，對我笑了……

當然，這位學生不可能因此而努力不懈，也不可能因此就解決問題。

但是所有的教育者、教師、父母，或者朋友，若是都能這樣面對孩子，問題是否就會更容易面對呢？我的答案是肯定的。

在本書所提及的各個案例，對話幾乎都以連結渴望為目標。後面我羅列的幾個範例，讀者不妨看看對話的脈絡，我特別羅列較為繁複的談話過程，一則是提供讀者參考對話的脈絡，二則是指出連結一個人「渴望」的重要……

附註1

調皮搗蛋的學生，很可能因為擔綱某次演出，轉變了平常調皮的行為，因為上台演出體會自己是「有價值的」。

一個屢次犯錯的學生，遇見真正接納的老師，很可能因此改變了，因為心靈領受「被接納」的感覺。**近年心理學家的研究指出，對自我心存慈悲的人，較容易得到力量，心存慈悲便是對自我的接納。**

恐怖分子犧牲生命，九一一當日駕機撞雙子星大樓，也是因為體驗到了「意義感」。當一個學生體驗了「意義感」，也就願意拚命了，那是很多道上「兄弟」的共同體驗。

當父母體驗了「愛」，也就願意為孩子付出，甚至願意奮不顧身進入火場救孩子。當孩子真正體驗「愛」，也就願意徹底改變了，但是現今的教育，多半是讓孩子「知道」愛，或者因愛而衍生愧疚，而不是體驗愛。

當一個孩子體驗了自由，就願意為自己負責任了，這是自律形成的重要因素，但是現今的教育，多半仍是利用強制、討好、交換、負面情緒或者恐嚇，養成孩子的紀律，容易讓孩子在失落、挫折、焦慮時，逐漸意志潰散。

附註2

關懷、愛與讓小猴子情感有所包覆，便給予小猴子探索的勇氣。相對的，缺乏情感的連結，小猴子便顯得退縮，不敢嘗試與探索，甚至顯得極為疏離。這和教育家常呼籲的：「要給孩子愛，孩子才能成長。」互相呼應。

附註3

美國哈佛大學的教師Todd Rose在《Square Peg》（台灣中文書名：《翻轉過動人生》，親子天下出版），提到一份二〇〇四年英國倫敦國王學院Terrie Moffitt的報告，研究ＡＤＨＤ症狀和母親是否溫暖且親密，具有某種程度的影響。Todd Rose認為父母迫切需要更多其他幫助，讓父母知道該如何改變孩童的成長環境。

附註4

只講究道理，而忽略了孩童情感的發展，孩子的成長也有可能受阻礙。為什麼如此呢？我們不妨思索思考迴路的形成，是如何發展成熟的？一個不斷焦慮的人，思考迴路容易在腦中打結；一個不斷不安、恐懼、難過、憤怒的人，又會如何影響思考？因此思考是重要的，但是主宰思考的祕密卻為人忽略了。當我們在閱讀領域，不斷呼籲多元觀點的時代，教育者應思索如何在生活中啟發孩子？我的路徑並非單純給予道理，而是從感官的路徑進入。

附註5

這個名詞似乎從日本而來，意指行兇者和受害者素未謀面，以隨機方式殺人。二〇一四年最令人震驚的此類事件，是台北捷運隨機殺人，造成四死二十二傷。

附註6

台灣校園推行的品格教育、生命教育，有時流於政令或口號的宣導，一旦真正落實在家庭、校園或個案，令人困惑不知該如何具體實行。

附註7

據衛生福利部統計，一〇二年度家庭暴力通報案件超過十三萬件，平均每四分鐘就有一件被通報。

讓孩子欣賞自己還是責備自己

青樸是一個清秀的男孩，就讀高中二年級了，眉宇之間帶著一絲剛毅，也帶著一絲憂傷，緊鎖的眉頭糾結著化不開的困惑。

母親來聽演講，期望能帶青樸和我談一談。父母帶著青樸一起來，相對於父母的開朗，青樸顯得有一點兒害羞，低著頭並不太多話。母親告訴我，青樸在這一段期間有很多進步。（附註1）原先青樸每天只知道打電腦，從來都不碰課業，現在已經改善許多，整個人比較積極了。

從我遇見青樸的父母至今，相隔三週的時間，這三週發生了什麼呢？青樸能有所改變。母親很客氣的表示，自己聽了演講之後，更改了對青樸的應對方式，覺得青樸比較積極，也比較懂事了。

我轉頭過來問青樸，是否也有同樣的感覺？發生了什麼事呢？（Tip1）

Tip1——核對母子彼此的認知，欲藉著母親提供的正向訊息，探索青樸的資源。

青櫟很靦腆的聳聳肩，表示自己沒有什麼改變。

從和青櫟的對話裡面，我感覺青櫟的害羞，帶著一種無力感。但從他的眉宇之間，我同時也感覺到一種力量，被深深的埋藏，因為他偶爾說話會略見激動。

我們第一次談話，我探索了家庭如何應對？家庭成員有情緒時會如何表達？允許憤怒與衝突嗎？對彼此的期待是什麼？青櫟對自己是否有所要求？（Tip2）

我印象最深刻的一句話，是青櫟對爸媽表示，希望他們能看見他好的一面，而不要只是看見他不好的（Tip3）。青櫟的父母很願意改變，當場就承諾青櫟，會多看見他好的部分。（Tip4）

青櫟原本是個健康的少年，不僅品行良善，功課也名列前茅，但是從國中二年級開始，青櫟的課業就一落千丈，並且沉迷於電腦遊戲之中。

青櫟的父母將這樣的情況，歸因於一個霸凌事件，導致青櫟對人失去信任，對世界也不再熱情。當父母提到這一段過去，青櫟的眉宇不斷糾結著，明顯看得出情緒的流動，夾雜著憤怒、悲傷與無奈。青櫟非常清晰地記得當時的情形，那是國二的放學時刻，暮色還沒有降下來，青櫟騎著腳踏車返家，因為車子出了一些狀況，導致一群不認識的流氓樣子學生議論紛紛，所幸沒有發生重大的事件，卻意外聽見那群人指著他的制服，談論著青櫟班上的同學。原來那群人正在尋仇的途中，議論著要給青櫟的同學一點兒顏色瞧瞧。

那群人要毆打的對象，正是青櫟的班上同學。青櫟是個有正義感的人，立刻拿出身上的手機，通知班上同學趕緊逃跑。

那群人眼見青櫟通風報信，轉而聯手將青櫟毆打一頓。

當青樑重新陳述這一段回憶，神情顯得激動，陳述完之後，又顯得無奈與落寞。青樑怎麼看這件事情呢？

青樑覺得自己多管閒事，不該雞婆去管別人的事，那些都是多餘的行為。青樑嘲諷自己：「多管閒事的下場，活該啦！誰叫自己這麼白目。」

有時我常感覺：「無情本是太多情。因為曾經多情而受傷，又如何有情？」我覺得青樑正是如此的孩子。

媽媽告訴我，青樑是個善良熱心的孩子，但是發生這件事之後，青樑變得一點兒都不熱心了。甚至數個月前，看見低年級的同學落入水溝，青樑經過水溝，卻也不願意拉他一把，變得冷漠極了。（Tip5）

Tip2——我想從訊息裡面，探索一個脈絡，從脈絡裡面找到正向資源。

Tip3——這句話表示青樑也渴望被認可、被愛，正是我們一起的目標。

Tip4——青樑的父母，具有高度的覺察能力，也願意改變，因此當下便許下承諾。

Tip5——這個事件對青樑影響甚大，因此我在和他晤談的最後，重新又帶他回去看霸凌事件中青樑的人格，以及優秀的品質，找到他正向的部分。

青櫟因此變得消沉，連功課也提不起勁兒努力了。（Tip6）

在晤談結束之前，我問青櫟他是否值得被關注？

青櫟愣了一下，才悠悠地說：「我不值得被關注！這世界多一個我，少一個我都無所謂。」

媽媽聽了這句話，立刻紅了眼眶，止不住的眼淚簌簌落下，很悲傷的說：「媽媽這麼愛你，你怎麼可以這樣說！」

青櫟看見母親的眼淚，只是強忍著自己的情緒，裝出很冷酷的表情。

當我輕敲青櫟的內在，試圖讓青櫟和媽媽連結，青櫟數度紅了眼眶，看得出來冰山一角已經鬆動了，逐漸表示感受到父母的愛，但是在父母前面，感到很不自在。

青櫟第二次來晤談，父母親都稱讚青櫟，變得積極多了：竟然主動起床做早餐、和同學的連結更多，還帶同學回家，也開始自動讀書了、打電腦的時間也很守時、願意看護祖母……（Tip7）

我聆聽了父母的回饋，發現這對父母改變很多應對方式，也看見青櫟的正向特質，有助於青櫟走向更正面的生活。

青櫟靦腆的說：「我覺得自己沒什麼改變！」

我很好奇的問青櫟：「爸媽和你的認知，怎麼會有那麼大的落差呢？」

青櫟只是聳聳肩。

我專注地看著青櫟：「我想談談這個話題，可以嗎？」

青櫟停頓了一下，點點頭表示同意。

我語氣寧靜地問：「你和爸媽的認知不同，我有兩個想法。第一個想法，是你父母太善良了，所以想要給我好的回饋。也許你真的沒什麼改變，但他們不想讓我挫折，所以告訴我『你改變了』。第二個想法是，你真的有了改變，但是你不習慣別人欣賞你，所以你拒絕承認。這兩個假設，哪一個比較接近真實呢？還是兩者都不是呢？」（Tip8）

青櫟的表情很複雜，逐漸轉而為平緩，並且悠悠地說：「是第二個吧！」

我繼續探索：「所以你很不容易欣賞自己？」

青櫟點點頭。

接下來我邀請父母暫時離開，留下青櫟單獨談話。

我先確認青櫟此刻的感受，是否是放鬆的？因為他顯得有點兒緊張。

青櫟說：「有點緊張。」（Tip9）

我問：「是看到我會緊張嗎？」

Tip6——從一個事件，對世界心灰意冷，只因感覺不到自己的價值。

Tip7——從這兒便可看出青櫟的努力，只是抗拒承認而已。若要讓他的動力持續，並且能接納自己的不完美，要讓青櫟看重自己的價值。

Tip8——核對一個可能的工作路徑，讓我和青櫟對談。

Tip9——再次從感受切入。

青櫟再次點點頭。

我問：「身體的哪一個部分，有緊張的感覺？」

青櫟說：「現在感覺腿部很僵硬。」

我說：「那你就關心一下腿吧！將注意力放在腿部，你試試看做得到嗎？」

青櫟點點頭，很專注地感覺腿部的緊張。

我問：「現在感覺怎麼樣？」

青櫟說：「還是有點兒緊張。但是腿比較鬆了。」（Tip10）

我問：「這樣的緊張，你是可以接受的嗎？」

青櫟點點頭。

我問：「你那麼緊張，怎麼還願意來呢？」（Tip11）

青櫟想了一下說：「我想要改變。」

我問：「從剛剛的談話中，聽起來你改變了呀！不是嗎？」

青櫟說：「我覺得還不夠。因為我常常想要努力，但是努力兩天之後，第三天就打回原形了。」

我問：「那你怎麼評價自己呢？」（Tip12）

青櫟回答：「頹廢、墮落、失敗……」

我問：「你對自己很嚴格？」

青櫟默不作聲。

我問：「這麼嚴格的標準，你是哪裡學來的？」（Tip13）

青檪說：「自己給自己的。」
我問：「你喜歡嗎？」
青檪搖搖頭。
我問：「當你說自己頹廢、失敗時，心裡有什麼感覺？」
青檪說：「很難過。」
我問：「難過什麼？」
青檪說：「覺得自己很沒用。」
我問：「那你怎麼還要用這樣的方式，看待自己呢？」
青檪眼眶紅了，過了一陣子說：「但我真的是這樣子。」
我問：「我記得上次來時，你希望爸媽能看見你好的一部分，而不是只有說你不好的。我看到你

Tip10——當覺察感受，並且願意承認與接納感受，感受就不會成為干擾了。

Tip11——聚焦在正向探索。

Tip12——探索他對自己的觀點。

Tip13——此處應會探索更多的家庭圖像，但我繞過了對父母應對姿態的探索。

爸媽改變了，但是你對待自己卻很嚴厲，沒看見自己的好，怎麼回事呢？」（Tip14）

青櫟說：「但我真的不好呀！」

我問：「你沒有用全面的眼光看自己，而是用侷限的眼光。」（Tip15）

青櫟說：「哪有？」

我問：「你真的有讀兩天的書嗎？認真讀了兩天？」

青櫟點點頭。

我問：「那你怎麼不欣賞自己呢？卻只批判自己沒做到的？」（Tip16）

青櫟回答：「但是最後我又回到不讀書了啊！」

我問：「我知道，但可以全面一點看待自己嗎？」（Tip17）

青櫟又再次沉默了。

我說：「我讓你看一個圖像，那是在你心裡面，不斷指責自己的畫面。」

我站起來，以手指著青櫟，嚴厲的對青櫟說：「你是個失敗的人，竟然這麼頹廢，只認真兩天就墮落了，真是太沒用了。」（Tip18）

青櫟的表情很失落，眼神充滿悲傷。

我坐回位置上，問青櫟：「你聽了有什麼感覺？」（Tip19）

青櫟有點兒悲傷的說：「很無奈！很沮喪。」

我問：「那你聽一下，我換一個說法，你有什麼感覺？」

我坐在位置上，以較一致的語態，對青櫟說：「我很欣賞你，一直很堅持某些東西。你認真讀了兩天書，雖然之後又不讀書了，但是你並沒有放棄，而且仍然想要再認真下去。」

青櫟的眼眶紅了起來。（**Tip20**）

我說完之後，問青櫟：「你聽完這種說法，感覺怎麼樣？」

青櫟回答：「很溫暖，有力量。但是我還是失敗了啊！」

我說：「是呀！你心裡的指責聲音，一直存在不是嗎？不是你讓它存在的嗎？我現在要讓你比

Tip14——運用父母的眼光改變他的固著。

Tip15——我所經驗的晤談中，很多不同管道切入問題，我選擇的都是在和青少年對談時，接近討論、辯證的方式和孩子辯證，那比較接近文學教師的本質，比較不像一位晤談者，這也是我通常喜歡的角度。

Tip16——我很執著在此處的核對。

Tip17——我採取的角度都是全貌，我也希望孩子們學習以全貌看待世界，看待事情。

Tip18——這是簡單的雕塑體驗。

Tip19——探索他體驗之後的感受。

Tip20——這是他經歷了體驗之後的反應，從表情先給了我訊息。

較，這兩個聲音，哪一個會讓你想要奮起？」（Tip21）

青櫟說：「後面的聲音。」

我問：「那第一個呢？」

青櫟：「會讓我更想墮落。」

我說：「那將第一個聲音趕走吧！留下第二個聲音。」

青櫟回答：「但是我做不到。」（Tip22）

我問：「你只要告訴我，想不想就行了。我們將這個設為目標，我們有一個共同的目標，不再讓那個無用的法官，鞭打自己的劊子手出現。你覺得適合嗎？」

青櫟點點頭，卻仍舊對我說：「但是我做不到。」

我說：「我要的是你願意，我們就可以一起努力。你來這兒，不就是為了這個嗎？讓自己能夠努力。」（Tip23）

青櫟沉思了一下，點點頭說：「我願意。」

我邀請青櫟深呼吸，看著旁邊一把空椅子，問青櫟：「如果青櫟坐在你前面，你可以看到他有什麼優點？有什麼樣的資源幫助他走到現在？比如說努力，或者其他？」

青櫟沉默了一會兒：「堅強。」

我問：「還有嗎？」

青櫟：「有一點兒認真吧！」

我再問：「還有嗎？」

剛開始說這些資源，還有一點兒膽怯的青櫟，此時竟然一口氣說了：「勇敢、不放棄，還有執著。」（Tip24）

青櫟說完，有一點激動的神情。（Tip25）

我說：「發生了什麼？在你的心裡？」（Tip26）

青櫟紅了眼眶：「我覺得自己怎麼可以這樣走過來？很了不起。」（Tip27）

Tip21——我仍舊很執著於這場辯證。

Tip22——我以為此處若是更深一層晤談，應該處理他這個觀點形成的根源，但我並非諮商師，選取的方式，應該比較接近文本辯證，那似乎也是我的資源。

Tip23——重新核對他來此的目標，確認我們是一起攜手前行。

Tip24——這些正向資源，都不是我說的，經由他的口中說出來，到了最後他一口氣說了好幾個，頗出我意料之外，我原先以為在此處會和他工作甚久。

Tip25——我以為這是經驗了自我價值，連結了渴望之後的自我體驗。

Tip26——重新核對這份正向體驗。

Tip27——讓他經驗、並且讓他承認這份自我價值。

我說：「你不覺得這樣子的青櫟，很值得被欣賞嗎？」

青櫟點點頭。

我邀請青櫟坐在剛剛假想對話的空椅子上，請他專注地聆聽：「我很欣賞你，你一直很堅強，沒有被打敗，雖然常會沒有做好，但是你很勇敢，不放棄，而且很執著。你怎麼可以這樣走過來？那麼了不起。」

我停頓了很久，看著青櫟臉龐上激動的神情，問他：「你內心現在發生了什麼？」

青櫟說：「有一點兒感動，覺得比較放鬆了。」

我再請青櫟坐回來，問青櫟：「你願意愛自己，看重自己嗎？而不是只有可憐自己，對自己不斷責備？」

青櫟點點頭。

我邀請青櫟找一個圖像，找一個自己很委屈、可憐的圖像。

青櫟找了國二時，被霸凌的畫面。我邀請青櫟，將被霸凌時的青櫟，放在左手，眼神專注地看著，問他有何感覺？青櫟眼眶頓時紅了說：「很難過，無助。」

我再次邀請青櫟找一個圖像，找一個自己經驗愛的畫面。

青櫟找到自己被媽媽呵護，餵湯灌藥的畫面，放在右手，眼神專注地看著圖像。青櫟眼眶再次紅了，但臉龐的表情變換成柔軟線條。

我問青櫟兩者的感覺？

青櫟說右手很溫暖，很舒服。左手很冰冷，很不舒服。

我問：「你喜歡哪一個呢？」

青櫟將右手抬起來。

我邀請青櫟給自己愛，而不要再可憐自己了，也無須責備自己了。邀請他深呼吸，將可憐放置在愛上面，將愛的溫暖包裹可憐，邀請青櫟告訴那個圖像：「我願意愛你，我已經十七歲了……」

（**Tip28**）

青櫟眼眶濕潤，回答我：「我感覺心裡很舒服。」

我告訴青櫟：「答應我，常常經驗愛。還有你的慣性裡面，那個指責的傢伙會出來，但你要深呼吸別理會他，將自己的資源搬出來，並且允許自己休息，因為你真的還沒放棄，你會努力。可以嗎？」

青櫟點點頭說：「我可以。」

這一次的晤談，後面還有一部分，我便不摘錄了，我想呈現的是在教養或教育的過程中，我們常常創造孩子的自責、內疚與無自我價值，這樣的狀況由來已久，但是這樣並不會使孩子長進，只是讓孩子消磨在悔恨的時光罷了。

Tip28——讓他意識到自己可以給予自己力量。

附註1

在此之前，母親在演講場合求教，詢問該如何應對青櫟？回去更改了應對的態度。

〈附錄〉

二〇一四年三月，我和張天安老師同至新加坡講座，在下榻的旅館分享晤談歷程，我邀請他對青櫟的晤談歷程，提供一些看法與指導。

他聆聽我和青櫟的晤談歷程，給了我不少意見，尤其在回饋我「自責」聲音，與「肯定」聲音一段，提醒我「自責」也有其正向力量，並且不容易去除自責聲音，他提供我如何看待「自責」更豐富的看法，我邀請他將意見寫下來，分享給有興趣深入探索的朋友。

張天安是我在體制外中學的同事，目前是專業心理諮商師。過去我們一起在輔導組工作，也一同修習薩提爾模式，是我走入教育之路的夥伴。張天安老師除了諮商、晤談，投入社福團體，與青少年、教師、父母工作，帶領薩提爾模式工作坊，足跡遍及台灣、中國大陸以及新加坡。

以下是張天安老師的觀察與分享：

青櫟因為霸凌事件的衝擊，讓他採取負向觀點的解釋，認為自己無力幫助同學，反而讓自己受到傷害，生氣自己，也生氣這個世界，所以他認為「這世界多一個我，少一個我都無所謂」，也使得自己面對他人與這個世界的態度消沉、冷漠。崇建連結了青櫟和母親的愛，讓青櫟感受到自己存在的價值，也因而開始對生活與學習恢復了積極、主動的動力。其中，對霸凌事件的觀點的轉化其實也很重要，崇建在文中的描述較不明顯，原先青櫟認為自己「多管閒事、白目」，而崇建在Tip5中說明「在和他晤談的最後，重新又帶他回去看霸凌事件中青櫟的人格，以及優秀的品質，找到他正向的部分」，這會讓青櫟就此事件重新架構對自己的正向詮釋。至此，崇建已協助青櫟紓解了霸凌事件的衝擊，接下來是針對青櫟過去長久已來自我價值低落的部分工作。

崇建希望青櫟「學習以全貌看待世界」作為切入點，正是符合薩提爾成長模式追求「完整whole」而非「完美perfect」的取向。隨後邀請青櫟體驗負向和正向兩種聲音的不同作用（第一個自責的聲音讓人想墮落，第二個肯定的聲音讓人想奮起），並且邀請他做出自己想要的選擇，藉此也取得青櫟願意為改變而努力的承諾。這裡也有一個值得注意的地方，當青櫟回應自己做不到時，通常我們很容易陷入和他討論或是爭辯他是否有能力做到的問題，而崇建卻先繞過他對自己「能力」的懷疑，先去確認他想要改變的「意願」，這也是薩提爾模式中非常關鍵的工作方法。

接下來崇建問青櫟一個極具關鍵性的問句：「如果青櫟坐在你前面，你可以看到他有什麼優點？有什麼樣的資源幫助他走到現在？……」這裡有兩個值得注意的部分，一是針對青櫟很難欣賞自己的狀態，因此讓他跳出自己的位置，把「自己」變成「他人」，反而比較可以看見自己正面的部分。二是詢問青櫟應對過去的困境中本就存在的正向特質或能力，引導他的注意力轉成正向。當青櫟可以說出對自己的正向觀點後，就邀請他親身聆聽與體驗，增加其體驗性，更加落實他的正向改變。

最後，崇建讓青櫟透過想像與外化，讓自己內在感覺可憐的部分，獲得內在的資源「被愛、溫暖的力量」所照顧、安撫，而更加的體驗到他是可以這樣自我關愛的。

當時崇建和我分享這個案例時，除了讚嘆他和孩子之間的互動過程外，也讓我想到，薩提爾模式中常常運用「添加」和「轉化」而非「去除」的信念與工作方法，因此若是後續再和青櫟一起工作，可以協助他更加接納「自責的聲音」，而不需對抗或忽略，感謝這個聲音曾經為他工作、督促他努力學習，但是如今已經不再適用，可以將其「轉化」成為一個提醒他而不必批判、指責他的「朋友」，將它轉化成另一項正向的資源。

整體而言，非常欣賞崇建的工作，因為過程中處處都體現薩提爾成長模式的特性，許多的詢問和引導的方向都是「正向導向」的，而且經常讓青櫟體驗到自己內在的情緒，並運用溝通姿態、空椅法、想像力等方式增強他的「體驗性」。此外，透過教育和改變父母、運用父母對青櫟的看法與情感來鬆動他的僵化觀點、在青櫟的內在冰山中探索，都是運用「系統性」的力量在推進。當然，更不用說崇建一直「聚焦在改變上」，並且「運用自己的一致性」作為這些晤談過程裡最有力量的基礎。

附上張天安老師的電子郵件信箱：annhua99@gmail.com

啟動孩子的正向資源

雲杉外表昂然俊美，學業卻差強人意，已經高三了，卻荒廢學業已久，無心於功課。

雲杉媽陳述時，充滿焦慮，希望我和孩子談一談。

約談前媽媽寫了一封信給我：「……白天若不想上課，就生病請病假，下課後會上一到兩小時的網咖，再回家躺床上玩手機。書包很少裝書，卻裝充電器、延長線、耳機。假日不留家中，往外活動，其實上網咖多。」

雲杉媽憂心忡忡，經常數落雲杉，但雲杉都無動於衷。雲杉爸在家則不說話，只是經常搖頭嘆息，彷彿雲杉已經無可救藥了。

先確認目標，再核對目標

雲杉第一次來晤談，顯得有點兒侷促不安，也有點兒生疏的距離感。

我問他怎麼會答應來？雲杉只是聳聳肩，表示媽媽要他來的。

既然已經來了，我問雲杉想要從對話中，得到什麼嗎？雲杉明白表示，只是先來談談。

媽媽說明了雲杉的現狀，言談中夾雜指責、焦慮與擔心。雲杉偶爾回應一兩句，多半則是沉默。

「情況真的如你媽媽所說嗎？」我向雲杉核對，雲杉倒是爽快的承認了。

問雲杉想要認真學習嗎？雲杉未置可否。問他想上大學嗎？雲杉期望自己進入理想中的學府。

我從雲杉的期望，進行較深入的談話，談他的理想，他的抱負，他的大學想像。也詢問他，現在的讀書情況，是否能進入他理想的大學？他坦白的笑著說：「應該很難。」

我欣賞他的坦白，問他在邁向理想的過程中，怎麼會卡住了？（Tip1）

雲杉應該感覺我的語彙與語氣，沒有教訓他的意味，因為我只是很認真的探索。雲杉也很認真的思索，停頓了數秒鐘，似乎澄清自己的思緒，誠實且專注地回答我的問題。他在晤談中表示，他其實可以好好努力，只要自己願意的話。（Tip2）

「你願意嗎？」我慎重的問他。（Tip3）

他沉思了一陣子，表情堅定地回答我：「其實我可以，我也想這樣。」

我很好奇：「如何在這麼短的時間內，決定願意要好好努力呢？難道以前沒想過嗎？剛剛發生了什麼？」（Tip4）

雲杉表示，自己曾經想要認真，只是一直沒有好好努力，剛剛談話的時候，覺得自己可以振作起來。（Tip5）

我詢問他：「若是你決定要努力了，需要什麼協助呢？」（Tip6）

他思考了一陣子，期望母親不要只是責備他，不要只是看見他沒做好的部分，能夠多給他鼓勵，他希望媽媽能肯定他。

當雲杉說了自己的期待，我感覺雲杉是一個純真的少年，很清楚地希望自己能得到鼓勵，這是孩子明明白白的人格展示，清楚、直接、大方，且真誠而認真。

Tip1——探索他的理想也是一種正向，再探索邁向理想的困難，因為是探索，也就不會讓人感覺是指責了。

Tip2——一連串的核對，都是以正向為脈絡，並且以好奇的方式開展。但好奇的方式，重要的是問話者的真誠，還有真正想要了解的心靈，才不會讓人感到壓力。

Tip3——這是一個重要的詢問，當雲杉長談自己的理想，坦誠面對自己的不足，他不僅體驗了自己被接納，也體驗了自己是一個被尊重的人，與此同時，他同時也是一個自由的人。因此詢問他願意與否？就是讓他自由的選擇。

Tip4——聚焦在他的轉變，是轉化過程中重要的一環。在雲杉願意的那一瞬間，融合了心靈裡的各種聲音與決定，聚焦在這裡討論，是幫助雲杉意識問題，以及覺知自己的價值，因為被擴大了，被看見了。

Tip5——通常答案不是最重要的，重要的是他經驗了自己，也意識到了自己的存有。

Tip6——我將話題拉回現實層次，與他討論可能發生的狀況，探索他可能遭遇到的衝擊，這些都是他過去遭遇的經驗，若不協助他以新的方式應對，很快就會落入舊有的慣性。

媽媽答應了十八歲的雲杉。

那一天的談話，他們觸及了彼此深層的感受，母子的內在有了交流，雲杉表示自己很愛父母，也知道父母都很愛他，他希望自己能做給父母看。

母親知道雲杉曾經努力，雖然雲杉總是荒廢課業，總是說得到做不到，但是當母親聽見雲杉表達對父母的愛，母親也流下了淚水。

那一天的晤談，雲杉決定要好好努力，承諾會認真讀書，母親也承諾要正向看待孩子。

母子敞開心靈的交流，深刻而令人感動，但我期望這個內在的交流，能為他們帶來更務實的應對，因此我邀請母親，現場和兒子演練對話，當彼此遇到衝突時，該如何應對？

除了兩人的關係，還有雲杉對自己的承諾。

雲杉在談話中，覺得自己可以改變，這是一份真心的願意，但是這份願意，經常會為慣性所阻撓，也會對自己失去信任。因此我在他承諾改變的部分，進行較長時間的對話，以落實這個承諾，我們討論了一個適合他，而且簡單的讀書計畫，獲得他的同意。（Tip7）

我告訴他，這個讀書過程會很辛苦，**也可能會短期無法達成目標，請他接納自己的舊慣性，一旦做不好的時候，先別急著自責。**（Tip8）

還有母親回去之後，初期可能和他正向對話，**但是母親也可能隨著時間而回到慣性，重新以舊模式對他嘮叨**，在那個時刻，我邀請他記得如何應對，也記得我此刻的話，有助於他接納母親，也助於接納自己。

至於冰冷不言語的爸爸，雲杉渴望和爸爸更親密，但是父子很少有機會談話。我建議孩子先讓自己改變，再慢慢感染爸爸吧！如果父親願意來，我很樂意和父親交談。

晤談回去之後，雲杉果真認真讀了一星期的書。

母親來信，告知孩子的狀況：「因為你的晤談讓孩子有了改變，從手機不離手，到他願意很痛苦的放下五十分鐘……」

我知道這個改變，若要持續下去，需經歷內在的浮躁、不安、憤怒、沮喪與無奈，需要他重新接納自己、看重自己、意識到改變的意義，因為雲杉太久沒有認真讀書了，這個歷程將會起伏不定，需要有人關注與聚焦在他的正向資源，才能夠形成一個良好的慣性。（Tip9）

第二次晤談的時間到了，雲杉發高燒缺席了晤談。

之後幾天，雲杉打電話給我，說明自己生病之後，又回到過去的狀態了，回到那個荒廢時間、內在充滿無力感的生活，心靈非常沮喪，感到愧疚與自責，他不斷向我說抱歉。媽媽也回到過去慣

Tip7——很多人對自己的期待頗高，期望自己每天讀兩個小時以上的書，一旦沒有專注讀書，而時間不斷流逝，很容易落入悔恨的漩渦，因此為他調整閱讀時間，讓他懂得欣賞自己小小的努力，是很重要的功課。

Tip8——功課不佳的孩子，很容易落入自責的處境，我先將可能的情況提出來。有助於他在自責的時候，擁有覺察。

Tip9——持續在正向資源聚焦，才有機會讓正向成為新的慣性。

性，對他仍舊絮叨，充滿著批評。

我在電話這一頭，寧靜的聽著，給予一點提醒，我曾對雲杉說過，那個舊慣性可能會回來。他說當初聽我這麼說，心裡卻想著：「怎麼可能？自己絕對不可能再回到過去，不可能再墮落了。」**我好奇他沒有做好，怎麼還會打電話給我呢？他哪來的勇氣，或是發生了什麼？**他思索了一會兒告訴我：「我想要改變，我不想再這樣下去了。」（Tip10）

以「豐富眼光」看待問題

我常有深深的感覺：孩子呈現出來的慣性，若非基因注定，便是成長過程中所創造出來，非憑空而來，父母必須負起責任，引導孩子改變。若是家庭的應對態度，面對問題的方式能夠改變，最能為不良慣性的孩子帶來改變。我常感覺一個人真正改變了，所有人都會隨著改變，因為不同的應對姿態，將會得到不同的回應，越是健康的、開放的、和諧的、一致性的姿態，就越有機會讓成員在應對模式中更動。（附註1）

若是單純針對孩子個人晤談，而非和整個家庭談話，**我通常會重視孩子想要改變的念頭，因為孩子也渴望成為一個有價值的人。**（Tip11）

我看見教育現場，發現一般人看重的，是孩子為何沒有做好？**因而責怪孩子不認真、不夠堅忍、不能吃苦耐勞、無法持續。而忽略了孩子想要改變的動機，**忽略了孩子曾經改變過一小段時間，我稱之為「負向聚焦」，有人歸納為「暴力觀點」。

我以所學習的薩提爾模式，導入教育情境，薩提爾女士關注的是**「健康」和「成長」，是一種持續不斷的歷程，要人們摒棄不再適合自己的東西。**

在雲杉身上呈現的短短歷程，什麼是「健康」和「成長」的呢？（Tip12）

我認為是「想要努力的」、「願意努力的」、「已經努力的」、「有段時間能上進的」。

那什麼是需要摒棄的、不再適合的東西呢？（Tip13）

我認為是怠惰、懶散的慣性，為此慣性加上了「怠惰、懶散」的標籤，還有隨之而來的愧疚與自責。

然而怠惰、懶散與愧疚、自責，常常是相伴相生，一旦怠惰了，懶散了，內心世界的愧疚感、自責便油然而生，繼而產生深深的無奈與絕望，反而不會懂得為自己負責，而是任由情況崩毀，或者對自己失去了信心。

Tip10——任何的事件發生，都有其正向的一面，困難的是如何找到正向？

Tip11——改變的念頭，就是通往深層感受——渴望的連結。

Tip12——亦即正向的，能成為一個人成長資源的。

Tip13——這些我們希望他們摒棄的，大人也要優先摒棄，而不是聚焦在這些症狀上。

然而現今常見的教育方式，卻是強化最不適合的東西，讓孩子感到自責與愧疚，而不是讓孩子產生動力，也無法讓孩子有自我價值感。

過去價值單一的年代，環境裡的誘惑較少，一個感到自責與愧疚的孩子，心志相對容易收束，也許容易往目標邁進。但在這個多元的年代，環境充斥著大量誘惑，讓孩子心念駁雜的原因太多，一旦衍生出愧疚與自責，更容易墮落放棄了。因為孩子的力量，不是放在解決問題上，而是放在內心世界的戰鬥，負面批判、負面影像充斥頭腦，伴隨駁雜的情緒，更難以專心致志讀書了。

因此，我常在對話中，看待問題的方式，以引導孩子「健康」和「成長」為目標，注入以正向為導向的教育信念，聚焦在孩子是否有選擇的可能、是否看見自己的成長，能在哪一個時刻感覺到資源與活力？**以全面的眼光看孩子豐富的歷程，而不是僅想解決負面的問題。**

以正向為導向的教育信念，經常被誤解為只要包容，只要給予支持的概念，一般師長、父母看見孩子重回懶散的處境，更改了指責的語言與態度，常會變成：「你又懶惰啦！沒關係！慢慢來。」、「你要自己學會負責。」、「真是可憐，我會支持你。」、「你想清楚就好啦！怎麼做我都支持你。」

這些語言裡面，有的在語態與語意中，包含雙重訊息（附註2），所謂的雙重訊息意味著表面上支持，但是大人心裡面並非這樣想，傳達出來的語氣容易顯得疏離、不信任、不耐煩、不在乎，但又要表現得很開明，此舉讓小孩困惑，也變得不信任大人。這些語言中，有些安慰與同情的方法，也容易讓孩子變得渺小，變得容易依賴大人，不懂得為自己負責任，**因為大人支持的是他軟弱的部分，不是支持他有力量的部分。**

那該如何和孩子對話呢？即是本書前面羅列，我歸納的幾個模式，**以陪伴與探索的方式，協助他們邁向自己的目標。**除了對話需要真誠，最好在停頓之後，再以寧靜平穩的語氣說話，語言可能會以如下的方式呈現：「你會感受到焦慮嗎？」、「雖然狀況又往下滑了，但你還是願意和我分享，並未逃避。」、「你前幾天這麼努力，是怎麼做到的呢？」、「當你努力的時候，會感到痛苦嗎？」、「如果會感到痛苦，那你是怎麼度過來的呢？如果不會痛苦，當時你做了什麼，讓自己不痛苦？」

聚焦於正向與改變

雲杉第二次來晤談，針對自己墮落回原有的模樣，內心感覺深深的沮喪，他覺得自己很無能，沒有藥可救了。

這是很多無法符合主流價值的青少年處境，也是眾多活不出價值的人處境。他們真正需要的，是溫暖的力量陪伴，才能走出這道困難的關卡。

雲杉無法欣賞自己的努力，因為學習與生活形態又打回原形了，一次又一次的失望，他不斷為自己貼上「怠惰」、「懶散」的標籤，讓他不相信自己，我相信很多人有類似的體驗。若是為人父母，看見孩子一次又一次墮落，也會因此而感到沮喪，甚至深深絕望。

每當我和孩子晤談到此處，碰觸到他們內心深處，無法表露的悲傷，我會在他們悲傷處停頓，因為那裡有他們的尊嚴。順著這個悲傷，便能清楚聽見孩子絕望的聲音：**他們感覺自己沒有價值、他們不接納自己做不好、覺得自己的生命沒有意義、覺得自己陷入泥沼，無法自由的成為他們想**

要成為的人，並且不覺得自己值得被愛。

長期以來，我便是這樣的一個青少年，找不到自己的舞台，功課又無法滿足師長與自己的期待。我對自己發誓一百次，但是我也讓自己失望一百次了，我要的並不是加油聲，也不是告訴我該如何做，更不是指責我的不是。（附註3）如果可以的話，我希望有一個接納我，靜靜地陪伴我的人物出現，也許我會重新擁有力量。

青少年如此的處境，常讓我想到童書《愛德華的神奇旅行》，故事中的主角愛德華是一隻瓷兔子，被主人抱在懷裡寵愛，因為一次的意外，愛德華沉入了大海之中。他經歷了長久的等待，被漁夫打撈出海面，但是命運卻使得愛德華得不到愛，他一次又一次被拋棄，一次又一次失去愛，愛德華的心碎了，再也不相信愛了。

當人一再失望，就會感到絕望，何況那個令自己失望的人，正是自己呢？

俗語說：「哀莫大於心死！」

不相信自己值得被愛，心中感覺絕望，那就是「心死了」。

因此我們不難明白，要讓孩子轉變，必須啟動孩子的內在動力，讓他感到希望，讓他重設目標，讓他在失望的時候，接納自己的失敗，正視自己並未放棄，他們的心靈，才會「活」起來。

那個讓心靈「活」起來的動力，便是聚焦在「正向」與「想要改變」的動機。

長久以來，作為一名陪伴的老師，我已經不會為孩子的表現感到沮喪、絕望或者興奮，我看重的是孩子內在深處的基石，我的目標在更長遠的彼方。我從薩提爾女士那兒學到：**治療並非處理「症狀」，而是在處理「學習的過程」**。我認為教育的過程也是如此，當孩子出現負面狀況，不是去責備孩子為什麼這樣？而是探索孩子「想要什麼？」，**陪伴他們在「想要什麼」的目標，與「現狀」中鋪設一條軌道，讓孩子看見自己在軌道中的變化，引導他們接納自己的沮喪、失敗、悲傷與憤怒，看重自己並未放棄。**

而身為陪伴的大人，展現了巨大的「愛」與「接納」，孩子們才能從大人身上得到力量。

找到孩子的內在資源

當一個孩子，一再讓自己失望，他也很難一再相信自己了。

我第二次和雲杉晤談，和他重新設定目標，要他持續為自己努力，然而如何讓他的心靈活化呢？

首先，他還願意來談話，便是一個強烈的動機，（Tip14）雖然他對自己有很多批判。

他內在那種無力感，失去動力的無奈，和他國中三年級發生的一個事件類似。（Tip15）

他就讀國中時，是學校的桌球校隊。

有一次他代表學校出賽，在五戰三勝制的比賽中，他已經輸掉前兩盤，第三盤的比數已經到了十比六，只要再輸一球，學校便被淘汰了。

Tip14——擴大動機的討論，就是聚焦在正向的意識。

Tip15——從一個正向的動機，讓他連結過去的經驗，去尋找自己，如何在同樣的處境中，勇敢走出來。

此時教練過來告訴他，如果這次能夠頂住壓力，進而逆轉勝，下次出賽便讓他扛球隊主力先發。

不可思議的事情發生了，雲杉不僅逆轉了第三盤，以十一比十獲勝，更連勝三盤，為學校取得勝利。提及這一段往事，雲杉的眼中充滿激情，充滿亢奮的能量，彷彿那一次的逆轉勝，那個引燃他內在引信的鬥魂，仍舊在他體內燃燒著熊熊烈火。

但令他無法接受的是，賽後教練並未履行諾言，他並未扛起球隊先發主力，教練的承諾像風中的灰燼，灰飛煙滅得無影無蹤，他為此而感到憤怒、沮喪、空洞與惆悵。（附註4）

雲杉陷入深深的憤怒與沮喪，他再也不想碰桌球了，也放棄保送體育班的機會，去讀普通高中。他的內在糾結著各種情緒，有深深的憤怒、悲傷、沮喪，一方面卻又告訴自己該感謝教練，但他又生教練的氣。

要找到孩子的資源，並不是去評論事情的對錯，也不是評價他的選擇，而是探索他如何在逆境中奮起的過程，那是他內在真正的資源。

他如何在那一刻，面對絕望的處境呢？又是如何專注地打好每一球？如何能夠在最絕望的時刻，還能不輕言放棄？當時他是如何做到的？又如何看待自己呢？（Tip16）

雲杉眼中閃爍著激動的榮光，覺得自己當時「超酷的」。

我問他能欣賞自己嗎？能欣賞自己打球，即將退敗出局，卻又重拾努力？他如何看待教練？他要一直被教練影響嗎？他願意給自己一個機會，由自己主宰，而不是被教練主宰的人生嗎？

（Tip17）我邀請他為自己負責，而不是讓教練為他負責。

在他的同意下，我們重新擬定了一個新的讀書計畫，為自己來個逆轉勝。

我想要改變

雲杉兩週後和我再次晤談，他有不少改變。

雲杉攤開我們設定的讀書作息表，他的讀書時間較固定了，對自己也較能欣賞，只是離學測大考僅剩五天了。

我很欣賞他的轉變，尤其是他願意改變的勇氣。

除了學習的情況，他和我分享了一段衝突，關於和媽媽的對話。

事情是這樣子的：

三年的高中生涯，他的美術作業都未交，即使即將畢業了，美術老師下達最後通牒，他也沒有交出去。老師最後將成績送去學校各處室，幾乎無法補救了，他才向老師求情，是否能延遲數天時間？待他將美術作業補齊。

Tip16——帶領他重新經驗過去的絕望，以及讓自己絕處逢生的鬥志，並且聚焦在正向力量發生的那一刻。這一連串的召喚內在力量，都是透過正向好奇進行。

Tip17——當他意識到自己，也願意為自己負責任，就主宰了自己的命運，就不會以抱怨、沮喪來對待自己的人生。因為當他抱怨他人，意味著他不懂為自己負責，但他已經十八歲了，我在談話中讓他意識到自己是主宰，他有力量也有能力為自己負責任。

美術老師應該相當無奈吧！也不確定學校程序是否允許？

雲杉並未得到老師肯定的答覆，仍然利用兩天時間埋首於美術作業中，完成三年來缺繳的功課。

老師接受了他的補救，只是淡淡的笑諷著：「早這樣做！不是很好嗎？」

我好奇他怎麼會去找老師求情，以前會這樣做嗎？（Tip18）

雲杉說以前會放任狀況崩毀！就隨它去了，不會管它。但是這一次不同，他心裡想：「我不想再這樣下去了，我想要改變！」

當他在家裡補救繪畫作業，母親過往的回憶被挑起了，心靈裡充斥著生氣與沮喪，她覺得雲杉太不長進了，總是這樣不負責任。

母親很生氣的罵了雲杉，批判的言語肯定像針刺，兩人一來一往的對話，回到過去互相指責的場面。

其中有段對話，雲杉跟媽媽說：「為什麼妳每次都要這麼生氣呢？一直不停的罵我？為什麼不能好好的說呢？」

媽媽說：「難道是要我道歉嗎？」

媽媽接著氣呼呼的說：「我向你對不起啦！這樣總可以了吧！」

雲杉說：「妳雖然道歉，但是妳還是很生氣，我們可以好好的談嗎？」

媽媽盛怒難平，氣憤地說：「沒什麼好談的啦！」

媽媽隨即轉身離開了。

這時的雲杉背對著媽媽，仍然想和媽媽溝通，對著即將離去的媽媽說：「我們可不可以把話說完？可不可以不要只講到一半，而且都是生完氣就走？」被憤怒淹沒的媽媽，無法將這些話聽進去，反而更憤怒了吧！連頭也沒回的說：「沒什麼好說的！」

當雲杉陳述這一段的時候，我試著揣想當時的畫面。雲杉試圖和媽媽連結，看到媽媽憤怒的語言，憤怒的樣子，還有媽媽離開現場的身影，會是一個什麼樣的圖像？若是青少年時期的我，大概會一語不發離去，或者憤怒的指責媽媽吧！

但是十八歲的雲杉，並不是這樣的一個青少年。

雲杉看著媽媽的背影，勇敢的往前，走到媽媽身後，伸出雙手，緊緊的將媽媽抱住。

雲杉很感性的說：「媽，對不起，我很愛妳。妳說身體不好，都是因為我的關係，我已經在改變了，妳可以監督我啊！」

媽媽即使憤怒倔強，卻也轉過身來，像個小女孩一樣，伏在兒子懷裡哭了起來。

當雲杉重述這一段衝突、以勇氣擁抱的過程，我最好奇的是，他和母親的肢體向來如此親近嗎？如此自由的擁抱嗎？我原先以為是的，想不到雲杉回答我，自從幼稚園以後，就沒有再抱過母親了吧！

我聽了他的故事，心中頗為感動。我很好奇，雲杉決定抱母親的當下，發生什麼呢？讓他願意擁

Tip18——這也是正向好奇，聚焦於正向的資源。

抱母親？

雲杉說當時自己的腳，彷彿被凍住了。但是他的心靈，很想去擁抱母親，因為他想要改變，不想再這樣下去了，所以他的心靈融化了腳，讓他當下有所行動。

雲杉的主動擁抱，主動分享自己，讓母子關係變得更溫暖和諧，維持一段很長的時間。

然而雲杉的聯考成績出來了，他並沒有考上理想的學校，爸爸不想讓他念大學。他原本對爸爸的決定沒有意見，卻也極渴望和父親聊聊。

雲杉的最後一次晤談，跟我分享他最後鼓起勇氣，和爸爸對話了，他侃侃而談了自己的想法。爸爸雖然沒有正面答覆他，甚至帶一點兒挖苦與教訓，但是爸爸終於願意跟他說話，讓他感到非常興奮。

雲杉沒有考上他心目中理想的學校，但是這五次的晤談，對我而言是一個珍貴的經驗，讓我看見一個孩子的渴望，正向地啟動自己，也啟動與家人的關係，這是很珍貴的一件事。若是他們家庭的動力，能夠繼續朝正向連結，那麼雲杉有沒有考上理想大學，就不是太重要的事了，因為一個正向的人，知道如何讓自己有價值、意義與負責任，又怎麼會讓自己的人生墮落呢？

附註1

日本的科學研究中，讓頻率相同的三十二個節拍器隨意啟動，起初擺動是不一致的，但是一段時間後，它們的擺動趨於一致。這個實驗在證明與同步性的關係，在許多專業領域都受到注意。比如在醫學領域，跳動不息的心臟，就像是體內的節拍器，所有細胞都跟它一起做同步運作。

在薩提爾模式中，薩提爾女士提出人的應對姿態，當一個指責者出現，周遭的人們多半以討好、打岔、超理智與指責應對，想要改變應對的姿態，必須跳脫慣性的四種姿態，以一致性的姿態應對，便有可能讓所有人的關係邁向同樣的節奏，這就像是同步性。

附註2

在表達的時候，包含兩個以上互相衝突的指令，使他人言行設限，引致內在衝突、並陷入於兩難之中。

人類學家Gregory Bateson 曾舉過一個例子。母親問孩子說：「你過來抱著媽媽好嗎？」孩子過來擁抱媽媽了，媽媽卻流露出冷漠，以及不自在的神色。當孩子不抱媽媽了，媽媽卻說：「你是不是不喜歡媽媽呢？」孩子不知如何是好？媽媽卻教訓孩子，要好好地控制自己的情緒。

上述的例子，媽媽正對孩子發出雙重約束的指令。

第一個訊息是：「如果你不擁抱我，就是不愛我。」

第二個訊息是：「如果你擁抱我，你令我不舒服。」

於是孩子便感到做也是錯，不做也是錯。更重要的是，這位母親將問題歸咎於孩子情緒失控，而不是自己的冷漠態度。母親的說話彷彿在歡迎孩子，但身體語言卻在拒絕。小孩子不能理解其中原因，只感到不能不聽從指令，遭受到拒絕時又無法表達，被責難時更感到困惑，久而久之則內化成「我做什麼都錯」的想法。

在一般日常生活中，也發生類似的處境。比如女友希望男友主動關懷，但男友並未滿足女友期待，女友失望了，發出了抱怨，也像雙重訊息。

訊息一：「你竟然沒有做應該做的事，令人太失望了。」

訊息二：「你雖然做了，只是順應我的要求，並非出自你真心意，令人太失望了。」

訊息三：「都是因為你，讓我感到很不開心。」

那麼這個男友，就會變得手足無措了。

在教養關係中，經常出現這樣的問題。比如有些父母常抱怨，問孩子要什麼？孩子都不表達意見，頂多說：「都好！」、「隨便。」、「沒意見。」

父母常說，孩子怎麼會沒主見呢？因為父母的主見太強了，孩子的意見是無效的，所以久而久之變成了這樣。

但有的父母說：「有啊！我都有讓他們表達啊！」

但事實不是這樣子的。

父母很開明的問孩子要吃什麼？說了爸媽就買給孩子吃。孩子偏著頭想了很久，提議要吃速食。爸媽說：「不要啦！速食太油了，不健康啦！換其他的，我就讓你吃。」

孩子想了很久說：「那我要吃冰！」

父母說：「要死了！中餐吃冰！那怎麼可以。」

顯而易見，長此以往，孩子通常就不表達訊息了，也就「都好！」、「隨便。」、「沒意見。」了。

附註3

常常聽大人對孩子說：「你一定可以的！相信自己。」、「沒問題的！加油！」我絲毫不見這些話語能帶來寬慰與力量，我只覺得深深的壓力，我很好奇的是，這樣的語言，經常充斥在對孩子的鼓勵裡面，但是孩子通常覺得更沮喪。

附註4

這也算是雙重訊息吧！對孩子不守承諾，影響是相當深遠的，古時「曾子殺彘」，只是為了在教養中守信用，那是身教的一部分。

〈附錄〉

雲杉五次晤談都是在千樹成林寫作班，也是台灣青少年教育協進會的現址。和我同在這兩個單位工作的張瑤華老師，是引領我進入薩提爾模式的前輩，她曾經是體制外中學的輔導老師，對於學生的成長歷程有豐富經驗，也給予很多父母與孩子陪伴，目前身兼台灣青少年教育協進會的理事長。她經常帶領父母成長工作坊，也協助父母與孩子晤談，給予我專業上的意見。我邀請她為這一篇寫些看法，分享給想深入學習的讀者，更進一步認識薩提爾模式。

◆問題本身不是問題，如何「應對問題」才是問題。——薩提爾模式成長信念。

母親充滿焦慮與擔心，帶來兒子的負向問題尋求解決，崇建沒有聚焦在雲杉的行為面，而是帶著正向與好奇，探索雲杉的內在，探索雲杉如何展現自己的熱情，同時好奇是什麼讓雲杉沒有朝自己的目標邁進？「以豐富的眼光」看待問題。行為只是應對的結果，每個人都想要表達自己獨特的能量，崇建讓雲杉看到了自己的想要，點燃了前進動力！

◆我們擁有所需要的一切內在資源，來應對生命中的種種挑戰，並從中成長——薩提爾成長模式信念。

在家庭中，當孩子沒能滿足父母的期待，父母用指責的姿態、否定的語言，來表達自己期待落空的生氣與失落，孩子得不到父母的認可。作為孩子的，常常以父母的觀點去建構自己是誰？而覺得自己不夠好，產生低落的自我價值感。當雲杉對於自己的行為又回到過去慣性，看待自己是怠惰、偷懶、對自己失望，感到無力。崇建從過去桌球比賽的事件中，讓雲杉看見自己有「負責」、「堅持」、「專注」、「努力」的資源，感受到內在的力量，這裡可以多探索雲杉如何運用這些資源幫助自己走過挑戰。相信自己做得到是需要力量的，這股來自雲杉內在的自我肯定與崇建的支持，讓雲杉更具信心繼續去面對改變。

◆父母親就所知道的努力做到最好，但常常重複自己在原生家庭的成長過程中所學到的——薩提爾模式成長信念。

家庭是我們第一個學習場所，學習有關對自己的感覺和想法，學習如何溝通與親密，父母親在原生家庭學到的，繼續影響著親子關係。母子間遇到衝突時，母親過去的學習很容易做出即時反應，無法真誠一致性的表達。崇建的提問讓母親聽到兒子想要被肯定的渴望，連結了母子間深層的感受，讓他們可以接觸和表達對彼此的愛與重視。家人間可以一致性溝通，分享開放自己，讓彼此的愛可以流動，關係更靠近與親密。

◆成長模式的四大目標：提升自我價值、為自己做出選擇、為自己負責、一致性的溝通。

非常欣賞崇建落實薩提爾成長模式的治療信念與目標，與雲杉的五次晤談，讓雲杉可以更多對自己的瞭解與接納，提升了雲杉的自我價值感，在學校願意選擇完成作業，為自己的學習負責，主動找老師協商；更令我感動的是，雲杉願意鼓起勇氣，冒險跨出一大步，去跟爸爸連結對話，表達出自己的想法。

附上張瑤華老師的電子郵件信箱：elsahua@yahoo.com.tw

珍視自己是起點

芯橦是個認真的老師，看似柔軟的外表，內心卻十足剛強，是個不服輸的女孩。

芯橦每週都來寫作班觀課，已經持續七週了。她來觀察我如何上課，也觀察我如何和孩子互動，如何透過作文和孩子討論。這一天芯橦來觀課，學生才剛剛要寫作文，她便告訴我要提早離開，因為她感覺胸口很悶，呼吸不順暢，她想去一趟醫院，看看是不是生病了。

對我而言，胸口悶是身體的感受，往往伴隨著煩躁、不安、潛藏的緊張，以及身體緊繃的感覺，這些感受的由來，往往和事件、未滿足的期待、各種觀點，和自己渴望的不連結有關，但一般人不容易意識，因為在主流認知中，這些感受一直被忽略。當人擁有這些感受，常會被這些感受影響，說話變得急促，口氣變得不耐煩，容易因為小事就引發憤怒。

如何讓人的心靈更寧靜？讓人不會感覺到氣悶？不會感覺到浮躁不安？很少在教育書中看到。談論這些問題的書籍，往往是講究身心靈的書籍，這是相當遺憾的事。因為身教優先於所有教育，但身教的內涵，不應僅止於理性思維的引導，而應注重情感疏導的方法。畢竟一個心中有憤怒、焦躁、緊張不安的人，在理性上要求他們不要生氣、不要焦慮、不要緊張，無異於緣木求魚。這些感受比較細微，有些人長年帶著這些感受，自我卻不覺察，說話常常令人覺得浮躁不安。若是父母與教師內在經常煩躁、不安、緊張、窒悶、不舒緩，教育的工作也很難順利進行，一旦發生挫折與衝突，他人往往在技術層面教導該如何處理，或者被要求不要那麼煩躁、生氣，但事實上情況不會改善，反而讓教師更感挫折。

因此我常呼籲父母，成立交流小團體，邀請教師成立支持團體，不是給予教育意見，而是對彼此的內在有支持，讓教育工作者內在得以舒緩，教育問題也有了舒緩的可能。

我問芯橦，要談一談嗎？談完再去看醫生，我想關心她。

她雖然說想要談一談，但是帶著好奇詢問我，胸悶與呼吸不順，我也能解決嗎？

我笑笑說大概不行，但是可以藉由這個感受，去探索一些可能發生的成因。

我問問她，哪兒感覺很悶？她將手放在胸口，表示整個胸口彷彿被塞住了，卡在胸腔之中。

那是什麼感覺呢？我邀請她形容一下。芯橦說：「很難呼吸，有一種疏離、孤單的感覺。」

我環顧教室四周，所有孩子都埋首於寫作，專注地投入寫作世界，還有另一位老師在課堂助教。

當芯橦這麼說，我也感覺她的疏離，還有孤單的窒悶感。我彷彿看見她在一個角落站著，疏離的看著教室的人群，孤單存在世界的一個角落。

我將這種感覺分享給芯橦，她不斷點頭說：「對對對，就是那樣的畫面。」

我很好奇的探索，她站在那個角落多久了呢？幾歲開始決定站在那個角落呢？

芯橦突然表情複雜，神情經歷了某些起伏，眼角泛出了眼淚。芯橦若有所思，帶著一點兒惆悵與不自在說：「國小四、五年級時，就站在那兒了。」

我察覺她的不自在，她告訴我，從來不在人前流淚。我邀請她給自己一個允許，允許並接納自己難過的情緒，她是不是堅強太久了？難過的情緒不斷積累？

我同時邀請她，若是她不習慣，隨時可以停止談話，因為她是自由的，可以為自己決定。

芯橦是個認真且堅強的老師，她很認真的告訴我，想繼續探索下去。

我回到她剛剛回答的問題，發生了什麼事？怎麼會國小四、五年級就站在角落，疏離的看著世界？她的眼淚重新流出來，因為她想到往事。那是國小四、五年級發生的事了：她和同學們玩著無聊的遊戲，她將一張白紙當墓碑，在上頭寫著同學的名字「ＸＸ」之墓。同學一氣之下，向老師打小報告。小芯橦被老師叫到辦公室，老師惡狠很的責罵她一陣，還給予嚴重的處罰。

芯橦當時還是個小女孩，有為自己辯解？或回應老師嗎？芯橦搖搖頭，表示什麼話都沒有說。

她對老師有什麼看法呢？

已經二十五歲的芯橦，憤怒猶存的說，她很恨那位老師，不分青紅皂白的斥責孩子。芯橦直到現在，都記得她的表情與嘴臉。

我問她，現在還恨著老師嗎？芯橦點點頭。因為那位老師讓她心靈受傷，讓她從此不再信任人，讓她開始對人疏離，一直感到很孤單，這樣的狀況從國小四年級開始，一直延續到國中都是如此。

所以她被老師影響了，自從被老師責備以後，便一直深深的被影響著？芯橦點點頭。

我問芯橦：「妳很愛這位老師嗎？」

芯橦語帶憤怒的說：「怎麼可能？」

芯橦不是愛老師的嗎？對老師有那麼深的執著啊！要不然是怎麼回事呢？這麼多年過去了，她牢牢抓住老師的話，牢牢記得老師的表情，自願被深深影響著。

芯橦對我的說法，感到困惑，陷入深深的思索，並沒有回話。

我問她心裡發生了什麼？她尚停在思緒裡面，也許經歷著混亂。

我問芯橦：「那個年僅四年級的孩子，自從被老師罵過以後，開始疏離人群，並且感到孤單。若是那個孩子在這教室裡面，妳猜她會在哪裡呢？」

芯橦悠悠的說：「會在教室後面的角落吧！」

孩子在角落做什麼呢？會哭泣嗎？

芯橦彷彿看到那個畫面：「她蹲在角落，頭埋在雙腿間，但是她沒有哭，而是在生悶氣。」

我知道芯橦是個好老師，她和我分享了很多教書的故事，也帶著孩子一起成長，我想利用這個資源，問問她如何對待四年級的自己？

我問她：「妳想關懷這個孩子嗎？」芯橦表情遲疑了一下，搖搖頭表示不想。

為什麼呢？

芯橦說：「我一點都不想看『她』，我想要忘掉『她』。」

我提醒芯橦，她曾經經歷那段過去，並未被打敗，那是她的一段過去，真的可以忘掉嗎？而且她很努力，即使那麼挫折，也沒有放棄。

她搖搖頭，表示真的忘不掉，但是不想再去看「她」。

我想讓她看重自己，看重自己經歷的過程，看重自己從那個過程中，所展現出來的美好品質，比如勇敢、認真、堅韌、不放棄……我要她接納自己，並懂得珍視自己。她曾分享當老師的心得，展現了巨大的愛與堅毅，我要利用這個資源，讓她去關愛自己。

她會去關愛學生，怎麼不會關愛自己呢？因此我探索她對自己的看法，詢問她是一個有愛心的老師嗎？怎麼不願意去關愛童年的自己呢？

芯橦立即搖搖頭，說自己是個無情的人，並不覺得自己是個有愛心的老師。

那她怎麼會對那些孩子，展現這麼多的耐心與愛呢？

芯橦跟我說，她只是認真罷了。

那麼她是一個認真的老師嗎？我再次探索她對自己的觀點。芯橦這一次點頭同意了。

我邀請這位認真的老師，若是看到一位孩子，在角落裡生氣，會想要幫助那個孩子嗎？會想要照顧她的感受嗎？

芯橦再次搖搖頭，表示不會幫助那個角落裡的孩子，因為那個孩子就是自己。

怎麼回事呢？認真的老師，不願意去幫助角落的孩子？

芯橦仍舊語帶憤怒，因為芯橦生四年級自己的氣，氣她不爭氣，氣她不長眼，這麼白目地做那些傻事，以至於被老師責罵。

我停頓了一陣子，專注且認真的看著她，讓她沉澱心靈，進入更深刻的內在。

對於她的說法，我有不少困惑。我將困惑告訴她：「妳和國小老師是一國的吧！妳也支持國小老師，去責罵那個小學四年級的芯橦吧！」

芯橦不可置信的說：「怎麼可能！」

她不是和老師站在同一條線上嗎？當老師去指責那位孩子（我此時站起來，做出指責者的姿態，以手扠腰，另一手指著牆角），她不也是和老師並肩作戰？以手指著那位孩子，振振有詞的罵那個孩子白目、不爭氣、不長眼嗎？這是怎麼一回事呢？

芯橦困惑了，表情變化非常複雜，我相信她內在正經歷著什麼困惑吧！她搖搖頭表示，自己也不知道，怎麼會這樣子？她不想和老師一樣。

我問芯橦：「妳真是一位認真的老師嗎？」

芯橦在晃蕩過後的神情中，回過神來點點頭。

這時我重新挑戰與核對：「妳這位認真的老師，也和妳小學老師一樣站在同一條陣線上，認真的指責角落的孩子？還是妳會選擇和老師不同的作法，願意去關懷那個孩子，跟『她』說說話？」

芯橦表情顯得豐富，隨後表情逐漸穩定下來，以堅毅的表情說：「我願意去跟『她』說話。」

我詢問她，會說什麼話呢？

芯橦認真的說：「我會告訴『她』：『站起來！有什麼好生氣！有什麼好難過的！自己做的事情，自己負責！堅強一點兒。』」

我在她說完之後，停頓了一陣子，才繼續探索：「現在還能感覺『她』的感受嗎？比如『她』的生氣、無奈、疏離、難過與沮喪？」芯橦點點頭。

我再次詢問芯橦：「妳願意蹲下來跟她說話嗎？而不是站在這兒，要『她』站起來？願意蹲下來安慰『她』嗎？只是溫暖的跟『她』說話？」

當我探索至此，芯橦已經淚流滿面了，終於首肯願意蹲下來和「她」說話。我邀請她想像，自己蹲在四年級的「她」身邊。

我緩緩的詢問她，以及引導她。確實知道「她」是生氣的嗎？那就告訴「她」：「我知道妳很生氣……」確實知道「她」是難過的嗎？那就告訴「她」：「我知道妳很難過……」確實知道「她」是孤單疏離的嗎？那就告訴「她」：「我知道妳很孤單……」

芯橦的眼淚如江河奔流，我知道她的內心，願意放下一些對自己的成見，願意和自己接觸了。

我繼續更進一步，詢問芯橦，願意陪伴「她」、愛「她」嗎？

芯橦搖搖頭，表示自己只能夠陪伴「她」，還沒有辦法真正愛「她」。

我感覺芯橦真是一個認真且執著的女孩。

我整理了剛剛和她核對的語言，以及引導她說出來的話，我綜整了以後，請她聆聽：「我知道妳很生氣，也知道妳很難過，我也知道妳很孤單，我願意陪著妳。」

我整理的話語是：「我知道妳很難過，也知道妳很生氣，妳孤單很久了，我會陪伴妳。」

當她聆聽這些從她口中說出，由我重新整理口述，她的眼淚如止不住的江河潰堤而出，彷彿她的委屈與難過，有了一個宣洩的出口。長久以來，她對四年級的自己並不接納，四年級的「她」，也許做錯了，也許沒有做得很好，但是四年級的「她」，仍是值得關愛。時光荏苒，芯橦已經二十五歲了，但是她仍然對十歲芯橦的處遇耿耿於懷。芯橦已經是個認真的老師了，可以有能力照顧十歲時的心靈了，但是芯橦忽略了自己的成長，忽略了自己的能力，也忽略了十歲的芯橦需要被接納，需要被真正的陪伴與愛。

我邀請芯橦深呼吸，深深的呼吸，和內在的自我相處。隨後我為她做了一些愛的儀式，以及正念的呼吸（附註1），並且邀請她回去專注地「正念呼吸」，她答應我了。

在結束會談之前，我重新確認她談完話的感受，她說胸口中的氣悶已經平靜了，彷彿悶悶的感覺已經退到橫膈膜以下，感覺比較舒服了，她很訝異為何身體的感受會有這樣的變化？

她最後向我道謝，並且問我為何可以對一個萍水相逢的人，給予這麼多的關懷？

她已經來寫作班七次了，怎麼會是萍水相逢呢？我邀請她可以更重視自己，而且愛可以很寬闊，並不會有邊界。

她也好奇自己從未在人前流淚，今日卻在我面前流了這麼多淚水，何況教室中還有學生在寫作。

我邀請她接受難過，那也是對自己的一種珍惜與照顧，一旦開始了之後，其實並沒有那麼困難。

附註1
這是我從一行禪師的教導學習而來。

〈附錄〉

芯檣到寫作班觀察課堂，機緣巧合之下，進行了一場深刻的對話。對話雖非刻意，卻是我期望的教師支持的內涵，或者私下對孩子言談的方向，我想體現的並非對話的內容，因為一般教師所學，不會進入如此深的層次。我想體現的是一種陪伴的態度，陪伴一顆美好心靈養成，以連結深層感受（渴望）為目標，我認為對人就會產生美好的力量。

此篇書寫完之後，我邀請專精於薩提爾模式、經常帶領教師進行教師工作坊，也帶領父母成長工作坊，以及青少年工作的陳桂芳諮商師給予指導。她不斷在這個領域探索與深造，是我敬重的前輩之一。她同時也是「和碩聯合科技諮詢顧問」、「薩提爾協會理事」、「呂旭立基金會心理諮商師」，提供這一段紀錄的看法，以供有心深入學習的人參考。

以下是陳桂芳諮商師的觀察：

這次的歷程，崇建運用了薩提爾治療模式五個轉化要素：一致性運用自己，過程是正向導向及體驗性，且聚焦於改變。因為外在行為，是反映內在歷程（各種觀點、未滿足的期待、渴望……）的結果，所以他在歷程中不提供解決方法，而是探索阻礙老師的內在能量。

他展現了薩提爾治療中很重要的部分，運用自己生命能量及能力，陪伴、引導老師釋放及接觸深層感受，並轉化負面能量為正向態度。崇建的引導是歷程性的，且具體驗性，他一致性的、尊重、接納、引導老師，接觸內在感受，陪伴，心疼過去的自己後，相信她日後可以開始接納，欣賞及認可自己的旅程，透過此次歷程，應可明白，我們雖不能改變過去事件，但可以改變過去事件的影響，而有不同的觀點及感受，並再次認識自己的資源，認可自己。

我試著整理過程中重要的部分供有興趣的朋友參考：

一、瞭解老師難題，及阻礙自己內在平和的是什麼。

二、協助老師覺察身體的感覺（悶），並連結到內在的感受（孤單及疏離）。

三、探索老師感受和過去經驗的連結（小學事件的影響）。

四、覺察過去事件對她的影響（如深層感受，觀點及對自我的看法）。包含：感受到的「生氣，恨，孤單，難過，沮喪。」；觀點「是自己太白目，被誤解，不信任人而與人疏離。」；對自我的看法「否認自己，不接納自己。」

五、尊重及接納老師，對探索感受是可以有選擇的，創造安全感，協助老師可以覺察，接觸，表達，接納當年的感受。

六、以新的眼光看待過去，覺察及接納感受並改變觀點，發掘過程中學習到的資源，並提升對自我的認同。

1. 藉由矛盾法，鬆動及拓展老師執著的看法，而可以逐步和自己接觸及對話。

2. 協助老師可以欣賞過去的自己（勇敢，堅毅，走過被誤解、委屈的過程是不容易的），且可以認可成人的他，也有很多美好的特質，如認真、不放棄等，進而可以疼惜自己而接納自己。

3. 接觸及接納深層感受，和被自己否定的小時候的自我相遇。

七、體驗及落實過程的學習。藉由呼吸及正念態度的練習，落實過程中的學習，老師的身體感覺及感受也不同了。

若以治療觀點，對第四「覺察過去經驗的影響的過程」我有不同的次序提供參考：有一段，（我問她，現在還恨著老師嗎？芯橦點點頭。因為那位老師讓她心靈受傷。）上述後，我會先引導她接觸、接納內在深層感受（與崇建後面所做歷程類似），再讓她明白，在歷程中她發展了很多美好特質，當她認可當年自己的這些過程之後，再引導她和童年的自己對話，接納，欣賞自己。

我的觀點及經驗，如果可以先和內在感受連結，較易進入認知，認可從此過程所學到的，才易和當年的自己連結及接納。

四

正向好奇

正向的力量非同小可，甚至讓人突破自我的極限。
強大的好奇心，是學習的驅動力；
正向好奇，其實是對「人」的關心與寬容。

正向、好奇、正向好奇

一九六三年哈佛教授羅森塔爾（Robert Rosenthal），發表了著名的研究報告，他進行了一項實驗，說明「**實驗者的心理預期，會影響心理實驗的結果。**」

他將一群白老鼠分成A、B兩組，將A組交給學生訓練，並強調這群白老鼠特別聰明，學習的能力很強。羅森塔爾將B組白老鼠交給另外的學生，並強調這群白老鼠平庸魯鈍，只是一般的白老鼠。

學生分別訓練A組與B組白老鼠，訓練牠們走迷宮，在迷宮出口放食物。

實驗的結果，A組白老鼠較B組白老鼠學習力強，很快就走出迷宮，B組的白老鼠則不斷迷路碰壁。

羅森塔爾事後才表示，兩組白老鼠是隨機選出來，沒有聰明與魯鈍的區別。

羅森塔爾歸納了觀察後的判斷：認為A組是聰明白老鼠的學生，比擁有B組魯鈍白老鼠的學生，在實驗中表現得更積極和熱心。

這個結果被稱為：「羅森塔爾效應」。

在不斷的試驗中顯示，被視為「聰明」的白老鼠，每一天的表現都優於「魯鈍」的老鼠。其他人據此實驗，發現結果是照實驗者事先的信念影響。

羅森塔爾也對學生進行實驗。

他來到一所低收入社區的學校，從一至六年級各選三個班：「煞有介事」地進行「發展測驗」。隨後他列出了一張「智識極具潛力」的學生名單，在課業上將會有「非凡表現」，並且不需太久時間便能看見他們的成績。羅森塔爾「發展測驗」的說法是虛構的，和白老鼠一樣並非真實。時隔八個月之後，那些被挑選的學生成績大幅進步，性格更為開朗樂觀，師生關係更為融洽。

羅森塔爾的心理實驗，被眾人歸納出「信念」（或者說期望、暗示）對人的影響，他隨機抽取的學生，通過羅森塔爾「權威性的謊言」暗示教師，透過教師將此暗示傳遞給學生。教師們只是將這些學生的「潛質」暗藏心中，卻在生活、課堂的言行中，不知不覺通過眼神、微笑、言語等途徑，將期望傳遞給名單上的學生。那些學生接收了教師的訊息，變得更開朗自信，不怕挫折，無形中更加努力學習，就變得越來越優秀了。

羅森塔爾將這個實驗結果的動力稱為：「畢馬龍效應（Pygmalion Effect）」。（附註1）

心理學家據此提出：對一個人傳遞「正向」，會使人擁有正向的力量，學習進步得更快，未來的發展更好。若是對一個人傳遞「負向」，容易使人變得自暴自棄，未來發展較不穩定。教育心理學家亦據此觀察，受老師喜愛或關注的學生，學習成績或其他方面都有很大進步，受老師忽略或貶抑的學生，表現較為不理想或脫序，成績也常一蹶不振。在教育界最普遍的說法，是透過鼓勵的方式，提升學生的學習動機，學生的自尊、自信與責任感，會比在責罰環境中的學生表現更好。

我歸納這些實驗與看法：用什麼樣的眼光看待自己、看待他人、看待事件、看待生命、看待世界……；用什麼樣的方法對待自己、對待他人、對待事件、對待生命、對待世界……兩者結果截然不同，這與薩提爾模式中的教導：「問題不是問題，如何面對問題，才是問題。」講的是同一件事。

創造正向的力量

坊間出版大量的暢銷書，都是講正向的力量（附註2）。社會上不少人提倡正念，學術界的正向心理學正流行，都是正向的展現。

其他講述人們改變、成功與致勝的故事，也無一不是談正向力量，讓人突破困境，邁向成功，走過低潮，從疾病中痊癒，甚至戰勝癌症。

有一則網路經常被傳閱的故事，我不知道故事的真實性，但我對這則故事很感興趣，那是所羅門群島的伐樹方式：

所羅門群島的原著民，不用刀剪斧鋸等工具砍樹，他們使用的是詛咒。他們集合當地的巫師，在太陽升起的破曉，聚集在樹周圍，對著樹大吼大叫，並且詛咒那棵樹。據說樹平均三十天就會倒下來，就此失去生命力。

所羅門群島村民的理論，當人們「詛咒」某人、對某人說壞話、說負面的事、對人又吼又叫時，會使那個人失去生命力的連結。據說他們以此伐樹，得到百分之百的成功，只要三十天的時間，便可以殺死一棵大樹的靈魂。

刀剪斧鋸會傷害樹的骨幹，但言語與念力卻斫毀了樹的生命。我將這個結論放在教育上：棍棒體罰或許會傷了孩子的身體，但更傷害的是心靈，尤其是語言的傷害同樣有殺傷力。

不只是樹木。日本I.H.M.綜合研究所所長江本勝博士，在他的著作《生命的答案，水知道》，以高速攝影技術進行實驗，觀察意念波動與水結晶變化關係：「水在善良、感謝、寧靜、美麗的訊息中，呈現的水分子結晶美麗，相反的給予怨恨、痛苦、焦躁等訊息時，水分子呈現扭曲醜陋的形象。」

人的意識、感受與思考等狀態，影響水分子的結構。

運動場上有個著名的故事：四分鐘跑一英里。

一九四五年以前，醫生與科學家普遍認為：人類的跑步速度的極限，跑一英里需時間四分鐘，當時這個最佳紀錄無人能超越，據說有數百年的時間，在田徑競賽的紀錄裡，沒有人可以打破一英里在四分鐘以內。但是有位常練習跑步，並且以此得到牛津獎學金的醫學院學生Roger Bannister相信自己可以打破極限，被運動員和專業人士嘲笑他大言不慚，就在一九五四年五月六日，二十五歲的Roger Bannister以三分五十九秒四跑完全程一英里，打破了無法打破的紀錄。在Roger Bannister破紀錄之後，已經超過三百人超越這個「極限」。原來所謂的極限不是生理，而是心理的。

這些故事或實驗表達了：

1.「正負向」的心念與語言，對世界也許有「正負面」影響。

2.真實也許是「意識」、「信念」所決定。

這樣的歸納，落實在教育中。我得到的結論是：

1.盡量正向對待孩子，不會是錯誤的選項，甚至是最正確的選項。只要正向的意念與語言，就能為孩子創造正向情境。

2.正面的訊息與意識，不只是我們要傳遞給孩子，更要透過方法引導孩子去意識。比如青少年失戀了，覺得自己沒有資格得到愛情；孩子認為自己對數學沒輒；孩子覺得自己英語沒有天分；孩子認為自己沒辦法；孩子覺得自己難與人溝通；孩子覺得自己無法對抗電腦遊戲的誘惑……，這些不理性的負面訊息，其實只是幾次的經驗所創造的認知，並非真正的事實。

美國著名的領導力專家，約翰．麥斯威爾（John C. Maxwell）說：「我無法選擇什麼事發生在我身上，但是我可以選擇我要怎麼做。」

麥斯威爾指出正向的態度，是擁有力量改變的關鍵，他客觀的指出：「抱著正面的心理態度，雖然不能成就所有事，但跟負面態度比較，卻更能幫助你把事情做好。」（附註3）

既然正向教養是正確的選擇，台灣各級學校經常舉辦「正向管教」講座，為何大家不使用正向的教育方式呢？還有人困惑，已經進行正向教育了，為何孩子並未正向呢？

我歸納了幾個觀察：

◆人們成長於負向環境

教育者欠缺正向的經驗，正向思考便無法落實，正向的語言也就不會表達。因為正向不是一種工具，也不是一種策略，而是一種真心的相信。

教育者除了改變言行，轉換思考模式之外，必須誠實面對內在的生氣、難過、焦慮與恐懼，並且學習正向看待自己。否則不僅易以負向言行對孩子，也容易對自己產生批判，不能正確回應自己情緒。當類似情況發生，**除了正向看待自己之外，也要學習整理自己情緒。**（如深呼吸、5A、正念的呼吸、停頓、冥想、轉移注意力……等方式。）

◆正向並非忽略感受

皮爾博士在《人生光明面》一書中提及：很多人掩蓋了負面的感受，在頭腦裡面催眠正面的訊息，那不是真正的正面。因此在正面思考之餘，也要懂得接觸，並且處理自己的感受。

◆負向已經成了慣性

很多人並不想負向，而是負向已經成了慣性，脫口而出的語言，腦袋運轉的思維，心裡複雜的感受，羅列的都是負面訊息。負向訊息的強大，在於運轉成為軌道，讓人們已經信以為真。

若是明白自己已習慣負向，那就多使用「停頓」吧！讓言行有意識地停止五秒，並且搭配深呼吸的練習，在停頓之後給自己「正向」作為第一個功課，才能逐漸扭轉負向習慣。

其次為讓負向意識停止，得清理腦袋殘存的負向思維，更需要注入正向思維的方程式，讓腦袋裡讓出空間，置入一個正向訊息。比如看到孩子玩電腦，腦袋負向軌道的訊息是：「懶惰」，言行就會讓自己回到舊慣性應對。因此先停頓，其次為腦袋置入正向訊息「遊戲」，孩子在放鬆自己，雖然方式不被我認同，但是他已經逐漸在改變了，我要過去拍拍他的肩膀，和緩寧靜的告訴他類似的語言：「你已經比較會控制遊戲放鬆的時間了。」然後轉頭離開。

◆孩子不相信正向

當大人正向回饋孩子時，若是孩子心裡不相信，會顯現出抗拒的言行。

孩子不相信自己正向，是負向教養的影響。大人必須認知，孩子的負向表列，自己需負最大責任，但無須再自責了。因為長久未感受愛的孩子，不相信自己值得被愛；不覺得自己是有價值的人，很難真正愛自己；不覺得自己擁有自由，很難為自己負責任，不接納自己的孩子，也不相信別人能接納他。

那怎麼辦呢？大人當然要持續正向的言行，並且修正自己的語態。其次不要和孩子落入爭辯，即使爭辯孩子是正向的，也毫無意義，教育者在回饋完正向之後，應該懂得停頓下來。因為正向的意識，並不只是在觀點的層次，更需要身心有所感覺。

◆**不知如何應對孩子犯錯？**

大人必須學習，如何在孩子犯錯時，以正向眼光回饋孩子，並且支持孩子。大人必須有一個認知：人的生命處境，犯錯是成長的一部分，除了回饋以規則之外，不要在對錯上不斷說教。因此當孩子犯錯時，大人應學習如何「**回饋孩子規則，且回饋孩子正向**」。

◆**不知如何應對孩子失敗？**

「失敗是成功之母。」這句話人人耳熟能詳。但是大多數教育者，仍然習慣以成敗論英雄，或是知道這個道理，心裡仍然計較每一次成敗，頭腦卡在每一次的失敗上。以至於孩子遇到挫敗時，師長習慣性檢討錯誤，要孩子彌補錯誤，要孩子繼續努力加油，殊不知這些語言透露了不接納「人」的訊息，也可能無意中透露了不接納的非語言訊息。因此當孩子挫敗時，**應學習找到孩子的正向，學習如何透過語言與非語言回饋**。

◆**正向要看全景，並非看單一事件**

正向是朝正面脈絡行進的方向，但一般人往往忽略了脈絡，而執著於單一事件的成敗。一旦孩子所做不如預期，大人便執著於眼前失敗，因此除了前項提醒父母要在孩子失敗時，回饋孩子正向之外，還要學習從脈絡上看全景。

什麼是全景？

全景就是看到孩子成長的軌跡，將視角拉高到更高的層次，才不會侷限在某個角度，看到的只是片段的樣貌。一旦有了全景視野，就能看到豐富的資源。

寫作此篇時，一位父親來回饋：「小樸已經進步很多了，上週有兩天沒和同學衝突，只是在學校遇到不爽時，還是會跑出教室……」

小樸是一年級的孩子，從三歲起就常被父親斥喝，也經常被父親嚴厲體罰，到了上學的年紀，已經無法和人專注對話，在學校不斷和同學衝突，醫生判斷孩子有過動傾向，來見我時無法專注聽我說話。我除了給予父母協助之外，也邀請他們要看全貌，不要執著孩子每一次犯錯，而能真正看見孩子進步。父親剛開始常來求助，尤其每遇到孩子犯錯時，便會焦急又生氣地問我：「這樣可以體罰他嗎？」我都在照顧他的情緒，回饋一小段理由之後，否決他提出來的要求。

雖然父親數次被我否決，卻也收到我的正向回饋。一個月之後，媽媽欣慰地告訴我，父子的關係變好了。當父親傳上述訊息給我，我知道父親態度已經改變，並且懂得看全景了，不會隨著孩子發生的事件起舞，真正看見孩子的正向軌跡，孩子的成長也就會更快速了。

但是一般人來尋求協助，往往期望一下子就看到成效，想看見孩子立刻改變，那就會忽略全景。

因此我畫了三個圖形，來呈現全景的脈絡。

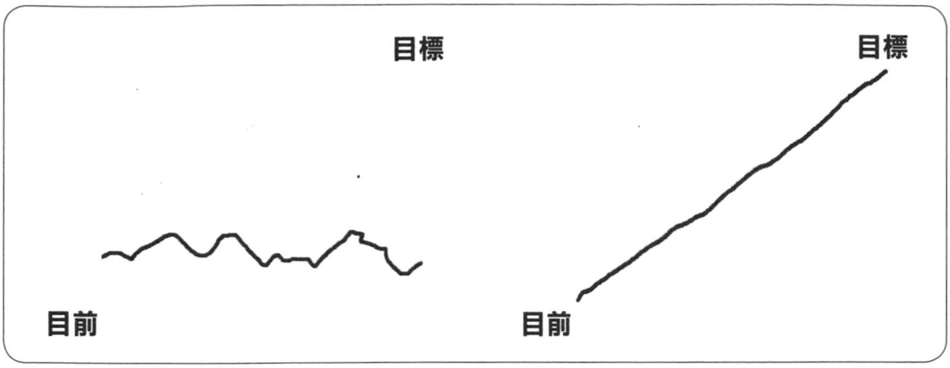

一般人期望的孩子成長曲線：

當父母或教師決定更改負向對待，選擇正向教養孩子，一般人往往期待孩子就此改變，我常覺得這個期待只是想「直上青天攬明月」。但往往這個期待，是不可能的期待，或者孩子立刻改變的比例少之又少，人們因此陷入一種痛苦，重新選擇回到舊慣性，卻仍舊想找方法解決，焦慮與憂愁就會「抽刀斷水水更流」了。

現實中孩子常出現的成長曲線：

大人懷抱著孩子立刻改變的期待，期待往往失落居多，大人便失去了耐性，也失去了信心，立刻回到舊慣性。孩子當然也失去耐性，也失去對自己的信心，狀態就會原地打轉，甚至更不好的曲線圖形是劇烈往下。因此前一張圖形是期待，這一張圖形是實際可能顯現的狀況。

正向應對出現的全景曲線：

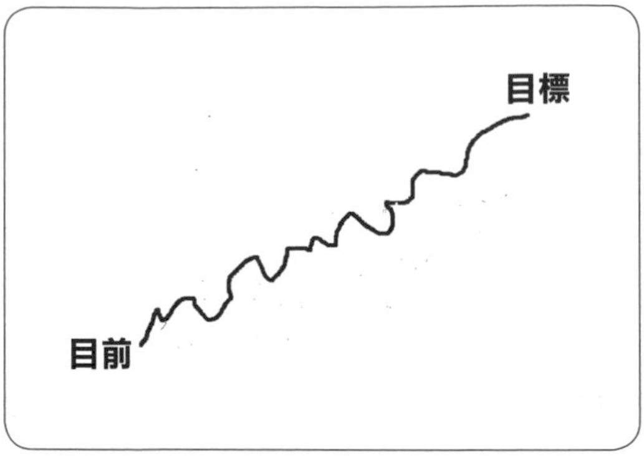

當大人正向應對，孩子負向的慣性仍然存在。孩子的成長脈絡，應是震盪走高的曲線圖形，若是大人瞭解成長曲線的必然，便不會在孩子犯錯、失敗與墮落的時候，感到巨大的失落感，因而衍生出過多焦慮、憤怒與難過，也就不會在那個時刻回饋負向。大人應該學習的是，當孩子呈現負向狀態，應如何看見孩子的正向，並且回饋給孩子，不會以單一事件檢驗，轉而看孩子發生事件的頻率、如何願意並努力轉變、正向習慣如何堅持的（即使孩子只有一天正向），來啟動孩子正向的資源。孩子的成長軌跡，雖然會震盪起伏，但仍然邁向彼此的目標，便能逐漸甩脫舊慣性，成就新慣性。

◆ 正向不是看數據、成績與表面，而是看到全景、渴望與資源。

史丹佛大學（Stanford University）教授，心理學家卡蘿・德威克（Carol S. Dweck）指出：

「如果我們相信自己可以改變，就一定做得到。」

如何讓孩子相信自己可以改變？

德威克在哥倫比亞大學，發表過一份研究報告，對象是四百位小學生：這四百位小學生被安排三場考試，第一次屬於正常考題，但是第二次考試則非常困難，考官刻意提高考題難度，幾乎所有的學生都不及格。德威克將學生分為兩組實驗，其中一組被稱讚「很聰明」，另一組被稱讚「很努力」。

緊接著進行第三場考試，結果呈現了一個現象：被稱讚「很努力」的孩子，成績大幅度上揚，甚至超過第一場考試平均分數的30％；被稱讚「很聰明」的孩子，成績反而下降20％。

這正說明了那些總是被稱讚「很聰明」、「好棒喔！」、「好厲害！」的孩子，受挫折時的跌幅甚深，甚至一蹶不振！因為那彷彿證明了他們「不聰明」、「不棒！」、「不厲害！」但是那些被稱讚「很認真」、「很努力」、「不怕挫折！」的孩子們，相信自己擁有改變的能力。

我帶過甚多挫敗的資優生，或者「小時了了，大未必佳。」的孩子們，他們長期背負「聰明」、「資優」、「成功」、「名列前茅！」……等等壓力，內在的情緒早已和自己過不去，常常陷入放棄的處境。若是大人能早早導入全景視野、連結渴望與啟動資源的概念，孩子的成就便無比巨大。除了前項提的全景，以及本書提的連結深層感受：「渴望」的方式，啟發孩子的資源是很重要的。

因為德威克的研究發現，相信自己能夠改變的學生，不僅成績變高，即使面對失敗時仍存有信心，對未來的願景也較為樂觀，並容易享受學習的樂趣。

德威克的研究，使我對於「資優班」的學生特別好奇，很想進行長時間的研究，針對資優生的歷程，他們的求學歷程、求職歷程以及人生的滿意度，是否都是優秀的呢？在經歷過挫敗之後，這些被貼上「資優生」標籤的孩子們，是否更容易心志委靡？如那些被德威克稱讚的孩子，成績反而下降20％呢？但我要檢測的不是成績而已，因為資優生照理應學業優良，而是他們對學業、工作、其他事物應對的態度，是否會因為遭遇挫敗，較不能積極呢？

若是每個國小都有資優班，資優生是否都上明星高中？上了明星大學？答案顯然是否定的。我相信以資優的條件，在不斷篩選的過程，一定不少一路資優到大學、研究所與博士班，當了醫生、工程師、律師或是各行菁英。但是那些被篩選下來的資優生呢？他們的人生如何？我感到十分好奇。

我看到這方面的研究報告，多半鎖定資優的判定方式，來研究是否真正篩選到資優生。但我關切的是「資優生」遭遇挫敗之後，他們的應對表現如何？這份好奇的背後，存在著我觀察台灣「資優教育」的缺憾，不只現行討論「資優生」未因材施教的議題，更存在著資優背後被忽略的：如何讓「資優生」身心獲得更健全發展。

好奇心是寶藏

愛因斯坦說：「我沒有特殊的才能，有的只是強烈的好奇心。」

好奇心是快樂、知識、滿足與美的泉源之一，我以為孩子最常擁有強大的好奇心。比如我四歲的姪子孝宣，他看見路邊的小草，大聲叫喚我：「阿伯！你看！」他看見天空的飛機，會激動又興奮的呼喚：「阿伯你看！飛機！」即使同樣的事物已經出現多次，他都充滿好奇與驚喜地探索。

和他在戶外走路十分鐘，他對事物的好奇與熱情隨處可見，若是他和我四歲的外甥女三三在戶外玩耍，常見他們對簡單的事物好奇，蹲下身子專注地探索，或者喜樂得歡呼尖叫。

孩子的好奇心是學習的驅動力，我們如何維持他們的好奇，這是教育者的功課之一。我更常在意的是，如何重新點燃成人的好奇心？讓教育者面對現況，充滿好奇的探索，而非一味地以既定印象思考與應對。

我在面對孩子問題時，驅動我的常常是好奇心，好奇孩子的思考如何決定？好奇孩子的言行如何變化？好奇孩子內在發生的經驗？好奇孩子的感受如何變化？好奇孩子如何和渴望連結？

當好奇心內化成為一種機制，一旦面對人、事、物，較不會以既定印象教導他人，而易著重在傾聽、探索、核對與瞭解上面。常有人問我孩子問題的成因，我內在往往不知道答案，以好奇心先進行探索。

比如我在本書〈情感的教育I〉一篇，當一個國二生問我：「人為什麼要讀書？」

我不是給予既定的答案，而是好奇她問題的由來，探索她的內在感受。

我發現這樣的態度能幫助孩子，不僅解決遭逢困境的現狀，更是培育資優生的美麗路徑，讓資優生擁有更深層寬闊的思維、感受、渴望與自我，培養一個健全的人。

我將「好奇」的態度，置入生活的層面、班級經營，更置入寫作與閱讀課堂，我常感到熱情與驚奇。自二〇〇〇年之後（附註4），我逐漸改變上課方式，在課堂討論或問話的脈絡，逐漸減少回饋孩子「對」與「錯」，而是以探索的方式，穿插整個課堂，啟動孩子探索的好奇心。

比如在作文領域，簡單的好奇就是開啟「敘事」、「觀點」與「生命經驗」（附註5），更複雜

的好奇脈絡，便是「事件」、「感受」、「期待」、「渴望」、「過去」與「現在」。（附註6）

在本書各個範例中，可見我和孩子的應對，都是以好奇的方式進行。若是將好奇的方式，放在課堂的脈絡中，也有相當美麗景致。

以我的作文課舉例，我在小六講授〈寧靜〉主題，不是對孩子教導什麼是「寧靜」，什麼不是「寧靜」？而是好奇孩子對寧靜的詮釋、認知與體驗，因此我詢問他們：「你們有寧靜的經驗嗎？」

孩子紛紛舉手表示「有」。

我點了其中一個孩子（我稱他為A，其他依序為B、C），詢問他「寧靜」的經驗，A回答我：

「有啊！我睡覺的時候很寧靜。」

我好奇問A：「睡覺時不是進入夢鄉了嗎？怎麼會知道寧不寧靜呢？」

其他孩子哄堂大笑。

A趕緊補充：「喔！是睡覺之前很寧靜啦！」

「怎麼說呢？」

「就晚上睡覺之前啊！都沒有聲音呀！很安靜。」

我好奇地問：「你喜歡嗎？」

A說：「不喜歡。」

「怎麼不喜歡呢？」

A趕緊回答：「因為很無聊。」

不少孩子紛紛贊同。

我點了另一個孩子B，詢問他除了睡前，還有什麼寧靜的經驗。

B說：「考試的時候很寧靜。」

我問：「怎麼說？」

B回答：「因為考試的時候，都沒有聲音啊！四周都很安靜。」

我繼續詢問：「你喜歡嗎？」

B低頭想了一下：「有時候喜歡，有時候不喜歡。」

我詢問：「怎麼會這樣呢？你能說說看嗎？」

B回答：「有讀書的時候喜歡，沒有讀書的時候不喜歡。」

大家又是一陣笑聲。

我接著點另一個女孩C。

C說：「下雨的時候，我感覺很寧靜。」

我停頓了一下，好奇的問她：「下雨的時候，不是有聲音嗎？妳怎麼會覺得寧靜呢？」

C回答：「下雨的時候，我心裡感覺很平和。」

我又停頓了一下：「妳的意思是說，寧靜並不是外在的狀況，而是內在的一種平和感覺？」

C點點頭。

我繼續詢問C：「我好奇的是，讓妳內心感覺寧靜的，是雨的聲音？雨的畫面？雨的氣息？還是雨中的什麼東西？」

C想了數秒鐘（此刻C的意識應在深入的探索吧！這是『好奇』的問話，最美妙的時刻，我常稱之為意識），她才緩緩的說：「我覺得都有吧！」

我好奇的問下去：「每當下雨的時候，妳心中感到寧靜了。那麼寧靜時刻看世界，會有什麼不同嗎？我的意思是，和沒有感到寧靜的時刻？」

C說：「有啊！」

我好奇的詢問：「能不能再多說一些？」

C很認真的回答：「下雨的時候，我的內心很寧靜，就會看到雨滴從窗戶慢慢滑下來，還有雨中的樹啊！花啊！有時候還看見青蛙！平常比較不會注意。阿建老師，那是上個禮拜下雨的時候，我看到的啦！」

我更進一步詢問：「若是這時候朋友打電話來，告訴妳好友過世了，心靈還會寧靜嗎？」

C說：「我想應該不會了吧！」

「那妳還會這麼仔細，看見窗外雨中景色嗎？」

C頓了一下回答：「應該都不會注意了。」

我將這個話題擴及全班同學：「你們誰有類似的經驗呢？感覺到寧靜是心裡的一種狀態？」

有人提到外在寧靜，心裡卻不寧靜；有人提到外在不寧靜，但是心靈卻寧靜……

同學紛紛舉手表達意見，其中B的回答讓我莞爾：「阿建老師，我剛剛就說了喔！考試前有準備，考場寧靜我也寧靜，所以我很喜歡；如果考試前沒準備，考場很寧靜，我卻不寧靜，所以我就不喜歡。」

同學跟著一陣笑……

我在Jill Freedman與Gene Comb合著的《敘事治療》（*Narrative Therapy*）一書中，看見他們引用Goolishian & Anderson提到治療師「不知道」立場的重要。這種態度意味著不要從「我已經瞭解了」的立場問話。

Jill Freedman與Gene Comb並且進一步闡述：「不知道的立場，並不是『我什麼都不懂的立場』……我們希望治療是自己在所處的現實中，體驗選擇的歷程，而不是體驗『確定的事實』。」

我將這種態度轉化到生活與課堂上，便是以好奇心應對世界。

我認為好奇心是一種美德，我所指的並非揭人隱私的八卦事件，而是一種認真瞭解與看待他人的態度，以一種更寬大的視角，好奇隱藏在人表象下層的美好內在，而不是將人當作工具。這種好奇的態度，其實是對人真正的關心。

以好奇引導意識

人的正向如何產生？甚至落實為生命的信念？

我認為每一個事件的背後，都存有正向在其中，只是人從未意識。

我認為意識的方式，是以好奇的態度，以「感受」與「深層感受」為脈絡，透過探索與核對的方式，讓人意識到正向價值。

比如孩子遇到常犯的錯誤，總是一犯再犯。這些習慣的反應，彷彿一種被制約的程式，也意味著人不經過覺知、意識，直接成為反射動作，或者頭腦知道了，但是行為上仍舊受慣性主宰。

《紐約時報》得獎記者查爾斯．杜希格（Charles Duhigg）在《習慣的力量》（*The Power of Habbit*）一書中指出：「習慣迴路存在於人腦。當習慣成形後，人腦便停止全心全意參與決策過程，要嘛開始打混摸魚，要嘛將注意力轉移到其他任務。所以除非一個人刻意『對抗』某個習慣（或是意識到其他新習慣存在），否則該行為模式會自然而然啟動上路。」

當人想要改善問題，卻忽略「覺知」與「意識」慣性，問題往往不會改善。

比如人「知道」說粗話不好，但粗話已經成了口頭禪，形成一種慣性，和別人聊著聊著，一句粗話又出口了，無論如何都改不掉。這種狀況，人的頭腦「知道」要改變，但其實並未真正「意識」要改變。除非罵粗話的人，突然被自己心儀的對象聽見，或被長官嚴厲責罵，在那種情況下，會因為內在受衝擊，感受心靈的衝撞，而擁有較深刻的「覺知」，這人才真正「意識」到問題，啟動改變的意識。

孩子遇到的問題也是如此，他們往往「隱約」知道自己「應該」如何，或者「隱約」知道自己的問題，但是從未真正「意識」到問題，儘管大人們耳提面命，孩子依然沒有改變。

因為大人常創造出更多問題，忽略了真正的問題。

大人的應對，往往是說道理、斥責、給意見，不僅孩子未覺知問題，反而讓孩子負向看待自己，成為一種新的習慣，離解決問題的方向更遠了。

比如課堂上有好動的孩子，在教室常常好動不安，無法安靜上課，老師頭疼極了。我常聽見老師訴苦，上課對孩子們講了又講，說了又說，罵了又罵，脾氣也發了，也處罰他了，孩子總是改不過來。

有時候孩子聽話了，也只是安靜一會兒，又開始調皮吵鬧，捉弄同學了。

為什麼老師怎麼講都沒用呢？

因為老師的糾正、說教、怒罵、責罰，都已經成了慣性，而孩子的回應，也早已經成為慣性，長久以來，成了教室中固定的戲碼。

孩子沒有意識到「好動」、「吵鬧」是個問題，總是在慣性中和教師應對，也將力氣花在對抗、辯解與逃避之中。

如何幫助孩子意識問題？最重要的一點，捨棄我們常用的慣性對待。其次，是覺察自己內在的感受，並且處理這些內在感受，若是大人沒有處理自己感受，很容易和孩子流於情緒、對與錯的對抗，而忽略真正的問題。

若大人整理好自己，便能真正針對問題，專注和孩子談論。這個談論若不是以說教，也不是責罵的方式，而是**以好奇引導問題意識**：「上課怎麼會一直吵鬧？」、「吵鬧被處罰，會不會委屈？」、「吵鬧的時候，是故意的嗎？還是無意識？」、「如何幫助你，在你吵鬧的時候靜下來？」、「若是你吵鬧，我還是會處罰你，你會生氣嗎？」

若能在好奇的問話之後，看到孩子的正向，問題往往就不是問題了。

不只課堂秩序，很多孩子的學習問題，往往也是沒有「意識」問題。

比如孩子總是寫錯字，而且是同樣的錯字。老師讓孩子糾錯、訂正、罰寫，依然無效。因為孩子在寫字的時候，常隨著慣性，並未「意識」到自己的慣性。要讓孩子不寫錯字，最有效的方法，是和孩子討論，這個字怎麼常寫錯？下筆的時候，心裡面有提醒自己嗎？如何在寫字的時候，能覺察寫字的狀態呢？

不只是寫字，其他功課也是如此。

孩子的功課總是不好，我們是否一直使用同樣的方式，同樣的語言，想要改變他們，仍然無效？問題出在哪兒呢？我們並未意識到孩子真正的問題，孩子也未意識自己的問題。比如孩子學習時是否專注？若是不專注，我們以「好奇的方式」，陪他討論面對「不專注」，而不是只有叫孩子專注，這便是意識問題。其他如孩子遇到某一門科目，心裡便會恐懼、甚至排斥、沒耐性，那麼真正的問題應是這些，而不是一味要孩子加油而已，這便是意識到真正的問題，在我的經驗裡面，最有效的學習方式，是對自我的學習狀況覺察，**意識自己想要學好，而不僅是想要或是知道要學好而已。**

善用正向的好奇

真正能啟動孩子的正向力量，除了大人真心相信之外，還有一個重要關鍵因素，就是透過好奇心啟發孩子的正向，而不是直接的稱讚。

我目前尚未看見以「好奇」驅動正向的研究報告，但是我運用在文學課、寫作課、討論課、生活上，以及和孩子談論人生問題時，我發現「好奇」是正向最好的驅動力。

我們不妨設想：教師、父母與助人工作者，若是已經看見正向，而以「強烈的好奇心」探索學生、孩子與案主的正向，會發生什麼事呢？

我再引一句愛因斯坦的話：「奧祕，是我們所能經歷最美的事物，是一切藝術與科學的起源。」

我試著更動愛因斯坦的話：**「正向，是我所能經歷最美的事物，是人一切能量與成就的起源。」**

愛因斯坦對宇宙的奧祕，感到激情般的好奇。

而我從事教育以來，對於人的「存有」，也感到強烈的好奇，因為人的「存有」，本身就是一種正向。

比如受家暴的婦女，遭受這麼大的痛苦，怎麼還願意為家人付出？一個不斷打電腦遊戲的孩子，怎麼還願意準時上學？一個痛苦到不想活下去的人，怎麼還願意為生活做那麼多？一個作文寫不出來的孩子，怎麼還願意來上寫作班？一個挫敗的老師，怎麼還不放棄教導？孩子在課堂隨意發言，即使不是正確答案，又怎麼能瞬間想出來？你以前經常遲到，但是我們談完以後，你連續三天都沒遲到，雖然你今天又遲到了，我很好奇你那三天是如何做到的？……

這些問話，都是指向渴望、資源與全景。但必須真正看見正向，才能真心擁有好奇，而非只是期待改變，進行的一種策略而已。

多年以來，我已將「正向的好奇」，內化成一種問話的方式，也內化成一種生命的態度，讀者在本書範例中應隨處可見。

當我們帶著好奇探索人的正向，讓人們看見正向的資源，那這個世界會發生什麼事呢？我認為會更美好。

附註1

在希臘神話中，畢馬龍是一位傑出的雕刻家，他崇拜女神維納斯，決定雕刻維納斯的樣子。他以上好的石材，精細的工法，雕刻出一尊栩栩如生的維納斯雕像，畢馬龍將雕像喚為「葛拉蒂亞」（Galatea），不僅關心呵護「她」，更與「她」說話，親吻、擁抱她。

畢馬龍到維納斯神廟虔心祈求，能擁有如雕像般完美的愛人。最後維納斯為雕像注入生命力，葛拉蒂亞終於成為人類。當畢馬龍回到家，他看見笑臉盈盈的葛拉蒂亞，眼神充滿愛意，說話溫柔婉約。畢馬龍的夢想真的實現了，和葛拉蒂亞快樂地生活在一起。

附註2

比如前一陣子流行的《祕密》與《吸引力法則》。

附註3

麥斯威爾在《差異製造者》（*The Difference Maker*，易富文化出版）一書中，歸納了三個方式檢視自己：確認自己對問題的感覺、對與他人有關的感覺、對問題的想法。

這三個檢視的方法：「感覺」占據了重要的因素，因此在教育領域：如何「覺知自己感覺」、「重視孩子的感覺」、「連結自我深層感受」、「連結並啟動孩子的深層感受」，注意自己的肢體與語態，創造孩子的寧靜感，我視為從情感出發，培養孩子強大心靈的脈絡。而方式正是以「正向好奇」導入思維，創造更開闊、更全面的觀點，去看待問題的方式，我認為這是「正向力量」的教育方式。

附註4

二〇〇〇年我深入認識薩提爾模式，開啟了我看待問題的方式，也間接影響我上課的方式。

附註5

我在《作文就是寫故事》（聯合文學出版）一書，提出透過故事打開孩子次級感官的寫作方向，讓孩子從「聽故事的人」變成「說故事的人」發展敘事；透過故事的停頓，以及好奇的脈絡，開啟孩子的觀點與生命經驗。

附註6

這是薩提爾冰山各層次的隱喻，也是我慣常的問話脈絡。

啟動孩子專注的資源

小楓居住在新加坡，是個害羞的男孩，八歲的年紀，很在乎媽媽的一舉一動。

媽媽告訴我，小楓其實很調皮，醫院診斷有過動症，老師常打電話來投訴，小楓在教室坐不住，破壞班級秩序。

我轉頭看一旁的小楓，在椅子上扭動著，似乎坐不住了，不斷問媽媽看似瑣碎的問題，媽媽則分過身來，一直要求孩子安靜。

小楓發現我在注視他，有一點兒侷促不安。

我問媽媽：「他在家中，也很好動嗎？」

媽媽看了小楓一眼，無奈的說：「也是這樣子呀！總是說不聽，很難安靜下來。」

我轉過身來，專注且語氣緩慢，問小楓：「媽媽說你在家很調皮，你覺得媽媽說得對嗎？」

（Tip1）

小楓忸怩了一下，抬起頭看我一眼，隨即將頭低下來，無目的地注視旁邊。我只是專注地等待，

過了一會兒，他才點點頭，算是給了我回應。（Tip2）

我停頓了一下，緩緩地問他：「你平常很難安靜下來嗎？會常常吵鬧嗎？」（Tip3）

孩子點點頭，這一次比較快速地給了我回應。

「謝謝你這麼誠實。」（Tip4）我頓了一下，再語氣平緩地問：「你知道自己平常會吵鬧，不容易安靜下來呀？」（Tip5）

小楓又點點頭。

「我很好奇，你是故意吵鬧的嗎？還是你不自覺就這樣呢？」（Tip6）

小楓聽了我的話，想了很久的時間，眼神並沒有看著我，看著一旁的地板，但是看起來相當專

Tip1——和孩子核對媽媽的看法。

Tip2——這裡需要更多的停頓，需有耐性等待。

Tip3——再次核對孩子認知的事實，因為剛剛的核對是眼神，而不是語言訊息。

Tip4——在孩子的回應之後，接納並欣賞孩子。

Tip5——這樣的核對，也是幫助孩子意識到問題。

Tip6——核對問題的發生，讓問題意識更深一層。

注，似乎在思考如何回答。我猜測自己的習慣用語，比較適合大一點的孩子。對一個八歲的新加坡孩子而言，應該不容易理解。（附註1）

媽媽在一旁催促著：「趕快說呀！老師問你話，你怎麼不回答？」

我轉過身來，對媽媽說：「讓我來吧！慢一點兒，我先試試看，我可以等他很久，順便觀察他的反應。」（Tip7）

我大約等了小楓一分鐘，小楓在這一分鐘內，都專注思索的模樣。（Tip8）

我再次用更清楚、更簡單的用語詢問：「我剛剛說的意思是，你平常是故意這麼吵鬧？還是你不知道為什麼吵鬧了？」

小楓想了一下說：「我不知道為什麼吵鬧了。」

「你的意思是說，有時就莫名其妙地吵鬧起來嗎？」我重複了小楓的回答，想要更精準的確認。

小楓再次點點頭。

「那你怎麼看自己呢？當你莫名其妙的吵鬧？」

我意識到，自己的問話語言，仍舊是屬於成人的語言，因為「怎麼看自己？」這句話，有時候大人也不懂我問話的意思。

小楓專注地思索很久，搖搖頭說：「不懂！」

我很為這個孩子感動，他是如此真誠而專注，而且我觀察他在回應我時，語速都很緩慢且認真，沒有絲毫敷衍我或忸怩不安。

我認真地向小楓道謝：「謝謝你那麼認真，總是認真想過以後，才回答我的問題，也很認真地告

訴我，你聽不懂我問的話。我剛剛的意思是，『我很好奇，你喜歡自己這樣吵鬧嗎？』」（Tip9）

小楓搖搖頭，皺起眉頭說：「不喜歡。」

「當你吵鬧的時候，媽媽會怎麼樣對你呢？」（Tip10）

小楓看了一眼媽媽說：「罵我，還有打我。」

媽媽聽到這裡，眼眶紅了。

我問小楓：「你喜歡媽媽罵你，或是打你嗎？」

小楓搖搖頭。

我轉過頭來，對媽媽詢問：「剛剛妳聽到孩子的回答，似乎有情緒？發生了什麼，是難過嗎？」

媽媽聽我這麼說，眼淚奪眶而出。（**Tip11**）

Tip7——我常提醒自己，需要更多的耐性與專注，並且覺知自己的狀態，是否有煩躁、不安與急促？

Tip8——我的停頓來得頻繁而更長，這就好像演奏一曲很多四拍子，甚至八拍子休止符的樂章。

Tip9——探索對自己的期待，也是意識問題。

Tip10——從兒子口中，探索媽媽應對事件的應對姿態。

Tip11——探索了情緒，情緒往往被開啟，有助於讓媽媽更如實面對。

小楓此時將目光注視著媽媽，很認真地看著她，甚至伸出一隻手，想要放在媽媽腿上，但距離有點兒遙遠，孩子伸出的手又縮回去了。

媽媽說：「我很心疼這個孩子，當孩子吵鬧的時候，我不想打他，但是我忍不住。」

這是一般人常見的狀況，我繼續詢問：「妳打完他以後，會自責嗎？」

媽媽點點頭，眼淚止不住地流下來說：「會，我很自責。」

我繼續問媽媽：「當他不聽話的時候，妳想要不打他嗎？」

媽媽又再度哽咽了：「想。因為我很愛他，但是我情緒上來的時候，克制不住自己。」

我再次重複媽媽的話，確認剛剛她說的問題：「當孩子吵鬧的時候，妳急著想要制止他。但是情緒常常會在這時候衝上來，妳克制不住自己，因此妳便打他了。打完他之後，妳感到很自責。但我剛剛聽妳想要改變，改變孩子，也想要改變自己？」（Tip12）

媽媽點點頭。

「妳打他，有改變他嗎？我的意思是，有達到妳的期待嗎？」（Tip13）

媽媽搖搖頭。

「那我教妳一個新的方法，妳要學著試試看嗎？看適不適合？」（Tip14）

媽媽點點頭。

我先感謝媽媽願意努力，並且稱讚她的誠懇並不容易。

我轉頭過來問孩子：「當媽媽打你的時候，你有什麼感覺？」（Tip15）

小楓想了一下子說：「很痛。」

我繼續問：「除了痛以外，還會讓你想到什麼嗎？」
這孩子很聰明，面對這個開放性的問題，他很快給我答案：「媽媽不愛我。」（Tip16）
「嗯！謝謝你告訴我。」我點點頭示意，發現小楓比較持續專注地看著我：「剛剛你聽到媽媽說很愛你了嗎？」（Tip17）
孩子點點頭。
「你喜歡媽媽愛你嗎？」
孩子又點點頭。
「嗯！我要你明白一件事，媽媽打你，並不是不愛你。是因為媽媽還沒學會新的方法，等一下我

Tip12——將問題意識拉到自身，讓媽媽負起責任，協同面對孩子的問題。
Tip13——核對舊有應對姿態的效用，帶出應對姿態的改變。
Tip14——我很少給出建議，若是給出建議，通常會核對他們同意與否？是否適合？
Tip15——從感受切入問題。
Tip16——這個答案出乎我意料，直接進入孩子的渴望。
Tip17——連結孩子和母親的渴望。

會教她，該怎麼辦比較好。她答應我，要學怎麼愛你這件事。但這並不表示你吵鬧是對的喔！」

孩子聽了我的話，很安靜地思索，並未回答我。

「我這樣說，你聽得懂嗎？」我向孩子確認。

孩子點點頭。

「我剛剛聽到你說，你吵鬧不是故意的，而是常常不知道為什麼？就吵起來了，你也不喜歡這樣子。那當你吵鬧的時候，怎麼樣對你比較好呢？」

小楓又想了很久，對我說：「不懂。」

我覺得兩人的互動，實在充滿趣味，他很吃力地想要和一位叔叔溝通，我先向他表達欣賞感謝：

「謝謝你！總是這麼認真聽我說話，即使你聽不懂，也會告訴我，我喜歡你這麼認真回答，因為那讓我感覺我們是很認真在討論，想要解決一個問題。」

我發現自己的用語，需要時時覺察精準度，以及要簡單，但這實在不是一件容易的事：「當你吵鬧的時候，干擾了別人。你不希望媽媽打你，那你希望媽媽怎麼做，提醒你不再吵鬧呢？」

小楓又想了很長一段時間，才搖搖頭說：「不知道。」

我重新確認一次：「你聽不懂我說的？還是不知道要怎麼樣提醒你？是前面，還是後面的？」

（Tip18）

小楓說：「後面的。」

「嗯！那我試著用一個方法，你看好不好？」我接著深呼吸一口氣，專注地看著孩子，緩緩地說：「如果你吵鬧的時候，我請媽媽告訴你：『**這樣吵到我了，安靜一點兒。**』你會因為這樣的

提醒，而安靜下來嗎？」（Tip19）

我在說話的時候，伸出了一隻手，安穩地放在孩子的肩膀上。

孩子想了很久，安靜地點點頭。

我問：「這樣的提醒適合你嗎？你會聽進去，而比較不吵鬧嗎？」（Tip20）

孩子又點了一次頭。

我轉頭過來，跟媽媽分享：「孩子吵鬧並非故意的，經常在他不自覺的時候，就吵鬧起來。這種情況和妳打他很相似，妳也不想打他，但是妳有時候無法克制，妳可以瞭解孩子的處境嗎？」（Tip21）

媽媽泛著眼淚點頭。

「剛剛我對孩子說的話，妳可以接受嗎？當孩子吵的時候，妳可以這樣照做嗎？」

媽媽點點頭。

Tip18——以選項和孩子一一核對。

Tip19——孩子通常沒有意見，因此我會提出意見，和孩子核對是否合宜？

Tip20——再次核對與確認。

Tip21——讓讓媽媽更加同理孩子的處境。

「適合妳嗎？」我再次確認。

媽媽再次點頭。

「但是我要提醒妳，當我們如此談話過後，妳會顯得比較有耐性，煩躁感覺較為減少。但是過不了多久，妳的耐性可能會消失，我要邀請妳先接受這樣的狀況，並且視之為必然，那麼妳就不會沮喪，以後發生類似問題時，也會少一點兒自責。還有孩子的狀況，也會起起伏伏，但妳要堅持下去，才會有可能改善。」

當媽媽都答應我了之後，我示範給她看，我以5A的對話（附註2），協助她意識並整理情緒，讓情緒放緩和以後，再以平靜的語態與姿態和孩子對話，**並且邀請她，不是以孩子聽話為目標，而是以練習溝通與覺察自我為目標。**

媽媽告訴我，從沒看過孩子這麼專注和人談話。我則回應媽媽，將這個對話的狀態設為目標，但不要以我的狀態為標準，因為我是反覆練習而得來的，只要自己的對話狀態能夠覺察，能夠進步一點點，哪怕是進步百分之一，也要懂得欣賞自己。

我和小楓對話，是一個很新的體驗，考驗我的專注、停頓、不斷探索與核對，也讓我看見他人眼中的過動症，其實是很有能力專注以對，但是與他對談的大人，應該更有專注的能力，才能引導孩子的專注力。

附註1

這是二〇一三年的事，我後來揣想更小年齡孩子的對話，因此後來在和小桐對話時，小桐的年紀更小，似乎狀況就比較好了，但是小楓是新加坡孩子，對於華文不如台灣孩子熟悉。

附註2

見《情感的教育——從感受切入問題》。

正向好奇的簡單談話

在演講的場合，聽眾會提出問題，期望我能給予解答。

我很少當場給予答案，因為給予的答案，往往不一定是聽眾需要的。因為真正解決問題的關鍵，需要更多的探索。但有時候也有意外，在短短的晤談中，某些關鍵的問題被澄清，也許就解決了問題。

我在新加坡講座時，有位父親詢問兒子的問題，並希望能帶兒子來見我。我雖然不知道匆促之間和他們碰面，是否會有幫助？但仍舊答應了。

以下是我和他們對話的記錄，這是十分鐘左右的談話，我以探索、核對，聚焦在正向的議題上，以好奇的方式，所進行的談話過程。

爸爸說：「老師，我將兒子帶來了。」

我問：「你們來，想要問什麼問題呢？」

爸爸說：「兒子常打電腦，不大懂得利用時間，房間也常不收拾，還有功課雖然都很不錯，但是華文成績不大好，又不願意花時間在華文上加強。」

我回答：「看來我們有很多話題可以分享，但是我們沒有很多時間談這些，哪一個是你比較注重的？」

爸爸說：「華文的問題一直沒有解決，我想先解決華文的問題好了。」

我轉過頭來問男孩：「聽爸爸這樣說，你有什麼感覺？」（**Tip1**）

男孩未置可否，聳聳肩說：「沒有什麼感覺，爸爸總是這樣說。」

我繼續問：「當爸爸要你過來見我，你有緊張嗎？或是抗拒嗎？」（**Tip2**）

男孩再次聳聳肩說：「沒有。」

我問：「因為你不認識我，而且我又是個老師，父親要你來見個老師，通常不是個好主意，因為老師總是愛說教，你有沒有感覺很無奈呢？」（**Tip3**）

男孩說：「還好，我沒有什麼特別的感覺。」

Tip1——這是從感受切入的問話。

Tip2——這兒還是從感受探索。

Tip3——仍舊從感受探索，但探索至此，談到來見一位老師的感受，雖然他回答沒有感覺，但這樣的問話易讓他放鬆。

我問：「爸爸說你華文成績不理想，你怎麼看待？」（Tip4）
男孩說：「嗯！是不大理想。」
我問：「你想考好嗎？」（Tip5）
男孩說：「我華文沒天分。」
我問：「沒關係！說說你想不想？哪怕是做不到也沒關係。」（Tip6）
男孩說：「我當然想呀！」
我問：「卡在哪個地方呢？你想有理想的成績，卻沒有達到？」（Tip7）
男孩說：「嗯！我回家以後，華文總是放在最後才開始念，有時候沒有念。」
我問：「怎麼會這樣呢？我聽到你想要考好，但是聽起來，你別的科目都很好，唯有華文考不好，你卻沒有念？」（Tip8）
男孩說：「我也不知道。」
我問：「當華文考不好時，你心情怎麼樣？」（Tip9）
男孩說：「我會感到難過。」
我問：「那你為這個難過做了什麼？」（Tip10）
男孩說：「就是想而已，但是卻沒有碰它。」
我問：「謝謝你那麼坦誠，和我說了這麼多感覺和想法。那怎麼辦呢？你有答案嗎？我聽到你很想讀好華文，但是你沒有做到，你的父親又責怪你，你似乎陷入了一個困境，怎麼會這樣呢？」
男孩沉默了一陣子，陷入沉思，微微點頭。

我看著男孩，沒有說話。
一會兒男孩認真的說：「嗯！我會好好努力。」
我問：「我很好奇，你怎麼突然說要努力呢？」
男孩說：「我不知道！但是我覺得想要努力了。」
我問：「這是心裡想的？還是頭腦想的？」
男孩問：「有什麼差別？」

Tip4——直接切入要談的華文，但首先是探索與核對他和爸爸的觀點，是否有不同？

Tip5——探索他對自己的期待。

Tip6——繼續探索他的期待，並且探索他的行為。

Tip7——探索阻礙期待的關鍵。

Tip8——核對問題的發生，讓他意識問題。

Tip9——這是從未滿足的期待，轉而重新探索感受。

Tip10——從感受的探索，到行為回應的探索。

我說：「從心裡想的，你可能會落實，遇到困難也會想辦法；頭腦想的，也許只是想想，在此刻以理智回應我而已。」
男孩說：「頭腦和心裡都有想。」
我問：「我很好奇，你要怎麼落實呢？」（Tip11）
男孩說：「我每天會先撥出半小時以上念華文。」
我問：「這樣適合你嗎？」
男孩點點頭。
我問：「如果遇到阻礙，心靈會浮躁，你會怎麼辦呢？」（Tip12）
男孩沉思了一下說：「我會專心。」
我說：「謝謝你那麼認真。我想邀請你，如果遇到浮躁的狀況，除了專注以外，請你看重自己真誠的意願，還有接納自己有一點兒浮躁，因為你真的想解決這個問題。這樣可以嗎？」
男孩說：「這樣可以。」
我說：「我很少看見一個孩子，這麼坦誠且真實，願意面對自己的困難，謝謝你給我這個機會認識你。」
男孩靦靦的笑笑。
我轉過頭來問父親：「你剛剛看到我們的對話，你有什麼感覺？」（Tip13）
爸爸說：「我很感動。」
我問：「哪裡觸動到你呢？」

爸爸說：「其實他很願意認真，還有他考不好的時候，也會感覺難過。」
我問：「知道這些，對你有什麼影響？」（Tip14）
爸爸說：「我會試著放鬆一點兒，不會這麼急躁的逼迫他。」
我問：「那具體落實在平常的互動中，你會有什麼改變？」（Tip15）
爸爸說：「我對他的要求會少一點。」
我問：「怎麼說呢？我的意思是你會怎麼做？」（Tip16）
爸爸說：「我想他華文考七十分就可以了。」
我問：「你以前要求他多少分呢？」

Tip11——聚焦在他的行為，落實他的改變。

Tip12——提出對未來可能遭遇的狀況，為他模擬如何面對？

Tip13——探索父親的感受，從和孩子的對談，切入父親的感受。

Tip14——探索父親內在的衝擊，這是讓父子的渴望能連結。

Tip15——從內在進入對未來行為的探索，並且下承諾。

Tip16——更具體的探索與核對，未來可能發生的狀況。

爸爸說：「九十分。」

我問：「這樣真的可以嗎？你不會痛苦或焦慮嗎？」（Tip17）

爸爸說：「不會！因為我看到他很想認真。」

我回頭問男孩：「爸爸說七十分，可以嗎？」（Tip18）

男孩說：「絕對可以。」

我問：「這樣會不會壓力還是太大？要不要改為六十分？或者更低一點兒？」（Tip19）

男孩說：「不行！分數太低，我也不能允許。」

大家都笑了。

我最後提醒男孩：「你聽到爸爸這樣說，有什麼感覺？」（Tip20）

男孩說：「很感謝。」

我說：「好的，請你記得爸爸此刻的談話。但是你爸爸太關心你，長久以來有了慣性，他可能偶爾還會數落你，你可以瞭解他的慣性，而接納他嗎？」（Tip21）

男孩點點頭。

我轉而問爸爸：「你兒子有很好的讀書意願，與上進心，但他的成績不會永遠都達到你的期待，當他不一定考得如意，或者有時候會有點兒小偷懶，你可以接受嗎？」（Tip22）

爸爸說：「可以。」

我告訴爸爸：「真遇到那樣的情況，你拍拍他的肩膀，表示你對他的關心，接著就轉身離去，這樣可以嗎？」（Tip23）

爸爸說：「我會盡量記得。」

因為後面還有很多人排隊詢問，我們結束了簡短的談話。

Tip17——從他的承諾，探索他的感受，藉以落實承諾。

Tip18——取得兒子的同意。

Tip19——以感受重新探索可能性，並且帶點兒幽默感。

Tip20——從感受進入探索，連結父子兩人的渴望。

Tip21——這裡也是在彼此的渴望上工作。

Tip22——核對完兒子，轉而核對爸爸，也是在渴望的層次工作。

Tip23——給予應對模式的建議，並且徵詢同意。

五

停頓與留白

停頓，是一種接納。
接納自己的內在，也接納現狀，
不逼迫自己對外在立刻作出反應。
學會有意識的停頓，
即使孩子遭遇挫折，
也會成為正向的學習經驗。

停頓

現代人變得不寧靜了。

舊年代最常擁有的靜謐，已經變成了一種奢侈。我孩提時代所處的環境，常常是寧靜安然：寬闊的天空，遼闊的田地，顏色單一純淨，鼻腔常有草木氣息，入耳的聲音單純且美麗。

我有這樣的認知：孩提時代精神常與自然交融，一朵雲、一朵花、一隻蟲、一片葉子、落雨聲音、蟲鳴鳥囀、草木芳香，都為心靈帶來空間，停頓感已經內化了，時刻在內心錯落，無須刻意便能有所領會。

現代的環境走向工業、科技與資訊化，觸目皆是壅塞的建築物、閃爍奪目的燈光，耳朵充斥嘈雜的聲音，孩子很少真正和一片天相處，和一片大地相處，也少和寧靜相處，無法真正擁有寧靜感，心裡常常渴望寧靜，卻害怕安靜孤單。

大多數的現代人，身體、思考、情感與心靈都難以片刻停頓，不僅行色往往匆匆，更被周遭的噪音、吼叫聲、機器聲、影音效果、壓力、氣息、色彩、滋味……填滿了通往身心的眼耳鼻舌，使得人無法停下腳步，體會生活的真面貌，體驗生命中的美，也就無能建構創造性的生活方式，也包括教育的方式。

媒體不斷地大量喧囂、人們不停滑著手機、問題與思考落入迴圈、人際關係落入慣性應對、不斷流轉的影音與資訊……始終無法停頓下來。費里尼早已有了洞見，我記得他晚年接受採訪時，手持巨大的話筒，對著天空自言自語：「我們還能拍電影嗎？」他在最後一部電影《月吟》中，透過神經質的角色躲在古井內，不斷地吶喊：「世界再安靜一點，我就可以聽到古井在說什麼。」這口古井彷彿心靈，但是人們也許連心靈都不認識。

數學家帕斯卡說：「所有的不快樂都源自一個事實，就是無法安靜地待在自己房間裡。」因此我常常自問，向來未品嘗寧靜的孩子，該如何引導他們經驗一份寧靜，停止慣性的語言、行為、思考，創造出新的感官與思維的向度。我常這樣想：讓孩子經驗寧靜之前，先停頓下來吧！自己先停頓下來。

這也是當我寧靜的停頓，孩子便莫名的落淚了。我的理解是：那是因為我的停頓，帶來了孩子的停頓，情緒也就無處或無須掩藏了。

停頓的重要

一個人快如連珠砲說話，聆聽的人肯定不舒服，也無法全然進入話語的內涵；一篇文章若無分段、句點、逗點，會讓閱讀的人費神、費解；上課都不休息，不斷趕進度，學習者肯定乏力……停頓是領略知識、美感，甚至存在感的重要關鍵。

比如我去買一張桌子，在家具店流連甚久，看見每一張桌子都覺得不錯，也都覺得有所不足。直到我停頓下來，在每一張桌子前坐下，心中才真正有所體會，找到心中安然契合的桌子。

比如我在洗澡、散步、靜默、小憩、深呼吸……時，靈感總是特別充沛，這些都是停頓使然。

我在教書的過程，常常在動作中覺知，並且停止慣性應對，以深呼吸取代舊模式，覺知心靈的感受，也是一種停頓。

有人透過靜坐，透過儀式，安靜焚一炷香，專注飲一盞茶，專心煮一杯咖啡，還有社會上推廣慢食、慢活、慢學、慢教、慢遊……讓一切都慢下來，都是一種停頓的形式，讓身心更具有意識的能力。

停頓說來容易，卻並不簡單。

奇士勞斯基是我最喜愛的導演之一，為他配樂的普瑞斯納深諳停頓。普瑞斯納受香港《號外》雜誌訪問時，提出他對音樂的看法：「一位法國哲學家說：『最好的音樂是Silence。』但Silence一定要準備，即是之前之後有音樂。那麼之間的Silence才最好。Talk，很容易。但Stop Talking很難。」

想戒菸的人，明知道不能抽菸，但是卻戒不斷；滑手機、打電腦遊戲、賭博的人明知道要收手，卻無法停下來；明知打罵孩子、教訓孩子並不恰當，仍舊繼續責罵，無法停止下來；有些話明知不能說，卻仍是一邊說，一邊忐忑不安，無法停頓……

為何停頓是困難的？

其中一項困難是慣性，慣性由來已久，已經形成了反射動作，即使在當下覺知慣性，也易被內在幽微的感受如無奈、沮喪、愧疚、失落等心緒占據，掩蓋了停頓的契機。因為停頓牽涉複雜，包含行為、思考、情緒、欲望都必須同時停頓，才能擁有寧靜的可能。

以情緒而言，一旦人在表象停頓了，常會感覺侷促不安：恐慌、擔心、難過、焦慮感不斷來襲。比如坐在長官的車上，若是停頓沒話說，常使有些人感覺尷尬；朋友來家中作客，主人無法忍受現場的安靜，只要有一點兒停頓了，主人必定要說些話語，避免沉悶的尷尬焦慮；有些人無法忍受寂靜，尤其是在人群中的寂靜，必定要不斷說話，來掩蓋內在的焦慮不安……。

聆聽先鋒派作曲家約翰．凱吉（John Cage）的〈4分33秒〉，演奏者從頭至尾都沒有奏出聲音，對於聽眾而言，專注聆聽時，樂音是不存在的，只剩下聽眾的焦慮感發出的聲響。可見當世界停頓了，人們也失去了存在感，因為我們正為喧囂的環境付出代價，人們無法真正寧靜自處，無法跟環境與自我建立更深的連結。

約翰．凱吉宣稱：「根本沒有寂靜這一回事。」無疑宣稱了停頓的難度。

當人未學習如何正確對待感受，停頓就不容易落實。

但是現行的教育裡面，並不注重停頓的哲學，在當今速食的環境裡，注重的是效率與速度，期望學生反應敏捷，迅速做出回答，強調成功的要素，忽略失敗的價值。人們因此而汲汲營營，匆匆忙忙，無法停頓，有時失去了含蓄的力量。

比如資優生的失敗，可視為是在歷程中的停頓，讓人重新覺知秩序，若是大人僅是穩定的給予支持，或者更豐富的探索與愛，那麼挫敗就成了正向的經驗與力量。但是一般人往往告訴失敗的孩子：「加油！」、「你一定可以的！」、「努力一點吧！」不僅孩子內在未能成長，也失去了停頓的空間。

停頓是有意識的

即使無法大規模停頓，只要創造出停頓的空間，便有巨大的力量顯現。

猶太鋼琴家阿圖・許納貝爾（Artur Schnabel, 1882-1951）受訪時表示：「我寫下的音符不比多數鋼琴家還要好。不過我在音符之間所做的停頓——呀！那才是真正的藝術！」

在哈佛等美國知名大學講座的魅力與領導學專家卡本尼，則據此提出傾聽的技巧在於：「回答問題前稍作停頓。」她整理了一套標準流程，卻又聲明「這並不容易。」她解釋：「你得有自信去忍受沉默，因為你可能不只會感覺尷尬，還會覺得整顆心七上八下，不知道對方在這兩秒鐘想些什麼。然而，它絕對值得你這麼做。一些客戶告訴我，這個簡單的技巧有極大的效果。談話的對象似乎更加輕鬆自在，覺得自己的話得到更多的理解，因而願意敞開心胸分享。只不過投資兩秒鐘的耐心，就能換來這麼豐盛的回報。」（附註1）

卡本尼的說法，與我從薩提爾模式轉化而來的實踐方式，幾乎完全彷彿。在此我需要說明的是：「停頓是刻意創造出來的，讓意識進入。」

若是慢食並未有意識，有可能如孩子口中含著飯，即使慢食了兩個小時，也無法領略食物的滋味；慢活也需要意識，否則天天慵懶過日子，睡到午後才醒來的人，並不會品嘗生活的味道。其他如靜坐、儀式、飲茶、喝咖啡……皆是如此。

因此當意識到慣性，刻意的停頓，是改變慣性的第一步。

緊接著意識自己的停頓，先覺察自己的內在，安頓自己的情緒，或者以深呼吸與自身內在連結，便能將停頓更深一層駐紮。

除了面對自己的慣性，**當等待孩子回答問題、孩子吵鬧的事件、孩子耍賴的現場、演講的關鍵時刻、孩子為某些東西辯解時，有意識的讓自己停頓三到五秒，就能得到不同以往的美好。**

但此種停頓的過程，需要時時練習，讀者不妨細閱本書我刻意標示出來「停頓」的Tip，試著唸出聲音感受刻意的停頓，也許會有所體會。

附註1

引自《魅力學：無往不利的自我經營術》（天下文化出版）。

來自星星的你

我在自閉症協會講座，一位媽媽請教我如何應對孩子？她的雙胞胎兒子有亞斯伯格症，作文始終書寫不出來。

除了觀察、探索與接納之外，我沒有特別的應對方式。但我想起寫作班的教師，跟我討論數次孩子寫作問題，也是關於一對雙胞胎，經歷十二堂課程了，只有弟弟勉強寫出一篇短文，哥哥始終寫不出來，我當時建議老師，若是嘗試過後仍有困難，可將孩子轉到我的班上。

我向媽媽核對之後，才知道就是這兩個孩子，我再次邀請媽媽，將孩子轉到我的班級。

二〇一三年暑假開始，我已經遺忘這件事了。那是新班級上課的第一日，我帶著二十個五年級的孩子們上課，進行故事作文的課程。

我邊說故事，邊與孩子互動，大部分的孩子都很投入，跟著故事劇情參與。我卻發現坐在第一排的一個孩子，不僅頭未抬起來，自顧自地自行閱讀，課本翻到了第四課。

我暫停講課走到他前面，蹲下身子告訴他現在上第一課。但是他顯然不想理我，我將他課本翻至

第一課，他迅速又翻回第四課，更將我的手撥開，逕自進入他的閱讀世界。

我重複翻回第一課動作兩次，他都以同樣方式回應，並沒有多理會我，這引發了我的好奇。但我並未在那個狀態停留，繼續進行作文課程，在我的想法裡面，其他同學需要進行課程，而他並未影響課堂，況且我的干預並未收到預期回應。

我認為此處的停止干預，也是一種停頓。

我稱這種狀況為停頓，恐怕很多人會有疑問。若是將課堂停頓，是否也是停頓呢？

當我干預了學生，干預的動作便是持續，終止持續的動作是停頓。**當干預學生的動作未收到回饋，有時被視為對教師的挑戰，教師內在的思考、情緒與期待都會同時運作，教師常因此無法停頓下來，但是將課堂停頓下來，教師內在的發生通常較少，無須停頓就能進行。因此當教師意識到內在，意識到停頓需刻意，停頓才有發生的可能。**

停頓也是一種接納，接納自己的內在，也接納現狀，不以自己的意志干預尚未雙向互動、尚未明確表達訊息的狀態。

我一邊上課，也分出一部分心思觀察，他是否會為故事吸引？

當故事進行至精彩之處，我發現他抬起了頭，將目光看向我，張開嘴巴可愛的笑了。我猜他可能一心二用，也許一邊看書，一邊聽我講故事。

當我發現了他的注意，立刻將目光和他接觸，他卻立刻收回目光，重新埋首於課本之中。我心中頓了一下，想自己太心急了，太急著想和他接觸，建立初步的關係，應該更緩慢一點兒。

當我繼續進行故事，他果然又被吸引了，我以眼角的餘光看見，他再次抬起頭來看我，天真的咧嘴笑著。這一次我謹慎地，並不想立刻驚動他，我有意識地在故事中間停頓下來，設了一個問題和學生互動，我先問其他同學的意見，以極緩慢且具有幽默感的問話方式，問過三個學生之後，將眼光緩慢自然的滑向他，詢問他：「那你呢？你覺得他是……」

這一次他沒有立刻閃躲，也沒有回答問題，而是對我微笑，才又將目光重新縮回課本中。我注意他在隨後的課堂，較為輕鬆自在，數次將目光看向我，也跟著班級呵呵笑著。

寫作文的時間到了。同學打開作文簿，開始進行他們的故事，但他又重新回到課本的閱讀，並未拿出作文簿書寫。

我走到他跟前，看了他課本上的名字，字跡工整的寫著：「小桉」。

我蹲下身軀，喚著他的名字，幫他打開作文簿，請他開始寫作。小桉卻不為所動，即使我將他的課本闔起來，他只是露出嫌惡的表情，彷彿告訴我不要干擾了，再次翻開課本閱讀。

這個彷彿來自外星的回應，迥異於一般孩子的反應，我腦海裡面突然閃過「亞斯伯格症」，瞬間想起了雙胞胎兄弟。（附註1）

若是雙胞胎兄弟，應該還有一位才是。我梭巡著教室的孩子，果然看到教室後方，有位孩子翻著課本閱讀，長相和小桉有七分神似，課本上也寫著工整的名字：「小榕」。

我邀請小榕書寫，為他翻開作文簿，並將他正閱讀的課本闔上。小榕的反應，和小桉如出一轍，但是剛剛上課時，小榕似乎並未埋首書中，反而有抬頭看著我。

我決定停頓下來，暫緩干預他們，因為干預沒有效用，他們絲毫不與我回應。

我回到講台前面，看著全班同學認真寫作，只有小桉與小榕兩人埋首閱讀。我心裡想著，該如何和他們互動呢？我絲毫沒有好的想法。我仍然嘗試干預，以更平穩的語態與不同詞彙關心，以及邀請他們寫作，要他們隨意亂寫，但是我說的話彷彿遺失在外太空，絲毫沒得到他們回應。

我能做什麼呢？停頓在現場的我，維持五至十分鐘一次的干預，但干預一點兒效用也無。我思索著過去的經驗，帶過的亞斯伯格症孩子應有數十位，每位孩子雖都有同樣自己固著之處，但是也都有不同的特質，每一次遇見他們，都彷彿發現一個新的世界。

直到下課前十五分鐘，兩兄弟仍然在自己世界，不想回應外在世界。

我檢討持續干預這件事，心裡想著應該跟他們建立關係。我想起很多亞斯伯格症專家的話：「給予安全的環境。」

我理解的「建立關係」，就是和孩子「做出接觸」，尤其是透過對話做出接觸。諮商師和案主、教師和學生、寄養家庭和寄養童、社工和受關懷人、陌生客戶的拜訪、犯錯學生的糾正……都需要在短暫時間內「做出接觸」，透過眼神、肢體、語態、說話內容做出第一步接觸。但是很多人意識到「做出接觸」的重要，卻跨越了相處的界線，比如刻意討好學生、和孩子一起抽菸、帶孩子違反校規、過當的言行舉止……都失去了自己的身分與界線，關係只是短暫的展現，卻不是以健康的型態進行，失去深刻的內涵與長遠的目標。我認為本書歸納的姿態、語態、切入感受、連結深層感受、正向好奇與停頓，是做出接觸的步驟，也是建立關係的步驟。

小桉與小榕都沒有寫作文，看來此日無法讓他們寫作了。我自問是否可以更積極地與他們「做出接觸」？創造他們的安全感，創造與他們軌道的連結，而不是迷失於他們辨不到什麼？若是我執著於他們達到世俗的目標，那我和他們的固執沒有兩樣，如此一來我會陷於迷宮中，孩子也會陷

入迷宮走不出來。（附註2）

當其他孩子仍在書寫作文，我決定讓兩兄弟提前五分鐘下課。

創造安全感

當兩兄弟收拾書包，我已搬了一張椅子在教室門外，因為我坐在椅子上的高度，和他們的身高彷彿，不至於讓他們有壓力，這是身體姿態的調整。

當他們兩人步出教室，我深呼吸一口氣，語態平靜地邀請他們等一下，並且伸出手拉住兩人的手，我以一種安定而堅持的握法，輕輕握住他們手掌。小榕的手稍微動了一下，彷彿要掙脫，但是停了下來，小桉則安靜地讓我牽著。

「你們雖然沒寫出作文，但是這麼認真坐在裡面，會感覺累嗎？」

兩兄弟同時搖頭。

「那你們很認真，我很欣賞你們雖然寫不出來，卻仍然這麼努力。」

兩兄弟都沒有反應，小榕眼光看著我。但是小桉的眼神飄到別的地方。

「小桉看著我。」我輕輕搖他的手。

小桉轉過頭來看我，兩秒之後眼神又飄移了。我仍然稱讚他：「這樣看我很好，我可以確定你們聽見我說話。」

我停頓了一下。語態平緩的問：「你們以前作文寫得出來嗎？」

兩兄弟同時搖頭。

「你們可以隨便寫呀！寫爛作文給我。」

兩兄弟都沒有反應。

「我看見你們上課在讀講義，你們喜歡讀書嗎？」

兩兄弟先後點頭。

「那我下次送你們書好嗎？」

兩兄弟眼睛亮了起來，問我：「什麼書？」

「關於運動的書，怎麼樣？王建民的故事。」

兩兄弟木然無反應。

我補上一句：「你們聽過這個投手嗎？」

兩兄弟都搖頭。

「如果我下週送你們《王建民的故事》，你們會看嗎？」（附註3）

兩兄弟再次搖頭，我自己都忍不住想笑自己了。

「那你們喜歡看什麼書呢？」

小桉回答了：「看漫畫。」

「你們喜歡什麼樣的漫畫？有沒有書名？」

兩兄弟沒回答我。

「那我下次送你們漫畫，你們會看嗎？」

他們沒點頭，倒是小桉問我：「什麼漫畫？」

我停頓了一下，因為我沒有答案。我坦誠地說：「還不知道，我會去找漫畫送你們。」

我又停頓了一下說：「謝謝你們跟我說那麼多（其實都是我在說），下個禮拜再見，拜拜囉！」

兩兄弟拖著書包下樓去了。

隨後我和媽媽分享當日的狀況，我的評估與預期，還有我專注的方向。

媽媽很客氣，只有不斷感謝，也跟我分享他們的習慣：他們很難和第一次見面的老師談話，也很難讓陌生人拉住手。

我猜想在我和兩兄弟的應對，應該創造了某種程度的安全感吧！

我也來自星星

兩兄弟隔週來上課時，我將他們的座位安排在前面，他們很安然的接受我的安排。當時我拿出送給他們的書，夾雜著漫畫的文學書，兩兄弟很愉快地接過去了，但是寫作文的時刻，兄弟不斷地翻閱著我送的書。

我請兩兄弟收起來，先寫作文吧！

小桉完全不理會我，繼續閱讀著他的書，但是小榕收起來了。

小桉看了一節課的書，我的邀請與干預仍然無效。小榕打開作文簿，喉嚨裡發出雜音，咕嘟咕嘟地咳著，小榕寫出一篇作文了。

當下課時間到了，小榕仍然繼續寫，小桉仍然繼續看書。我告訴小桉，下次繼續努力吧！可以回去了。

小桉收拾書包，發現弟弟小榕仍然在寫，趴在小榕桌子旁，想要看看弟弟寫些什麼內容。弟弟掩蓋著作文，並不想讓小桉欣賞，兩人嬉鬧一陣子，小榕也完成文章了，小桉看著弟弟的作文，邊看邊笑著，隨後一同下樓去了。

第三次上課時，同樣的戲碼又上演了。小榕努力地寫作文，小桉努力地看書。下課時間到了，小桉又趴在小榕的桌旁，這一次小榕寫得特別多，小桉竟莫名地在小榕身邊生起悶氣了。

到底怎麼了？我也納悶著。我詢問小桉：「怎麼啦？」

小桉沒有回應我。

我邀請小桉下去，鼓勵他已經努力很久了，下次再繼續努力吧！

小桉更生氣了。他原本整理好了書包，準備要下樓去了。此時看見弟弟作文寫得很多，不僅生悶氣似地嚷叫著，更將書包丟回原來座位，重新拿出作文簿與筆。此時我的心裡升起一絲希望，小桉被激起了鬥志嗎？弟弟連續兩次都寫出文章？而且這一次寫得特別多，小桉不服輸地想完成作文嗎？

沒想到小桉只是生悶氣，嚷嚷著我聽不懂的話，對著翻開的作文簿發洩，混合著憤怒、無奈，難過的情緒狀態。

我蹲下身子，語氣寧靜地告訴他：「沒有寫沒關係！已經認真很久了。下次再努力就好了。」

當我說完這句安慰的話，小桉更生氣了。

我寧靜地告訴他：「我知道你很生氣。」這是我常分享給教師與父母，如何引導孩子的情緒發展，標準疏導的方式。

當我一說完這句話，小桉將一個揉掉的紙團，朝我臉上丟過來。這是我第一次使用疏導情緒的語言，卻遇到孩子更憤怒的回應。這對我而言，是一個很有趣的經驗，我在心裡面幽自己一默：「哈哈！竟然沒有舒緩孩子情緒。」

此時此刻，我停頓下來了，不再安慰他，也不再干預了，只是溫暖地站在講台，看著仍在寫作的所有孩子。

直到下一堂課時間快到了，下一班的學生已經坐定了，小桉仍在位置上生悶氣。

我到樓下告訴媽媽，是否可以多等四十分鐘？因為下一堂課要講課四十分鐘，而小桉仍然在教室內生悶氣，我想給他舒緩的空間，我評估他不會干擾課堂進行，就讓他先和下一班一起上課吧！媽媽欣然同意，也為孩子的生氣感到抱歉。就在我和媽媽對話時，小桉已經走到樓下，自顧自地拿起書架的書閱讀了，似乎剛剛什麼事都沒發生。

如果亞斯伯格的孩子來自某個星星，我期許自己也來自星星，不以地球的軌道榫接他們的回應，而能穩定地停頓下來，就會創造更多空間，彷彿國畫中的留白，擁有更多的機會，能進行更多的觀察，未來也就擁有更多的可能。

小桉與小榕剛進入班級時，和同學沒有互動，有些同學會有些敵意，上課時對兄弟二人時有挑釁，小桉偶爾會很憤怒地回應。

如今他們兄弟每週來上一次作文課，已經一年半了，在班級裡面雖然和同學互動仍不多，但是會主動舉手發言，會愉快地承接他人的回應，同學們不再對他們挑釁。至於作文呢？

小桉終於在第五次作文課寫出文章了，那是他第一次在作文課交出一篇作文，也打破了我教作文以來的紀錄：從未有學生上課三次之後，還寫不出作文。

但是小桉第五次寫出來之後，一直到第九次才寫出第二篇。

如今小桉與小榕已經上課一年半了，統計上課應七十次了。小榕應該有三十五次以上寫出文章，小桉可能寫不到二十篇文章。兩兄弟的數理能力很強，平常也喜歡閱讀，我修正了和兄弟倆的方向，能夠保有更多寫文章的成功經驗，這是個小小的目標，我卻走得斷斷續續，仍然在探索他們書寫的可能，尋找有沒有其他方式可供著力。但我也很欣賞自己，在這個過程中的觀察，讓自己連接星星的語言，彷彿也領略星星的消息。

目前我仍然和他們在課堂上努力。這一篇文章，除了我凸顯了停頓之外，想要找到孩子身上的資源，但不會停留在他們與我「辦不到」的事件裡，損耗彼此的能量。

附註1

有人稱這些可愛的孩子是從外星降生於地球，擁有比我們更高的智慧。也有不少人稱亞斯伯格症的孩子，是來自星星的孩子，二〇一四年平安文化出版了亞斯伯格症天才的媽媽所寫的書，書名就是《來自星星的孩子》。

附註2

我敬重的教育界前輩王麗卿老師，以其愛心與耐心帶領自己的孩子，也陪伴著眾多亞斯伯格症的孩子，長年投入碧波人文關懷協會的教育推廣，著有《迷宮裡的孩子》（人本自然出版）。此處迷宮的隱喻，是從王麗卿老師書名而來。

附註3

現在回想當時仍覺得好笑，當時自己也挺執著，因為我想讓他們跟我更進一步連結，我想送給他們我當時唯一創作的童書，沒想到兩兄弟很坦誠的不買帳。

梅茵的選擇

二〇一三年底我收到一筆捐款，舉辦一個免費的工作坊，協助的成員包含諮商師、社工師、教師等二十餘位助人工作者，需陪伴三十位青少年一年的時間（附註1）。參加的青少年全程免費，為確認青少年的參與意識，我在工作坊進行之前，和每一位青少年晤談，其中和梅茵的晤談停頓感印象最深。

十五歲的梅茵有憂鬱症，是個不太說話的女孩，對人群有一些恐懼，二〇一三年底已經無法去學校上課，待在家中靜養自學。父母為了讓梅茵走出來，鼓勵梅茵接觸人群，也想藉著工作坊導師的協助，給予梅茵更多力量，邀請她參與這個工作坊。

梅茵和父母同來，怯生生地坐在我面前，顯得有一點兒侷促，看得出她緊張不安。我在和她的感受對話之後，她安然穩定多了。

「妳想參加這個工作坊嗎？」我問。

梅茵遲疑了一秒鐘，才點點頭。

「我很好奇，妳怎麼會想來參加工作坊？」

梅茵的眼睛直視著我，並沒有回答我的問題。

我停頓了約莫二十秒，梅茵也跟著停頓二十秒，她在我停頓的當下，有一股安定靜默的氣息，有別於一般的孩子。很多青少年在我停頓超過五秒時，會顯得更侷促不安，也有可能打岔轉移，更有難過落淚的狀況。當刻意的停頓之後，我以寧靜的語言對話，就能聚焦在核心的議題上。如梅茵這樣的孩子，能跟著停頓這麼久，往往回應世界比較慢，需要大人更有耐心地展現停頓感。

此時向來有耐性的媽媽，大概不好意思了，在一旁催促：「沒關係！妳直接跟阿建老師說。」爸爸也有點兒焦急地加入說服。

我邀請爸媽停頓下來，先讓我試看看。

梅茵轉頭看了媽媽，又轉頭和我目光交接，並不避諱和我正視，但也還沒想好如何回應我。

約莫又停頓了十秒，我以平穩安定的語氣回饋她：「謝謝妳這麼認真思考我的問題。我有幾個想法，妳看哪一個比較接近妳的答案，好嗎？」

梅茵連點頭時間，也停頓了零點五秒。

「謝謝！」

我停頓了一下，接著緩慢地提出選項：「妳來參加工作坊，是因為媽媽說了，妳不得不來，還是因為妳覺得在家無聊，想來嘗試不同的團體，或是妳想認識新的朋友．還是妳想改變些什麼，或者上面我提的都不是，妳有別的理由，只是還沒有完整的想好該怎麼說？」

我在提出每個選項時，都刻意地停頓了一下，一則讓梅茵經驗選項，一則也讓自己思索下一個選項，因為提供數個選項，需要更多寬闊的考量。

梅茵在我提供五個選項之後，表情顯得較興奮，立刻回答我：「我想要改變。」

我在謝謝她之後，停頓了一下。進一步探索：「妳想改變什麼呢？」

梅茵聽了我的問話，認真的思索起來，並沒有立刻回答我。

我們就這樣停頓著，靜默了二十秒鐘。

「我再提幾個可能，妳看看哪個比較接近？」

梅茵點頭回應我。

「妳想改變生活的方式？還是改變學習的步調？還是想改變人際關係？或者改變抽象一點的，比如觀念什麼的？哪一個較接近妳？還是其他理由，我還沒有提到。」

梅茵停頓了一秒就回答我了。「我想改變人際關係。」

「妳的人際關係怎麼了？有遇到什麼狀況嗎？」

梅茵點點頭，停頓了一下子，她說：「我不知道該怎麼和別人說話。」

「有實際遇到的狀況嗎？比如在什麼情況下，妳不知道怎麼和別人說話？」

梅茵娓娓道來還在學校上課時，老師請同學自己找夥伴分組，她想要加入某一群同學，卻不知道怎麼表達，只是靜靜地看著別人分組。

「妳還記得當時的感覺嗎？害怕、難過、焦慮……」

我接下來在她的感受上探索，探索她卡住的地方，她分享了自己經常的處境，期望在工作坊中得到的支持，確認她參加工作坊的責任……。

附註1

二〇一三年下半年，我在網路貼了一篇文章，想經營一個帶領教師、學生的工作坊形式，我期望能有人帶領青少年一年，一年之中進行四次工作坊，並且小組每個月固定聚會，由資深的助人工作者陪伴青少年，藉此也讓教師協同進入，學習如何陪伴青少年對話。

當我在網路張貼構想，便有一位熱心的朋友老田，協助我聯繫「林世芳社會福利慈善事業基金會」，捐了一大筆款項。而協助工作坊的助人工作，除了專門聘請的帶領者之外，大部分都是不支薪的熱心助人者，我深深感謝這些熱心人士，也在此順道一提，表達我由衷的謝意。

六

從學習到運用

心教，是由內而外，
無論大人或孩子，都有所獲得。
七篇來自海外的分享，
有教育現場、有社工的體悟、
有親子之間的互動，
更有個人的成長。

轉變

自從《麥田裡的老師》出版之後，我發現自己內在的變化，在一些細微處的轉變：能覺知細膩的情緒、臨在感更強烈、更自由的調整自己。這彷彿是一份禮物，不知不覺地讓內在擴充，竟伴隨著書的完成，內在的某部分也完成了。我歸納原因，也許是我不斷講述之故？也許是教育夥伴的砥礪，感覺自己有所成長。

我也收到不少朋友回饋，分享他們在自我成長、人際關係與教育現場的轉變。他們孜孜不倦地學習，書本畫得密密麻麻，不斷聆聽講座，甚至參與工作坊，我發現不少朋友轉變了，從他們說話態度的沉穩定靜，姿態更多安靜嫻雅，也有回應各種狀況的能力。

當我聆聽他們分享教育現場、家庭關係，乃至個人的心境，都已經相當成熟。我不只為他們高興，也感到無比欣喜，那表示教育理念與方法的推展，得到很大的成效。

我在新加坡講座時，聆聽新加坡的朋友分享學習心得，令我相當感動，我邀請他們在書中分享一些心得，也邀請了台灣的朋友分享。這七篇分享中，有教育現場案例、社工的體悟、親子之間的展現，也有個人的成長，展現了不同面向的經驗。

從這些分享中，讀者應可以輕易看見，他們如何從感受切入問話？如何啟動彼此的內在渴望？如何善用好奇的問話，啟發孩子正向的資源，而不是直接給予一個概念。如何深呼吸與施展停頓？幾乎如同我在面對教育現場了。

我要特別一提鄧祿星老師，他年紀長我七歲，卻在這兩年參與了我在新加坡將近二十場講座，更積極參與多次薩提爾模式工作坊，並且分享他目前在教育現場的熱情，我在此獻上欣賞與感謝。

【教學分享】

善良的孩子

◎新加坡國小教師鄧祿星

星期五，學校休息時間，我像往常一樣，在一樓走廊值班，看顧著來來往往的學生。

「鄧老師！乒乓室有人打架，有人受傷了！」突然，一個男生向我急奔而來，神色慌張地喊道。壞了！我心裡「匡噹」一下，速速往體育樓趕去……

來到三樓的乒乓室，一個瘦小的黃衣男生，一臉淚痕，佝僂著身子靠在樓梯口。

「老師，就是他被打！打他的人是他！」來報告的男生指了指黃衣男生（在此稱他為「小黃」，下同），來報告的孩子，又指了指我背後的一個孩子，穿著青衣的小男生（姑且稱他為「小青」，下同。我們學校的運動裝有紅黃青藍四種顏色）。

我轉身看了青衣男生一眼，他以倔強的神情看著我，頗有「一夫當關，萬夫莫敵」的氣勢。

「你哪裡被打了？」我回身問小黃。

「這裡腫了。」小黃苦著一張臉，指著手臂上的瘀傷說。

「他用什麼來打你？」我問。

「乒乓球拍。」他說。

「手還能動嗎？」我擔心他的骨頭有事。

「能。只是有點痛。」他舉起了手，又放了下來。看起來沒什麼大礙。

「怎樣的痛？骨頭裡面很痛嗎？還是皮膚上的痛？」我慎重地問道。

「只是皮膚上的痛，裡面不會痛。」他認真地回答了我的問題。情緒好像撫平了許多。

「還有哪裡被打？」我掏出了手機，拍了一張他瘀傷的照片，繼續查問。

「還有我的背，但是我的背現在不痛了。」他說。

我讓他把運動衫的背部掀了開來，目視了一陣，沒看出什麼異樣。

「這裡完全不痛嗎？」我還是問了一下。

「打的時候痛，現在不痛了。」我有點不明白，他怎麼一再強調他的背部沒事。

「你過來。」我拍了一張小黃的正面照後，把一直在我背後，靜靜地看著的小青叫了過來，讓他站到小黃身邊。然後，也拍了一張他的正面照。

「你用什麼打人？」我有意識地，把自己的聲音調整到最沉穩的狀態，問道。

「球拍。」他舉起了手上的紅色乒乓球拍。我同時拍了一張照片。

「怎麼打的？」我問。

「這樣……」他把球拍的側面展示給我看，聲音有些哽咽。我又拍了一張球拍的側面照片。

「是他先來搶我的球拍的！」小青突然憤憤不平地爆出了一句話。

「你很生氣嗎？」我問。

「他弄到我的手受傷！」小青提高了聲調，同時把手伸過來給我看。

只見他的左手中指骨節上有個劃破的傷口。我有點意外，也拿起手機拍了下來。

這時，現場的氣氛變得有一點弔詭——被打的人先前的苦痛，彷彿已經成了打人的人的痛苦……

圍觀的人越來越多，我決定把小黃和小青帶到辦公室，繼續探索。

辦公室裡，只有我、小黃及小青。

我拉了一張椅子坐下，有意識地調整自己的視線，與兩個孩子的視線在同一個水平。

「現在，我要先聽小黃告訴我，剛才在乒乓室發生了什麼事情。小青你不要插嘴，等小黃說完了，我會再讓你說。這樣可以嗎？」我看看兩人，兩人都點了點頭。

「小黃，告訴我，你現在有什麼感受？」我望著小黃，心平氣和地問道。

「我很難過。」小黃有點觸動地回答。

「嗯。可以告訴我多一點嗎？什麼事情讓你這麼難過？」

「剛才休息的時候，我去乒乓室，看見小青，想要作弄他，他卻用乒乓球拍打我。」小黃開始哽咽。

「你的確很難過，因為你只是想跟小青玩，沒有想到他會用球拍打你，對嗎？」我複述一遍他說過的話。

小黃點點頭。

「除了難過，你還有什麼感受嗎？」我繼續問。

「我也很生氣。」他說。

「嗯。你生氣了。那你生氣時做了什麼？」

「我去搶他的乒乓球拍。」他說。

「嗯。你想搶他的球拍回打嗎？」我問。

「不是，我只是不要讓他用球拍打我……老師，其實是我的錯，我不應該作弄他。」小黃突然滿臉歉疚地對我說。

「如果我不作弄他，他就不會打我了。」小黃誠懇地回答。

「我很好奇，你不是很生氣嗎？怎麼會突然認錯呢？」

「你現在不生氣了嗎？」我好奇地問。

「不生氣。」對於他的回答，我有點驚訝。

「那你現在有什麼感受？」我繼續探索。

「我很後悔作弄小青先，所以他才打我。」他的句子說得有點亂，但是我聽出了慚愧之意。

「小黃，我很欣賞你。你能夠看到自己哪裡做錯了，願意承認錯誤，沒有把責任推給小青。」我看著小黃，感覺他情緒平復了許多。

「你還有什麼要告訴我的嗎？」

「沒有。」小黃似乎很平靜地說道。

我轉過身體，面對小青。他的臉繃得緊緊的，很難受的樣子。

「你聽了小黃的話，現在有什麼感受？」我確保自己，以不帶一絲責備的語氣問道。

小青沒有回答，沉默了一會兒。慢慢地，兩行淚水沿著眼眶流下臉頰……

我停頓了一下，轉頭看了看小黃，他也突然淚水盈眶。

我吸了一口氣，對著小青說：「我看見你流淚了，你現在的心情是什麼？」

「我很傷心……」他輕輕地說道。

「什麼東西讓你傷心了？」我問。

「我很後悔打人。」他說。

「還有嗎？」我繼續探索。

「我不知道他原來是要跟我玩的。」他嗚咽著說。

「你氣自己嗎？」我等他稍微平靜後，問道。

「嗯。」他點點頭。

「你氣自己什麼？」我向他澄清。

「我氣自己沒有弄清楚事情就打人。」他似乎提起了很大的勇氣，回應道。

「嗯。還有嗎？」

「沒有了。」小青幽幽地說道。

「小青，我很欣賞你。你能夠看到自己衝動的行為是不好的，為自己打人的行為感到後悔。」我看著小青的眼睛說道。

小青靜靜地看著我，點點頭，沒有說話。

「你會擔心小黃的傷勢嗎？」他的沉默，讓我猜想他還有話沒說，繼續問道。

「嗯。」小青點點頭。

「你擔心什麼呢？」

「我擔心他的骨頭……」小青欲言又止。

「你害怕嗎？」

「……」小青又沉默了。

「你是不是害怕爸爸媽媽會責備你？」我一邊問小青，一邊瞥了小黃一眼。

「嗯。」小青又點點頭，眼眶又紅了。

我轉過頭問小黃：「你的傷需要去給醫生看看嗎？」

「不需要啦，擦點藥就可以了，現在不痛了。」小黃語氣肯定地說道。

「嗯。我也覺得不是很需要。但是你如果覺得有什麼地方不舒服，一定要讓我知道，好嗎？」

「嗯。老師，我真的沒事。」小黃回答。

好的。這件事情，你覺得需要通知小青的父母，或者讓我去告訴你父母嗎？」

「不需要啦，沒事了，是我先開始的嘛！」小黃爽朗地回應道。

「不需要通知小青的父母，或者讓我去告訴你父母，你是怎麼想的？」

「我不要他被罵。」小黃凝重地回答。

「你被打了，也不想他被爸爸媽媽罵哦！我覺得你很善良。」我對著小黃點點頭，衷心讚美他。

「你覺得你可以原諒小青嗎？」我問。

「可以，其實是我錯先。」小黃有點不好意思地說。

「嗯。謝謝你。謝謝你願意原諒小青。謝謝你明白這件事情，不是小青一個人的錯。」我用感謝的目光看著小黃說。他的眼睛似乎亮了起來。

我轉向小青，問道：「你聽見小黃的話了，能夠接受嗎？」

「嗯。」小青噙著眼淚，再次點點頭。

「你覺得你可以對小黃說什麼嗎？」我試著引導小青。

小青轉向小黃，欠了欠身子，說道：「對不起。謝謝你。」

「對不起。」小黃也隨即欠身回應道。

「小青，你的手指還痛嗎？」我微笑著問道。

「有一點。沒事的，貼一張膠布就可以了。」看得出來，這時候的小青已經完全鬆懈了，聲音也比之前響亮許多。

「小黃，我給你一塊膠布，你能幫他貼在手指的傷口上嗎？」我問道。

「可以。」小黃肯定地說道。

「那，小青可以幫小黃擦一擦藥膏嗎？」我轉過去問小青。

「可以。」小青也很肯定地說。

我把膠布和藥膏交給了小黃和小青，滿心歡喜地看著兩個善良的孩子為對方護理著自己造成的創傷……

【教學分享】

愛的暖流

◎新加坡國小教師吳佩蓉

一天放學後，六年級的女孩走到我身邊，樣子很不好意思的對我說：「老師，妳有沒有時間，我想要跟妳說話。」我找了個位子坐下，專注地看著她的雙眼。

先簡單介紹這個女孩。

她從來就不是一個行為或學習上，需要老師們特別關注的孩子，因為她學習態度認真、有責任感、待人和善，臉上永遠掛著燦爛的笑容。她心裡彷彿住著一個小太陽，照亮身邊每一個人。曾經有老師說過：「教書一天下來累了，看見她，就會開心呢！」

二〇一二年的教師節，她寫了張卡片：「親愛的吳老師，謝謝您用心地教我學華語。You Are The First Teacher Who INSPIRE My Life! Thank You！謝謝您！」她就是那麼棒的一個孩子。

她坐在我面前，開口告訴我，對將來要選擇哪所中學就讀，她和媽媽有不同的意見。她問：「老師，我要怎麼說服我的媽媽？」

「我很好奇，當妳提出妳的志願時，媽媽的反應是什麼？」

「媽媽會罵我，然後叫我聽她的就對了。」

「那妳聽媽媽這麼說，妳有什麼感覺？」

「我很生氣！為什麼媽媽都不瞭解我。」

「那妳生氣的時候，會怎麼做呢？」

「我就會去房間哭。」

桌上正好有兩個水瓶，我把一個當媽媽，一個當女孩。然後把我知道的事情述說一遍，指著當女孩的水瓶問：「妳怎麼看這個女孩？」

她哭了，說：「不好。」

「妳現在的感覺是什麼？」

「我不知道。」

我提供幾個情緒的選項，她說：「有難過，跟一點點生氣。我覺得自己很不孝順。」

女孩說自己不孝順，這是對自己的看法，這是從薩提爾模式中的冰山探索的「觀點」，這個可愛的孩子，認為不聽從父母的話，就是不孝順。

「孩子，妳經歷那麼不快樂的事，每天在學校裡怎麼還是開開心心的樣子呢？」

「我不想讓別人擔心我。而且，爸爸媽媽不喜歡我到處說家裡的事。老師，沒有人知道我來找妳。其實我去年就很想來找妳說話了，只是一直不敢。我怕爸爸媽媽不喜歡。」

我肯定地對她說：「妳真勇敢。妳也好辛苦，勇敢地表達了自己的感受，卻被媽媽否定了。想說出心裡的感受，但又擔心父母不快樂。於是，妳就選擇這一年來，把所有的難過委屈藏在心裡。我很心疼妳。」

這時候的她淚流成河。

我邀請她閉著眼睛，跟著我一起做5A。

「我知道自己很難過。」

「我承認自己很難過。」

「我接受自己很難過。」

幾次深呼吸後。

「我欣賞自己雖然很難過，但還是一直想辦法幫助自己。」

我給她的功課，就是學習深呼吸。

我告訴她：「妳和媽媽現在沒有辦法溝通，因為媽媽不能明白妳的心意，妳也不能明白媽媽的想法。要是還有機會聊到這件事，妳可以聽聽媽媽的想法，慢慢說話。情緒來了，就暫時離開，讓自己做幾次深呼吸。」

我告訴她：「要是媽媽真的把她的想法告訴妳，妳也要懂得說出自己的選擇，不能只說妳的決定，我邀請妳把背後的原因告訴她。」

她點點頭，似懂非懂。

我本想結束這次談話，她突然問我：「吳老師，還有一件事！」

「什麼事呢？」

「我覺得媽媽比較愛爸爸，好像比較不愛我。」

「媽媽做了什麼事情，讓妳覺得她不愛妳？」

「媽媽出門的時候只牽爸爸的手。」

「那妳有沒有試過主動牽媽媽的手呢？」

「有，她有時候就把我的手甩掉。」

「手被甩掉，感覺怎麼樣？」

「非常難過。」

之前上Satir Model工作坊時，我體驗到原生家庭對我們的成長，扮演著舉足輕重的角色。於是，我大膽地問：「孩子，妳常常看到外婆嗎？」

「偶爾，我們偶爾會去外公、外婆的家。」

「那媽媽和外婆的關係好不好？」

「還可以，就是外婆每次都會罵媽媽。」

大概瞭解了媽媽和外婆之間的互動後，我告訴這個孩子：「妳知道嗎？其實媽媽也在學習，有時候和我們一樣，也會委屈、也會感覺難過，甚至生氣。我這樣聽妳說，我覺得妳的媽媽很了不起，老師很感動，因為她還在不斷地學習當媽媽，妳也沒放棄學習當她的女兒。」

我說：「妳和媽媽都需要時間慢慢來。」

我接著問：「孩子，妳覺得妳值得被愛嗎？」

她哭泣，聳聳肩，表示不知道。

我接著邀請她告訴我一些被愛的畫面。

她說：「現在。」

我還來不及提出好奇，她就接著說：「現在跟妳說話，我就有被愛的感覺。」

那一刻，輪到我眼眶紅了，心中覺得很溫暖。

我親口感謝她，讓我體驗自己的價值。

「孩子，既然現在跟我說話，讓妳有被愛的感覺，那以後深呼吸時，心中就想著現在這個畫面吧。妳是值得被愛的。」

離開前，她對我說：「老師，我可以抱妳嗎？」

我什麼都沒說，敞開手臂，微笑著看著她。那一刻，我們倆的生命都充斥著愛的暖流。

一個月後，她在週記中寫下了這一段話：「那天，媽媽要我去洗澡，我說『等一下』，繼續看電視，但我真的忘記時間了。我知道是我的不對。結果媽媽把我罵了一頓，一直說我不聽話，說我沒有責任感，越罵越難聽。我很生氣，因為我是真的忘記了。

我跑到房間哭了，然後做了幾次深呼吸，走去客廳找媽媽。我告訴媽媽，她這樣罵我，我真的很難過也很生氣，我向媽媽道歉，也希望她以後不要說難聽的話。

媽媽聽了後，竟然向我道歉！她告訴我她一時太生氣了，不過也希望我以後可以更加注意時間。

老師，我用了妳的方法，謝謝您！」

謝謝，孩子。

【教學分享】

傷心的瓶子

◎新加坡國小教師翁添保

女兒平時一上車，就會嘰嘰喳喳地說個不停：談老師，談同學，東拉西扯。可是今天放學了，她顯得不對勁。仔細想想，最近這一個星期，她的話的確少了許多。前陣子被選上學長，她好開心，整個臉像朵綻放的花。可是近來，她的笑容少了。而今天，連話都少了。

「妳還好嗎？」我握著方向盤，嘗試打破沉靜。

女兒沉默一陣子後，深深地吸了一口氣，邊嘆邊說：「爸，你知道X老師，對嗎？她今天在班上把我罵了一頓……」

我知道X老師是個教書認真，但很嚴厲的老師。

「發生了什麼事？」我繼續探索。

「她說我還有很多作業改正沒交上。」女兒的語氣中夾雜著複雜的情緒：「她還說憑我這種學習態度，不配當學長！」

女兒有她脆弱和敏感的一面，當然，她也很倔強，做錯事不喜歡被批評。

「我知道錯就好，為什麼要一直講！」女兒繼續說著，這是她的歪理。

我媽媽偏偏愛指正她的錯誤，所以祖孫倆常起衝突。今天老師當著同學的面這麼說她，我想她的心情糟透了。

「哇，那妳不是擺臭臉？」我故作輕鬆地說，眼睛看著前面的路況。

「我沒事啊，說就讓她說。後來同學還跑來告訴我，我好厲害，被老師罵都不會怎樣。」

這時，車子剛好停在紅綠燈前面。我透過後視鏡，看到女兒的表情。

「老師在班上批評了妳，妳有什麼感受？」

她沒有回應。

「妳會生氣嗎？氣老師，也氣自己。妳也很難過，覺得自己沒有用，是不是？」

當說到後面那幾個字時，我清楚地看到，兩行眼淚從她的臉頰緩緩落下。

「上學很沒意思……人在這世上究竟是為了什麼？我覺得很沒有意義……」女兒的語氣突然激動起來。

很顯然，她此刻的自我價值感很低，很低。

我沒有回應她，繼續開著車，給她時間穩定下來。

待我停好車，和女兒一起下了車，我用雙手輕輕地按在她肩上，看著她的一雙淚眼。「妳知道嗎？有妳和妹妹這兩個女兒，是我這輩子最驕傲和高興的事……妳怎麼可以說在這世上沒有意義呢？」我的語氣柔和但堅定。

我這麼一說，她又開始哭了：「我的心裡有個瓶子，每次我傷心難過，就會一點一點地加進裡頭。現在它滿了……我都忘了它之前裝了什麼難過的事……只知道它現在滿了。」

我知道此刻她的淚水，不僅僅是為了學校的事，也包括之前幾次和我媽媽的不愉快經驗。女兒既然提到瓶子，我決定借助它，讓她從這悲傷的情緒中走出來。

「妳想像眼前有個小小的妳，手中捧著一個裝滿了傷心的瓶子……妳看著她時，有什麼感受？妳會想跟她說什麼或做什麼？」

「我覺得她好可憐……我想去安慰她，叫她不要那麼難過。」女兒哭著說。

「那請妳把眼睛閉起來，深呼吸。妳不可能把瓶子裡的傷心倒掉，滿了就讓它自己流出來吧……然後我希望妳給那個拿著瓶子的妳，一個大大的擁抱。」

女兒把眼睛閉上，不一會兒，我看到她的情緒漸漸平靜下來了。

等到女兒不再受情緒所控，完全冷靜下來以後，我才跟她說，在學校功課和與祖母的關係上，她是完全有選擇的自由，也有足夠的能力去改變現狀。

這時候跟她說這些話，我想她是能聽進去的。

【教學分享】

父親，我和薩提爾

◎新加坡諮商師陳麗卿

二〇〇七年八月二十七日，父親的突然過世，對我有著非常大的影響。父親是一位非常大男人主義的人，我跟父親的感情也就一般，可是就在他生病住院的那段日子，我們的關係起了變化。

我當時還在航空公司上班，當一名空姐。我跟公司溝通，盡量安排短程的航班，或跟其他同事換班，幾乎每天都到醫院去照顧他。可是我人在醫院裡，父親卻每天要我打電話給三哥，當醫護人員沒把事情做好時，他就會對我破口大罵，用不文雅的話罵我。

我心裡非常不好受，常覺得很尷尬，心裡有氣也很傷心。大庭廣眾之下，那麼多人在看，我覺得很沒面子。我試著去為父親著想，他下午還好好的，能去樓下散步，傍晚走去洗手間時腿沒力氣而跌倒，還被診斷為某期肺癌，我可以理解父親內心的感受。如果換成了是我，我也一定無法接受這個事實，也一定會非常憤怒，傷心，想要發洩。當時決定，好好調理了自己的情緒，然後繼續陪伴父親。

可是醫院因某些原因，臨時無法為父親動手術，在凌晨一點多要將他換去私人醫院，父親因為醫生一再的拖延手術，脾氣變得非常暴躁。他應該很擔心，害怕吧？畢竟醫生說過，如果再不動手術，他就有可能半身不遂。在私人醫院的急診室，等候病床的那段時間，父親不停的、非常大聲的對我破口大罵，很多難聽的話都罵了。

當時小弟也在，叫我出去外面，讓他面對父親。我才一走出去，身體就不停顫抖，眼淚也無法控制的一直流。那是我第一次體會到，原來當神經無法受控時，就是這個樣子的。無論我怎麼做，我的身體就是不聽使喚，一直抖個不停，眼淚一直流。醫護人員看了我的情況，可憐我吧！當下就給了我們一間雙人病房。

因為不想讓父親看到我那個樣子，在他被推進病房的那段時間，我很棒的控制了身體和眼淚。可是當將父親安頓好，走出病房的那一瞬間，我就雙腿無力的蹲坐在地上了。我不想其他人擔心，或讓他們看到我哭的樣子，我很努力把眼淚控制住了。

父親在醫院待了個把月，醫生一再地要求將他換到臨終關懷中心，但我決定把他帶回家照顧。在醫院的那段時間，父親對我的態度有了轉變，他不再一直要求哥哥去醫院，反而我一天沒去，他就會問其他人，我為何沒去？他雖然沒有對我說，卻常跟護士長提起。他其實很擔心我，擔心我幾時才能找到個伴？父親從來都不曾跟我提過。

我也慢慢的發現，當別人要求他做某些事情時，他有時都不聽從。比如他半身不遂，躺在床上太久，背後有一個跟手掌一樣大，又很深的褥瘡，如果我在家都是我幫忙清理換藥。如果我不在，他就不肯讓其他人換。當我知道後，好好的跟他講，他就願意配合了。我心裡想，一位那麼堅強，愛面子的人，竟然得讓子女幫他清理大小便，內心會有多難受啊？父親也記得我幾時飛回來，而且一直記得。我看到了父親的轉變，心裡其實很開心，可是就當我跟父親的關係變得更好時，他竟然在我不在家時，突然過世了。

過世的前一天，他精神很好，我帶他到醫院複診，才放心去上班。當天姑姑還跟我提議，要我考慮把父親送去臨終關懷中心，讓專業人員照顧。我還跟姑姑說不可能，如果有必要，我已經打算跟公司申請無薪假期，在家照顧他。沒想到隔天下午，他就突然過世了。我當時人在馬爾地夫，返國最快的班機，要等十五個小時後，我一再在電話裡跟媽媽說，叫她絕對不可以在我回去之前，把父親的遺體放進棺材，我一定要見他最後一面。

父親移送進火化場後，我失去知覺暈倒了。之後也發現，我會突然怕黑，晚上也無法睡，只能躺在床上緊閉雙眼，直到聽見媽媽起床，我才敢張開眼去洗手間。那一段期間，我突然患了短暫的哮喘。

父親過世，我內在有很多不同的情緒，也有很深的內疚感。我心裡有紛雜的畫面：我數天連續在醫院照顧父親，可是他心裡只有三哥，如果醫護人員做錯或做得不好，他就拿我出氣。尤其一件事一直盤旋心頭：有一天我有點累了，也許有一點任性，因為我天天在醫院照顧他，心想隔天是星期日，哥哥姊姊都休假，應該輪到他們去照顧父親。我想休息一天，星期一再去照顧他。可是我沒想到那天晚上他們也沒在醫院，後來才想起那天是父親節。也是父親最後的一個父親節，而我竟然任性沒去陪他度過那一天，讓他一個人孤孤單單的，在醫院度過他最後的父親節。

我氣父親在醫院對我的態度，對我的不信任，更氣父親在我們的關係變好時，突然離開，也氣他在我不在的時候離開，沒讓我見他最後一面，好好的道別，我也有很多對自己的生氣。我一直很努力面對這一切，也做了很多整理我的情緒。我知道我已經盡力了，也比較釋懷了，可是我也非常清楚，自己並沒有完完全全的放下，因為每當我聊到父親時，眼眶不自主就泛淚。我也不知道我還能做些什麼？直到我認識了阿建老師。

阿建老師第一次來新加波演講，因為大哥的關係，認識了阿建老師。當時老師在培群小學演講，我聊著聊著，不知為何就提起了父親，我忍住了眼淚。老師觀察很細微，當下就跟我說：「妳的眼淚是什麼？」被老師這麼說時，我有些不自在，還跟老師說，沒有啊，我已經做到了啊！我覺得我已經放下了！

當時我有些許的抗拒，而且覺得老師好煩，好討厭。因為他邀請我去面對內在的感覺，可是開始我就沒有感覺，也不知道啊！他只是要我去感受。後來我才慢慢做到了，卻很不容易。老師給了我一些功課，教我如何去面對並放下。

阿建老師也跟我說，我們都會有情緒，在那種情況下，若是有人感覺到累，我會允許那個人休息嗎？我會責備那個人嗎？若是我能允許，也不會責備那人，我為何會自責與內疚呢？父親節那天我沒去陪父親，可是父親生病時，我一直陪伴父親，老師問我，父親會理解嗎？

老師要我好好跟父親做個告別，我對父親說，我不再氣他了，要父親安心。我記得那過程，眼淚一直流，可是之後有一種很妙的感覺，整個人好像變得更放鬆，心裡也比較好受，真的很棒。

在那之後，我時常用老師教的方法，面對我情緒的問題。後來也上了其他老師的薩提爾課程，持續在課程裡處理跟父親相關的問題。印象最深刻的，就是二〇一三年十月去臺灣，上了Maria Gomori老師的課，得到Gomori老師的特別關照。她破天荒在小組討論的時候，把我帶離小組，一對一的晤談。她說不曾在工作坊的時候，個別帶領學員，我是第一位，我非常感謝Gomori老師。

Gomori老師要我試著回想，我小時候跟父親的種種互動，跟父親一起做的事情，而且一定要回想我十一歲之前的事情。我當時一直想了好久都想不起，到現在還是沒有小時候跟父親的記憶。

我上幼稚園時，是阿公帶我去。小時候跟隨阿公去菜市場，每次都把我寄放在第一檔口，買飲料給我喝，然後他去買菜。去補習班時，是大姊帶我去。上小學時，是媽媽跑了幾間學校，幫我報名，帶我上學，教我如何買東西吃。在學校生病時，老師要我打電話給家長，讓他們來帶我回家，是小叔來學校把我帶回家。小學上游泳課，是哥哥帶我去游泳池。牙痛去看牙醫，是姑姑帶我去的。小時候拍照，也是阿公帶我去。我真的想了那麼久，都想不起跟父親一起度過的童年。非常遺憾。

剛開始我也覺得Gomori老師的態度，跟課堂上的感覺不一樣，和剛開始遇見阿建老師那樣，我有點害怕。Gomori老師坦白的對我說，她對我非常嚴格，非常的harsh and pushy！因為她希望看到我變得更好，也給了我一些功課，要我學習如何好好愛自己。別一再的把別人放在第一，之後才想到自己。就算現在對媽媽也是如此，要我學習如何「Say No！」懂得拒絕別人的要求。

無論如何，我非常感謝阿建老師，讓我認識薩提爾，協助我解決問題，我學到很多，也能夠更好的去幫助其他有需要的人。

【教學分享】

眼淚的綁架

◎林業生基金會台中美村課輔組長劉家杏

來到中區兒童之家，從事課輔業務後，最常面臨的一件事，便是孩子們以兇狠的吼叫、崩潰的淚眼、尖銳的言語猛烈攻擊課輔老師，這幾乎發生在每個補救教學的夜晚。在長期缺乏學習動機、自我認同、信任關係的環境裡，課輔老師很難不成為「眾矢之的」，成為受創孩子們發洩情緒、嘲弄挑釁的對象，於是在這裡協助孩子們解決課業問題前，必得先與孩子「建立關係」；然而一個個經歷家暴、性侵、遺棄……的孩子，如何願意與「討厭的大人」建立關係？

面臨危機四伏的課輔現場，以往工作時總是「一身武裝」來到兒家——不輕易顯露自我情緒、以嚴厲整肅的目光注視孩童的一舉一動、不斷調整班規防範各種層出不窮的行為問題……然而這一切「上緊發條」的「發憤圖強」，只是讓師生關係更加劍拔弩張、雪上加霜；孩子們的「隱學疾師」愈發嚴重了……

有天我逛網路書店時，發現崇建老師《麥田裡的老師》，簡介內容寫道：「孩子的問題，大部分都在大人身上。大人先整理自己的內在，孩子的問題就解決一大半……」這段簡介說明，深刻攫獲住我的目光，於是我立即購買此書，並在書中發現「薩提爾冰山模式」相關資訊、開始在閒暇時閱讀《薩提爾成長模式的應用》、《大象在屋裡》、《越過河與你相遇》……等書籍，也主動向基金會執行長提出邀請崇建、瑤華老師，蒞臨本會傳授薩提爾心理溝通、應對姿態、家庭重塑……等輔導原理，如何有效運用在課輔教育現場、開發課輔團隊的「內在能量」。

就在這樣美妙的機緣下，孩子天使與魔鬼交映的臉龐，逐漸不再那麼令人膽戰心驚、舉步維艱。小榆，在保育老師口中，是出了名的「人小鬼大」、「滿腹壞水」、慣性偷竊、說謊、栽贓……等罄竹難書的惡行主角，卻出色的擁有一張永遠名列前茅的成績單。九歲的她，這一夜淚眼婆娑、咒罵不絕，她在數學課堂和另一個說話溫吞、同樣淚眼汪汪的小女孩，為了一枝被偷的自動鉛筆引爆漫天戰火，數學老師眼見「烽火連天」，所有作「壁上觀」或「選邊站」的孩子們已經沸沸揚揚、鬧騰得無法繼續課程，只好選擇將兩位當事人「驅之別院」，暫時交給我看管……。

記得初進兒家課輔班時，常常面對來自各年齡層孩子們的「眼淚攻勢」，那聲聲出自強烈自我防衛的淒厲哭喊，彷彿在一瞬間成功綁架了所有人的心眼，不容你片刻動彈、不許你冷靜思考。於是我以更兇狠、更嚴厲、更殘酷的聲量或動作，試圖壓制這一場混亂、宰控汪洋裡迷失的方向秩序。儘管尾隨其後的短暫寧靜，只不過是下次更大風暴來臨前的輪迴序曲。

這一晚，再度來到風雲詭譎的一片苦海前，我迅速調理好個人姿態，暗中深呼吸兩到三次，心中默憶薩提爾心理輔導中的圭臬——「連結渴望能跨越一切行為問題」，我蹲低了身子，第一次穩健的告訴自己：「不要急著抓出小偷！不要壓抑孩子的眼淚……」

個性靦腆的大舌頭女孩，首度在幾乎沒有縫隙的狂烈指責中掙扎而出：「老師！我——有——證人！她——她偷拿——我的——筆！」她委屈憤恨的淚水，再度潰堤般四溢不住。小榆見勢，只有更強烈的回擊：「去叫啊！去叫啊！我也有證人！妳再亂說、給我試看看！」伴隨著扯破喉嚨的抗辯，小榆那激烈噴射的淚珠，顆顆渾圓。

面對兩個女孩面紅耳赤下的連珠砲，與泣不成聲，我首度聽見自己穩定的呼吸，發現自己有能力伸出手來，輕輕握住兩個顫抖不已的小拳頭。孩子們對於我的溫柔碰觸有點訝異，高漲的情緒竟然緩緩下降，停頓了一會後，我以平穩的眼神、清晰柔和的聲音探向兩個孩子，對她們說：「妳們說的話都很重要、老師都聽到了，老師很謝謝妳們，願意勇敢地把心裡的想法告訴我，現在這枝自動筆先由老師保管好嗎？」兩個孩子默默點頭。這時小榆提出她的作業都還沒有完成，她想先回去寫功課，我答應她了。

留下的小柔忍不住又輕聲啜泣起來：「老師，那個……真的是……是我的筆……她偷拿……我沒有……沒有騙妳，妳可以問╳╳╳……他有看到……」

我輕牽著孩子的手，穩定她的情緒後，專注看著不斷淚流滿面的小臉，我盡量以穩定不討好的態度對她說：「筆被拿走了，很生氣、很難過是嗎？」

孩子激動的淚落如雨。「老師知道妳很難過、很氣、我會在這裡陪妳，不管發生什麼事，老師都會陪妳。」孩子又哭了好一會兒，我就坐在她身旁陪著她，待她情緒較為穩定後，孩子被課輔師帶回去先寫作業，於是我請寫完作業後的小榆來到我身旁。

小榆默默坐在我身邊，一句話也不說。停頓一會後，我打破沉默：「謝謝妳，寫完很累人的功課後，還願意來老師這裡。妳願意告訴我，這枝筆是誰的嗎？」小榆兩眼下垂，左右手不斷攪動……遲疑了一會說：「我不知道它是誰的……」

「謝謝妳願意告訴我，被人說是小偷的感覺，是不是很不舒服？」我緩緩探向孩子，孩子的手攪得更劇烈了，眼神依然下垂……

我請小榆注視我：「不管發生什麼事，老師愛小榆，都不會改變，但是沒有經過別人的同意，拿走東西是不好的，老師不會贊成學生做這種行為。」

小榆小小的肩膀開始聳動，有淚珠從下垂的眼簾裡出現，一顆一顆敲擊著妳小小的手背。

「老師拿走妳鉛筆盒裡的筆、妳會難過嗎？」

小榆搖搖頭，帶著淚眼說：「它本來就不是我的筆。」

「那是小柔的嗎？」小榆點了點頭，又垂了下來。

「那妳願意私底下把筆還給她嗎？」

小榆收住淚眼，又點了點頭。

「妳剛剛很傷心，現在卻願意把筆還給小柔，真的很不容易。我覺得妳很勇敢！」能言善道的小榆，卻在此時默默地又泛出淚光！

這一夜，小榆的眼淚很珍貴，解脫了許多教師被孩子情緒綁架的窘境，感謝「連結渴望就能超越一切行為問題」的寶貴提點。

謹以此文祝願更多在第一線教育叢林中，親自披荊斬棘的夥伴們能夠速獲瑰寶、引導自他脫離險困、共同締造我們和孩子的豐美旅程！

【教學分享】

和不敢上課的女孩對話

◎新竹研田幼兒園園長郭元蕙

女孩沒有完成暑假作業，不敢上美語課，在轉角處哭了一個小時，後來被鄰居發現了。我知道這件事，和女孩子談話。

老師：我聽媽媽說，妳今天沒去上約翰老師的課啊！妳還好嗎？

女孩：因為我沒有寫作業，我很害怕，怕會被罵。所以，我就不敢上去。

老師：妳說沒有去上課，是因為害怕被罵嗎？

女孩：嗯！很害怕。

老師：妳可以和害怕相處一下嗎？

女孩：嗯！

老師：除了害怕，妳還有什麼感覺嗎？

女孩眼眶泛紅的說：難過。

老師：妳深呼吸一下。當妳覺得害怕，還有難過的時候，妳怎麼做呢？

女孩：我躲在別人家旁邊。

老師：妳說當妳害怕，還有難過的時候，妳選擇不去上課，然後躲在別人家旁邊是嗎？

女孩：嗯！

老師：躲在別人家旁的時候，妳有什麼感覺？

女孩開始哭泣：我覺得很孤單、擔心、沮喪。

老師：對於選擇躲起來，妳怎麼想呢？

女孩又哭了：我覺得我很不認真，不專心上課，作業也沒做。

老師：妳先深呼吸。妳說作業沒做、上課不專心。所以妳覺得自己是個不認真的人，是嗎？

女孩：嗯。

老師：妳作業每次都沒有做嗎？每堂上課都不專心嗎？

女孩：作業有些會的，我有寫了。上課我聽不懂，所以就不想聽，我就去想別的事。

老師：作業妳會的部分，妳完成了是嗎？

女孩：是。

老師：那妳是怎麼完成的？

女孩：我寫得很整齊。

老師：寫得很整齊，算是認真嗎？

女孩想了想：嗯！應該算吧！可是，我還是沒寫完啊！我上課還是不認真呀！

老師：我曾經好幾次，看到妳拿作業去請教米琪老師，以及方方老師。我也曾看到，妳在美語課上積極的舉手回答問題。在拼字比賽時，我也看到妳快速的搶答！有嗎？有這些事嗎？妳回想一下。

女孩想了一下：嗯！有這些事！

老師：我有看到妳努力，還有認真的部分，那妳怎麼看呢？

女孩停頓思考了很久：嗯！我也有認真。

女孩眼眶泛紅著說：謝謝！可是，我上課還是聽不懂！

老師：妳上課的時候聽不懂，那聽不懂的時候，妳怎麼做？

女孩：我就開始去想別的事情了，因為我會覺得很無聊。

老師：課堂上當妳聽不懂的時候，妳會跟別人講話嗎？或吵鬧嗎？

女孩：沒有！因為老師會罵人。

老師：那當妳聽不懂的時候，妳有舉手發問嗎？

女孩：沒有，問了也沒有用。就算問了，老師會用美語再解釋一次。可是，我就是聽不懂美語啊！

老師：妳的意思是說，妳不懂的原因，是因為用全美解釋例句的關係嗎？

女孩：是。

老師：那妳的暑假作業沒有做，也是因為題目是全美的嗎？

女孩：是，我根本連題目也看不懂。

因為時間到了，我要去上課了！我要將對話結束。
老師：我很欣賞妳。即使在課堂中，妳聽不懂，妳還是安靜的上課。雖然妳在想別的事，但是，至少妳沒有吵到別人。對於妳會寫的作業，妳也很整齊的完成了。關於美語課聽不懂，我還是建議妳去告訴約翰老師。我不知道約翰老師會怎麼做，可是，至少他會清楚知道，妳對於「全美」的不理解。妳也至少誠實表達妳自己的想法了。我現在必須要去上課了，下次再跟妳談好嗎？
女孩想了想說：嗯！好，謝謝。
女孩回頭抱了我一下。

【教學分享】

從正向引導到語文學習

◎耕讀園創辦人梁慧瑜

在一次偶然的機會，我認識了李崇建老師。看過阿建老師《麥田裡的老師》，也親臨他的教學現場，觀察他與學生互動的過程。讓我留下最深刻印象的，就是他如何正向地引導和讚賞孩子。

二〇一四年八月阿建老師來新加坡，開辦一堂創意寫作課，對像是一群小三至中一年級的孩子。那堂課安排在星期天早上進行，孩子們本可以在家休息的，當天卻「犧牲」了週末時間上華文寫作課，估計是家長為他們報名參加的，所以心裡或許會有點不情願。課一開始阿建老師先和孩子互動，讚賞孩子們願意在美麗的星期天早晨參加寫作課，接著他以極具互動性的方式，與孩子們分享他的個人經歷，藉此進入正題，引導他們進入當堂課的寫作主題。

整個討論和互動的過程非常有意思，每個孩子的反應充分彰顯了各自的性格，而老師也總能正向地引導和讚賞他們。有性格比較外向的孩子，大聲地說出一些誇張或搞笑的話語時，老師會讚賞他的創意。當有性格比較內向的孩子，面對老師的提問始終無法做出任何答覆時，老師不會勉強他一定要說出答案，反而對他願意思考問題的努力表示讚賞。

在進入正式寫作之前，阿建老師跟孩子們說了很有意思的一番話。他很坦白地告訴那群孩子，接下來要進入寫作的環節，而在完成這項任務的過程中，他們可能會遇到一些困難，但老師請他們不要因此而停止寫作，放膽地寫，不需要在意對錯，而且最重要的是，老師會一直陪伴著他們，若遇到任何問題，老師會提供幫助。老師的這一舉動，是為了讓孩子感覺安全，讓他們能夠在沒有壓力的情況下盡情發揮，得到發展。老實地把現實告訴他們，也表示希望他們能夠勇於接受挑戰，過程雖然辛苦，但老師會陪伴著他們，協助他們。同時，老師願意接納他們會面臨的狀況，接納他們會遇到的困難，讓他們不會因挫折而被捆住。

說完，孩子們便開始埋頭寫作了。這時，阿建老師發現有一名女孩遲遲未動筆。他走到那女孩的身旁，輕聲地鼓勵她，再次強調老師會陪伴著她完成這項任務，讓她放心地寫。期間，阿建老師不忘提醒孩子們還剩下多少寫作時間的同時，適時地加入一些鼓勵性的話語，讚賞他們能夠如此專注和用心地寫作。

最後，那位小女孩始終沒有寫出任何內容。儘管如此，阿建老師還是對她的努力表示了肯定，而且是在她身旁輕聲地對她說，在場的其他同學其實根本不知道發生了這麼一回事。

阿建老師在《麥田裡的老師》一書中有提到，正向回饋絕非虛假地回應，也非隨意讚美。其目的不是為了討好孩子，也不是為了敷衍孩子，虛偽地跟孩子說「好棒哦！」，因為這無助於孩子的成長。「鼓勵」與「讚美」，若只是從表象層次出發，比如名次、表現與結果，無形當中把孩子導向注重成績，無法接受挫敗的結果，將使孩子不敢面對真實。正向的讚美和表揚，一定得針對孩子的努力。在這一次的寫作課程，那名女孩確實很努力地思考該如何寫作，但礙於對自我的要求過高，不容許自己犯錯，不敢大膽嘗試，所以一直在那兒「苦苦掙扎」。但阿建老師並沒有給她任何的壓力，甚至還讚美了她的努力，我想，這是一般課堂上罕見的情況吧。

由於孩子們所寫的文章篇幅不是很長，所以阿建老師很快地一一點評。在點評的過程中，阿建老師把焦點放在發掘孩子們文字中的那些較有創意，或是描寫得較為細膩的文字，找出他們作品中的「閃亮點」，藉此讓孩子們看到自己的優點，進而掃除他們認為自己不會寫作或作文很難寫的錯誤觀念。同時，這一舉動也能讓在座的其他孩子吸收來自其他同學正面的「文學養分」，讓自己得以提升。

整堂課長達三小時，孩子們的精神都十分集中，也都非常踴躍地參與課堂討論，而在阿建老師的正向引導下，寫作課便在充滿著「正能量」的氛圍底下結束了。

像這樣的師生互動模式，我最初是在閱讀阿建老師《麥田裡的老師》一書中接觸到的。書中記載了阿建老師與他的學生之間所發生的一些真實故事，而他應對學生的方式，讓當時身為讀者的我相當震撼。漸漸地，我發現這樣的方式看似簡單，容易操作，但其背後其實牽涉到教師本身對於教育的理念、對於孩子的包容度，以及最重要的，就是對自己內心情感的認知和掌控。在閱讀書中內容，以及現在回想那天觀課的諸多片段，我不斷地問自己，如果換成是我，遇到同樣的情況，我的反應會是如何？

我開始對我的教學，尤其是如何應對學生這一方面進行省思。我發現在教學的過程中，一旦出現在我計畫之外的狀況，內心最常出現的兩個情緒便是焦慮和急躁。而且，教學經驗越豐富，接觸的學生越多，就更容易產生先入為主的觀念，認為學生插嘴就是搗蛋、作業一直沒寫好就是不認真、講了幾遍還不懂就是無藥可救。於是，課堂上經常會出現老師講大道理，或者是老師不耐煩，然後責罵學生的場面。

我在批改學生作業和作文的時候，往往注意的都是學生的語病、內容、邏輯等問題，有時更會出現指責性的評語。在課堂討論時碰到學生給了看似荒謬的答案，我有時只會應一聲，然後就再次把問題開放給其他同學回答。在與行為出現偏差的學生進行對話時，我一般會以「超理性」的姿態與他們進行分析，講一番大道理，沒有真正地去嘗試傾聽他們的內心。

讀了《麥田裡的老師》之後，我略微意識了不可以這樣，於是我開始嘗試改變。但很多時候，基於慣性，我又會不自覺地回到從前那樣。我瞭解到，我需要先過自己的這一關，對自己的感受更有意識，才能調整姿態，進而正向地引導學生。

我也發現，可能是因為習慣總是從「找問題」和「挑毛病」這一角度出發，所以要從正向進行引導時，一是覺得尷尬不自在，二是感覺要找出優點好像要比找出缺點來得難。但經過幾次的實驗後，我看到了學生在我讚賞他們的努力後，表現出的那股幹勁，在我找出他們文章的「閃亮點」後他們眼中所閃爍著的光芒和流露出的自信，在我告訴他們「每個人的作文都能成為範文」時全班集體歡呼的景象，我更加堅信，一旦身為老師的我改變了，我的學生們也都會隨之而改變，變得更積極向上，變得更熱愛學習。感謝阿建老師給我的啟發，讓我勵志做一個更好的自己，更好的老師。

我也非常欣賞阿建老師那結合心理諮商的作文教學法。他堅持突破套裝作文教學法的窠臼，為學生的學習鬆綁，讓他們大膽地寫。他以故事作為作文教學的核心，讓孩子們從聽故事的人進而成為說故事的人，在老師說故事的過程中，以「開放」、「好奇」、「正向」的導向操作，邀請孩子們在聆聽故事時參與發展敘事。阿建老師的教學方法給了我很大的啟發，原來要為體制內的孩子們鬆綁是辦得到的事！阿建老師讓我看到了什麼是真正的「樂學華文」！

回顧我教學生涯的六年裡，我發現自己對於語文教學的理念、堅持和作法，都圍繞著閱讀這一塊。我始終相信，增加閱讀量、掌握閱讀的方法，以及感受閱讀的喜悅，這三者加在一起，就能讓一個人的語文基礎打得扎實又平穩。所以我總是在尋找課程以外的空隙，製造可以讓學生閱讀的機會。

然而，要在體制內有任何的影響力，需要應付太多無謂的人事關係，才能到達那個能影響大局的位子，我不喜歡。於是，我決定走出體制，探索我能從哪些方面更有效地為本地華文教育做點什麼。因為阿建老師給我的啟發，以及我所遇到的一些我稱之為「貴人」的志同道合的朋友們，我看見了體制外的另一片天空，一個能讓孩子們學習華文的樂園。這讓我有了離開體制的勇氣。雖然離開了，但我絕不會停止做「梁老師」！

我深信一個以閱讀為核心的組織，能為新加坡目前的華文教育的大環境注入新元素。同時，我們也堅信，我們的理念能夠改變我國華文教育目前的窘境，開拓華文學習的新方向。

七

建立一個美好的環境

要有讓人安心的學習環境，
就從情緒教育開始。
無論是個人、家庭、學校，
都是最美好的實踐場域。

良好文化的建構與養成

建構一個妥善的教育環境，首先要有意識地建立主體文化。

無論是公司、工廠、學校、辦公室、班級、補習班與家庭，都不可忽視團體的文化為何？文化的建立與養成，是檢視一個團體邁向何方的重要因素，尤其是教育環境更是如此。

文化存在於生活的周遭，卻常讓人忽略其養成。不同的國家，不同的民族，不同的地域，不同的學校，不同的家庭，使人的養成擁有特色，偏向某種集體特性。這樣的說法，不是指某一個環境中養成的人，一定有固定的性格或習慣，而是指出環境對人的影響。

如何覺察、思索與創造一個好的文化？

當我成為團體中的一員，覺察自身處於何種環境？養成我們的習慣、個性、觀點與應對方式。

更進一步思索，我們可以創造什麼樣的環境，讓一個人更健康、更自由、更有力量、更有競爭力、更趨於向善、更好學、更有耐挫力、更熱愛閱讀、更懂得珍惜……

這個環境的養成，便是一種文化的塑造。因為文化是一種氛圍，一種具有感染力的態度，在有形與無形中，教化、教養、教育了人們的思維、行動與生命體。

從家庭與學校，審視文化的感染力，不難發現一個有趣的現象：同處於一個家庭的成員，若是父母行事過於急躁，說話語句偏快速，嗓門經常大聲，甚至臉紅脖子粗的說話，孩子有較高比例擁有同樣的性格；父母若是不拘小節，性格開朗樂觀，孩子也較容易樂觀；若是父母謹慎守規矩，孩子性格謹慎、焦慮的可能性也大增；若是父母好打岔，談話不能聚焦，孩子也比較容易浮躁不安；將閱讀視為家庭固定活動，長久在閱讀文化成長的孩子，喜歡閱讀的比例也較高；親子之間塑造出平等的談話模式，孩子也容易以相同的方式與人對談。

一個學校帶來的文化養成，也有明顯的輪廓。

一群十六歲的學生，吃飯時背脊挺直，坐三分之一板凳，立正時雙手貼緊大腿，回答問題時常說：「是！」不難猜出這是軍校的學生；一群十六歲的學生，開朗的笑鬧，以「good morning」、「bye」……英文對談，他們極有可能來自雙語學校；若是男孩長髮飄逸，衣著不拘小節，甚至穿著涼鞋出席公共場合，談論內容夾雜著哲學的辯證，極有可能是過去我任教的體制外學生。

學校創造的文化條件，養成了學生的言行表現。

觀察一個國家，甚至一個城市，當地的人較趨近於樂觀，趨近於急躁，趨近於寡言，可能是地理環境、人文環境的發展，塑造了人們的氣息，這些也可歸類為文化。我年輕時讀楊牧的詩〈延陵季子掛劍〉：「誰知北地胭脂，齊魯衣冠，誦詩三百，竟使我變成一介遲遲不返的儒者……」可知中國北地的文化，有別於南方的教化，養成了某種習慣與生活方式。

在尚未全球化的年代，人們常說美國人和日本人的個性有何不同？山東人和廣東人各有什麼性格？東京人與大阪人如何辨識？台北人和高雄人很容易區分。對於特定地方人的成見，顯然不可能絕對區分，因為人的養成有複雜的因素，但的確有某種氣息提供辨識。

我將這些觀察，置入文化的脈絡中檢視，是什麼因素決定了文化養成？養成某種習性的人們。什麼樣的行動？什麼樣的法律規範？對人、對環境採取何樣的應對姿態，是文化養成的條件。

家庭與學校的慣性

回頭看看自己所處的家庭與學校，是否有特定的習慣？特別的觀念與氣質？檢視被文化養成的端倪。

比如父母向我抱怨，孩子還不會賺錢，卻都要用好的東西，吃好的食物，鄙視廉價用品。孩子是從哪兒學來的呢？

原來父母出入開名車，定期吃大餐，穿戴使用名牌，常常針砭物品好壞，將品味化約為「物質」的金錢計價。家庭中早有這樣的「高」品味文化，孩子自然浸染了此種氣息。或者，父母對於名牌、「好」東西的價值，經常掛在嘴上、流露於神情中。

家長問我：「孩子經常不能專注，說話時顧左右而言他，散漫而不經心。」

孩子成為此種狀況的原因很多，有時卻的確有跡可尋。當父母親向我提及這個問題，父親邊打著電腦和我說話，母親說話卻從不注視我，一雙眼睛總是看著他方。小孩子在此種習性長大，養成了說話跳躍的習慣，如何學會專注與聆聽？因為父母也不能專注，或者，父母太過於嚴格，經常講述道理，孩子內在早已逃離現場，學會以不專注逃避壓力，創造了如此應對的孩子。

有的家庭，孩子不喜食正餐，或者幼兒口中含飯。細究之下，孩子常有吃零食習慣，或者父母也嗜吃零食，孩子因此養成不喜食正餐。有的家庭三餐時間零碎不定，孩子一旦外出求學，飲食也較不易正常。

其他如孩子重視節日，對於生日、年節與紀念日都極為重視，通常是從幼年開始，家庭養成了這樣的習慣；孩子外出吃飯，穩當地坐著，必定以公筷母匙盛湯夾菜，多半也是家庭教養而來；幼年的孩子張口吐痰，垃圾隨地丟棄，亦多半從家庭養成……這些從家庭學習而來的儀式、規矩、習性、態度……我都歸類於家庭文化的養成。

檢視自己或者孩子所處的學校呢？

近年來台灣推行特色學校，為滿足孩子多元學習需求，學校開展豐富的教育活動，從人文、品格、環境、學術與才藝，如何認定哪些是學校的特色？從孩子的身上，可以顯現出這樣的特質嗎？孩子們也認同這些氣質嗎？教師群是否也展現相同的氣質？樂於推動學校標舉的特色文化？

我通常從更細微的地方，去檢視學校呈現的文化，尤其從觀察學校教師與學生著手，審視學校打造了什麼樣的文化？

比如教師團隊呈現出來的氣氛、對話與態度，常呈現出學校的文化，顯然也與校長帶領的風格有關。

我執教的寫作班，發現某些孩子書寫極為優秀，上課較樂於討論，竟然來自同一學校比例甚高，幾乎數年如此。細問之下，學校推行閱讀與書寫，教師奉行不輟之外，更長期發展社群團體。然而文化的養成，並非單一推行某種活動，或是強調某些標語，得幾個獎項即可，需時時檢視核心價值如何落實？

比如某一學校推動品格教育，大部分學生卻覺得老師很不友善，動不動責罰學生，學生心中有憤怒也有抱怨，品格教育可能流於形式；比如某個絕對禁斷暴力與色情字眼的學校，學生卻偏愛開黃腔，最喜歡談論暴力，應思索此過程出了什麼問題？比如強調民主、人本，或者自然的學校，學校對待家長、教師卻專斷強硬，其態度顯然已經表露學校的文化，與標榜的文化特色背道而馳。

我的家庭與學校文化

我成長於戒嚴時期的台灣，多數的家庭忙於應付維生，家庭結構與重視的價值觀與現今相去甚遠，最常聽見的家庭教育方向，不是「零體罰」、「重視親子溝通」、「重視休閒時光」，而是「棒下出孝子」、「囝仔人有耳無嘴」、「認真讀書」或者「趕緊幫忙家計」。我也是在這樣的環境中成長，父親偶爾會打罵孩子，不允許孩子頂嘴，要孩子好好認真念書。（附註1）

我的家族世代於山東務農，直到曾祖一輩才受清末大環境影響，改變了生活的方式。曾祖父是前清秀才，其後留學日本帝國大學博物系，二叔祖畢業於北洋大學數學系，四叔祖則是武舉人，祖輩僅三叔祖務農。

曾祖父早歿，身為長子的祖父弱冠當家，據說脾氣暴戾，常飲酒大醉，動輒胡亂發脾氣，致使父親少年早早離家，不願意久居家中。

但祖父熟讀古書，又精通算術，每逢舊曆年，鄰人必來求對聯，買賣田產亦求助祖父。一九四九年後國民政府遷台，父親跟隨流亡學校輾轉至台灣，祖父帶著稚齡的大哥遠走陝西，為謀生與求生之故，祖父自力學習醫術，曾任醫院院長。

我列出曾祖乃至祖父的背景，想凸顯父親傳承自祖輩的文化，對我們的文化養成，使得四兄妹皆喜好文學，應非僅基因使然。

父親是山東流亡學生，歷經澎湖事件，並被送往火燒島當伙伕之後，又考入軍校，再考入師範大學，成為國文老師（附註２）。他四十二歲還在軍旅中，陸續生下我與弟妹四人，對孩子自然有所期待。從我年稚時，父親便領著我背誦論語、朱子治家格言、三字經……等童蒙經典，只是我頑劣不堪，從未認真熟讀，四個孩子功課更是一塌糊塗。

如今四個孩子皆已成年，三個孩子從事文學相關工作，皆曾出版文學作品，唯三弟雖從事資訊行業，但亦畢業於外文系，平時也喜歡閱讀文學作品，國中時期便寫過武俠小說自娛。我以為此與家父塑造出來的家庭文化相關：他熱愛書寫、喜歡繪畫、經常文學書籍不離手、春節必定親手書寫自創對聯、常和我們談論歷史與文學、少與朋友往來，並且從不輕言放棄。

我歸納自己性格，不喜過生日，不喜與人交往，喜好辯論，喜歡文史哲學，不輕言放棄，最後走上教育與文學之路，應和父親在家庭中塑造的文化有關。

當時我就讀的學校，給了我什麼文化養成呢？

我出生於一九六七年，整體的社會環境肅穆，呈現的文化氛圍價值單一，除了某些學校發展音樂、美術、競技與學業特色之外，一般學校的文化大同小異。也有學校風氣開放，如建國中學與新竹中學，培養出眾人津津樂道的學生特質；也有教會學校，呈現宗教的節制、儀態、端莊與儀式性，學生在氣質上也嗅得出與眾不同味道。

我的小學乃至高中，感覺上與一般學校無異，因為不知道其他學校有何不同？但細究我所就讀的兩所台中市小學，其實有顯著的差別。一九七〇年代的建功國小，在學生管理與教學上較偏向日式風格，學生上下學規定要排路隊，路隊以鄰里為單位，編制嚴謹而有序，教師管教也嚴謹，規矩甚嚴，體罰甚為普遍，學生在課堂較少發表意見，課業表現較出色，同學之間容易向老師打小報告，甚至主動獻上體罰的藤條、木板與鐵尺等「刑具」給老師；五年級時我轉至軍功國小，學生人數雖然少了三分之一，規矩也減少許多，但學生較為活潑，下課時間進行的遊戲豐富多元，雖也重視課業，但老師似乎鼓勵、或者不反對社團活動，學生在課堂發言熱絡。

我在建功國小就讀四年，從未參加任何競賽，下課除了打鬧之外，就是吊單槓、騎馬打仗、跳房子和玩自製的無名遊戲（附註３）。五年級轉至軍功國小，讓我視野大為轉換，下課二十分鐘常有班際大隊接力比賽，學生分成數十組利用空地打棒球，甚至組成小馬棒球社團，其餘遊戲與建功國小彷彿。但我除了打棒球，卻參加朗讀、閱讀、書法與演講比賽，更代表學校參加台中市競賽，兩校風氣與強調的文化不同。（附註４）

我二十三歲考上東海大學中文系，這個學校與科系給我的影響，至今都不斷地影響著我。當時是一九八九年，大環境正值解嚴不久，東海的環境開放且具有人文氣息，無論花草樹木、建築、豐富的科系與老師，都給我豐沛的滋養。當時的系主任吳福助先生，熱心推廣文學活動，鼓勵每個班級創辦刊物，建置中文系的文學獎項，使得每年級五十餘個學生的中文系，大部分都參與，並且熱衷創作，同窗好友甘耀明甚至在畢業之後，自費創辦了文學性刊物《距離》長達七年。我的前後一屆的同學，除了我長期投入創作，尚有多人亦長期如此（附註5），我將這樣的結果，歸因於學校與系上的文化養成。

建立主文化

孩子在家愛看電視，愛打電動。家長要審視自己的家庭生活，是否自己也常看電視？是否太忙碌，放任孩子與電腦為伍？我常建議父母：減少打電腦、看電視的時間，多抽出時間進行親子間的互動與分享。

孩子不喜歡閱讀書籍。家長應思索，自己是否經常閱讀？是否抽空陪伴孩子閱讀？我會建議：若是孩子還未滿十歲，建議每週至少抽出半小時，共同閱讀一本書，或者是說故事時間。

孩子總是負向思考，經常抱怨。家長是否也是負向以對？以指責的方式，應對孩子的行為，無法找到孩子的正向，或者經常對孩子抱怨。家庭的分享，是否處於一個負向的故事裡？比如家人受到誰的迫害！家族充滿不幸之類的故事。具體的建議是：減少抱怨與指責，多說正向的故事。

孩子不能專注。家長是否專注和孩子對話？還是只是教訓與指責？雖然不專注成因甚多，但建議：每一次說話時，盡量專注與語氣平穩。學齡前的孩子，放寬界線，讓孩子們感官有馳騁空間，並且說話時減少指責與打岔。

孩子動輒發脾氣。家長需檢視省察自己，如何處理自己憤怒的情緒？是否壓抑？是否以情緒控制孩子？

……

上述問題，是家長常向我提問的教育問題。

但教育最大的困難，是當事人較少意識到問題，常只是想要解決問題，但問題持續無法解決，因為文化非旦夕形成，常常是「冰凍三尺，非一日之寒」。若是深入探索家庭文化的養成，才能發現問題的由來，絕大部分其來有自。

因此我常邀請家長覺察，重新選擇對待孩子的方式，並且意識自己的家庭習慣，進而建構優質而良善的家庭文化。

然而文化養成的因素眾多，家庭或學校如何有意識地建立好的文化？

無論是一個積弊已久的學校，或者是陷入混亂的家庭；一個剛剛建立的新學校，或者才要組成的新家庭。我認為都可以有意識地，從具體、可落實、恆常的實踐過程中，逐步建構文化的根基。

如同建構一棟建築物，從建材的選定，到建築物成形，逐漸成為一根樑柱，再擴張成更多堅實的樑柱。

我認為有幾個建立文化的項目，可以提供大家思索。

■建立儀式性的活動：

比如家庭睡前說故事、吃飯前學習感恩、生日簡單而莊重的祝福……

學校上課前的起立敬禮、靜心一分鐘、清晨閱讀十分鐘、禱告……（附註6）

■固定的好習慣：

比如週末騎腳踏車、每週閱讀、恰當的就寢時間、正餐之外少零食、沒有粗鄙口頭禪、不依戀電腦電視……

■父母、教師帶領成員，有意識且專注地進行日常：

散步、旅行、喝茶、吃飯、對話……

學生活動、學生討論會、和諧的課堂……

■建立孩子的舞台：

家庭中的成員各有拿手的絕活，比如某人善於堆積木、某人善於彈鋼琴、某人善於某些議題……

學校定期展演學生戲劇、武術、街舞、舞蹈、音樂、演講……（附註7）

■說正向的故事，文化靠故事延續：（附註8）

家庭多分享個人、祖輩奮鬥的故事，分享家人誕生、受珍重、愛的故事。

學校藉由故事，傳達學校的文化，有意識地傳承精神。（附註9）

故事是人類延續文化的重要素質。同樣的故事，使用不同的角度，不同的態度，不同的說法，為人類帶來不同感覺、思維與行動，更積極地說，可能會改變我們想像自己與世界的方式。

我們不妨檢視，自己的生命中有什麼重要的故事？甚至自己的家族、國家、民族有何故事駐紮，形塑我們的信仰、歷史與行動？甚至主宰著我們的命運？是受傷的、憤怒的、悲情的，充滿負向情結的？還是愉悅的、幸福的、美麗的，充滿正向力量的……

當我們生命裡的故事，遭遇到外界不同的故事，會碰撞出什麼樣的感受？觀點？衝撞出什麼樣未曾滿足的期待嗎？

正向的故事就如同羅森塔爾的實驗，讓人們活在正向的訊息裡，創造出正向的人生。

■持續的進行：

想要建立有文化的生活，必須具體落實有意義的活動、良好的習慣與說話的方式，並且是長期且有意識的進行。但是在家庭與學校中，落實這些文化素養的細節時，一旦收不到成效，或者被舊慣性吞噬，便停止進行，如此一來，堅實正向的主文化便無法建立起來。

我常舉日常發生的例子。

家中孩子晚睡，很可能父母也習慣晚睡，也許是從哪一天開始，父母習慣性的晚睡，孩子就漸漸跟著晚睡。當這個文化被建立以後，想要改變這樣的習慣，要比建立那樣的文化，還要困難多了。

如果家中的成員，有吃宵夜的習慣，可以思索，是誰開啟吃宵夜的第一槍，並且持續下去？若是家中曾有吃宵夜的習慣，想要變成不吃宵夜，是如何持續進行？若是在戒斷宵夜初期，一夕之間又吃了一次，經常會無法繼續戒斷，因而形成家中難以改變的文化。

我家中十多年來有一個習慣，也許可以視之為文化的養成，持續不斷且建構的過程：每週六全家人一起到餐廳聚餐。

父親因為時代的因素，生下我們這群孩子也晚，當我邁入三十歲時，父親已經超過七十歲了。家中兄弟姊妹，經常在每個週末返家，和父親聚在一起晚餐，多半由母親掌廚，手足們輪流在廚房幫忙。但是隨著時間流逝，母親年事已高，掌廚也太操勞，要她不掌廚，她心裡又覺得不習慣。因此我決定每週末帶全家人外出上餐館。

家父向來勤儉，甚少到外頭用餐，甚至反對日常花錢到外頭聚餐。我們遭到父親的反對，覺得在外頭吃飯：浪費錢、太貴、不衛生、不好吃、不健康……

我記得當初面對父親的抗拒，只是幽默以對。要父親留在家中吃飯，我們陪伴他用完餐，再帶母親與弟妹外出用餐。

父親當然不願意，只好跟著我們外出聚餐，但一路上嘮叨，餐桌上也是碎唸，吃完飯還不忘數落一下。這樣的情況，持續了好幾個月的時間，父親雖然偶爾抱怨，但是已經成了家中的習慣：每週末全家外出聚餐。

近幾年來，若是我太過忙碌，無法週末帶著家人上館子。父親還會告訴我：「全家人每週在外頭吃飯，是很重要的事情。」

若是我無法成行，父親還會主動邀約弟妹，由他們帶著一起上館子。每週末全家在外聚餐，成了我們家的一種習慣，也成了我們生活的一種方式。

清楚且簡單合宜的規則

從國家、社群、學校到家庭，穩定的秩序是團體的基礎，因此團體之中，需要所謂的法律、規則作為界線，讓團體賴以運作。

但團體裡面的規則，最好清楚、簡單、取得共識、合情理，並且具體實行，規則才會具有制約與保護的力量。而執行規則的人，最理想的狀態是一致性的表達，而非帶著憤怒、指責、說教、討好，或曖昧不明的態度，規則才得以最健康的存在，發揮規則的力量，而不是淪為處罰、羞辱與教訓的工具。

舊年代的台灣，教師執行規則，但憑個人喜好，並非擁有具體的公約。教師經常依其喜好與經驗，施行自己創造的規則，並且執行自己創造的處罰，這與威權的年代，戒嚴的體制與社會氛圍有關。

規則如上課不准講話、上課不准轉頭、不可不聽話、不能不寫作業、頭髮不能過長與過短、不能與異性交談、不能穿不同顏色或長度襪子、不能講某些話題、不能看故事書、不能……每個教師的規則不同，也讓學生莫衷一是，或者學會看老師的態度有不同作為，規則淪為個人態度。

回饋規則的方式，除了以本書介紹的四種姿態反應，處罰方式更是令人嘆為觀止。我曾經上文學課程時，介紹諾貝爾文學獎小說家莫言的作品《檀香刑》，書中羅列處以極刑的方式，讓人觸目驚心且過程聞所未聞，事實上我幼年時期也經歷類似「刑罰」。

我年幼時候，常耳聞教師各種五花八門「酷刑」，不只讓人眼花撩亂，也令人瞠目結舌。我自己曾有的經驗：掛著羞辱字眼的大牌子於胸前、被老師處罰以拉眼皮、扯耳朵、藤條鞭笞、掌摑耳光、以教鞭抽打手背、教鞭抽打指甲、手高舉放上水桶的椅子半蹲、跑操場五十圈。我也眼見同學，口耳鼻同時被罰抽十根香菸、舉重物蛙跳百公尺、匍匐滾動身軀⋯。當時的社會環境尚處於戒嚴，大部分父母都支持「嚴刑峻法」，甚至拿著禮物要老師狠狠地管教，直至社會風氣漸開，反對「體罰」或反對過當的「處罰」，已經成為社會的主流聲音。

然而教師面臨新舊思維的轉換，頓時無所依據，而成為另類的「弱勢族群」，因為眾人的聲音皆是「不要體罰」，但很少有組織的教導老師，該如何面對失序的孩子？該如何在教學挫折時自處？致使有些教師感覺自己失去工具，管教學生比什麼都不管還要糟糕，便漠視了教師的權力與責任。

大部分教師將處罰更改為罰站、罰寫、勞動、記過。但這樣的回饋，有時對學生沒有強制的約束力，我認為關鍵在於，秩序的維繫不僅是規則，還有教師個人的人格特質。教師在宣達與執行規則的方式、思維與態度，成為一門重要課題。

但規則的制訂、討論與執行，牽涉複雜且可以多方探索，我的方向是簡單的規則，清楚且一致性的回饋，也可以在回饋時，看見孩子的正向，並且照顧孩子感受，連結孩子深層的感受。

比如小橡上課時和同學吵鬧，影響課堂，課室若訂規則：干擾課堂的同學，教師有權力請他罰站，協助他瞭解自己干擾上課進行，讓他冷靜下來。

教師看見小橡吵鬧，應先深呼吸，穩定自己的情緒，沉穩淡定的站在小橡面前執行規則：「小橡，站起來。」

小橡這樣的孩子，常常會很不情願的大聲說：「我又沒怎麼樣！」

老師應停頓，語態平穩，表達自己的訊息：「你吵到我上課了。」

小橡這樣的狀況，常常會指著旁邊的同學說：「是阿果先打我的，又不是我吵鬧。」

阿果往往此時也會有反應，但教師不應去當法官，應專注於讓孩子意識與負責任。

老師應平穩語氣，既照顧感受，又宣達規則：「你這樣不是很委屈嗎？你應該告訴老師，老師就會請阿果站起來，你剛剛怎麼不告訴我，讓我來處理呢？」

小橡可能不說話。

老師可以連結小橡深層感受（渴望）：「老師很欣賞你，因為我叫你站起來，你雖然不高興，仍然站起來了，不僅遵守教室的規則，你也很尊重我。」

過了三十秒之後，老師便請小橡坐下來。

通常小橡再次吵鬧的時間會拉長，教師再次使用正向的好奇，小橡會逐漸穩定與改善上課秩序。

教師帶一個班級，遇到的狀況眾多，不是背誦每一種狀況下的應對，而是有一個清楚的目標與脈絡。因此我常常在教師工作坊中，在講述基礎脈絡與架構之後，進行模擬的演練，讓教師熟悉在各種狀況中，學習覺察與調整自我，並且知曉如何回饋簡單清楚的規則，並且討論回饋內容是否符合脈絡？是否符合規則？教師經過多次練習，便會對不同情境有更多體驗了。

至於家庭裡面的規則不明顯，因此父母要注重如何以訊息作為界線？如何與孩子討論規則？並且擁有「良好的互動模式」？這是教養成敗的關鍵。

良好的互動模式：

父母與教師傳承良好的對話的方式、對話的態度、對話的脈絡，將影響孩子的態度、觀點與思維，使得孩子健康成長，讓孩子具有更寬闊的心靈與視野，當然也更勇於好奇與探索，發展自己美好的特質。

本書使用了最大篇幅，所講述的幾個要點，是身教的一部分，也是建構家庭與課室文化中最細微、重要的一部分。

我將本書提出的脈絡，整理歸納簡單的綱目，作為和孩子互動時注意的要點，但讀者必須注意的是，這些綱目要點，並不只是一種技巧，而是一種內化過後的生命體驗，才可能為孩子帶來深刻的轉化：

▲在肢體的儀態上：

1. 將自己的覺知放在肩頸，覺察是否放輕鬆？
2. 雙手自然安置，不做出指責、討好、超理智與打岔的姿態，專注且放鬆地對話。
3. 眼神與談話的人，盡量維持同一水平，亦即眼睛的高度相當。

▲在說話的語態上：

1. 說話的聲調盡量深刻，勿將聲音緊縮在喉頭處。

2. 語速平靜緩慢，切莫急促。

3. 說話之前，學習深深呼吸，安定自己內在。

常以5A與自己對話，覺知、整理自己內在的情緒：

- 覺知（aware）情緒。
- 承認（acknowledge）情緒。
- 允許（allow）情緒、接受（accept）情緒。
- 轉化（action）情緒。
- 欣賞（appreciate）自己。

▲對話中尊重及連結孩子感受：

1. 專注聆聽。

2. 不是先解決問題，而是先學會陪伴。

3. 當覺察孩子可能有情緒，除了予以接納之外，語言中可以重複孩子的情緒：我知道你很生氣。我知道你很難過。我知道你很害怕。我知道你很緊張。我知道你很焦慮……

▲對話中連結孩子的深層感受（渴望），在對話中或情境中，讓孩子感受自己是：

- 有價值的。
- 被尊重的、被接納的。
- 有意義的。

- 有所選擇的，為自己負責的自由。
- 被愛的。
- 有安全感的。
- 被信任的。

▲以豐富正向的眼光，探索與啟發孩子的正面特質。

- 以脈絡看待孩子，而不以單次的事件判斷孩子。
- 真心的好奇與探索孩子，並且去掉談話中的「為什麼？」將慣性語言改為「我很好奇……」與各種關於「好奇」的問話方式。
- 好奇是發自心靈的關心與探索，而非一種運用的策略。
- 好奇以開放的探索，再搭配選項詢問，將開放條件寓於選項之中。
- 正向的意涵，是孩子的資源，以及孩子的渴望。

▲停頓與覺察

- 遇到事件發生，脫離過去慣性的方式，停頓而不重複過去回應，是個開始。
- 停頓是有意識的一個動作。
- 停頓也是覺察自己內在的一門功課。
- 深呼吸就是一種停頓。

附註1

童年時期，父親對我的打罵無效，可能是父親並非絕對嚴厲，我的個性又調皮之故。當父親責罵我，我反而經常頂嘴，父親對我雖然無可奈何，卻仍然給予我們很多的關愛。

附註2

這一段事蹟，我曾將較詳細的歷程，書寫收錄於《給長耳兔的36封信》一書（寶瓶文化出版）。

附註3

當時的童玩，大多兒童手工自製，比如沙包、竹片、酒瓶蓋、風箏、風車……等玩具，有些遊戲名稱已不復記憶，甚至遊戲的方法都是同學自創。

附註4

若以考試成績審視我就讀的國小，這兩所學校都位於台中市北屯區，建功國小就讀的那一班約有五十人，日後最少有六位同學考上一中與女中；東山國中小那一班，甚至那一整個年級的一百五十人，無人考上一中與女中。但這並不代表教育的成敗，因為人生包含廣泛。但日後的成就、快樂與幸福的程度，因為缺乏資訊，很難完整的比較。

附註5

這些人包括小說家甘耀明、香港詩人陳智德（筆名陳滅）、散文家徐國能、兒童文學家陳榛儀、還有陳慶元、董恕明與李癸雲。

附註6

禱告是所有人都可進行的儀式，虔誠的心靈，有助於人的誠敬與專注。

我在體制外學校任教時，每年固定有登山活動。帶領我們登山的老師歐陽台生，每回帶領師生到達大山的登山口，必定帶著所有人進行「敬山」儀式，由領隊帶領，以水代酒，所有人在大山前跪地，虔誠且尊敬地朗誦一段敬山詞。此種莊嚴寧靜的禱告，便如結婚、喪禮、祝壽、禮拜一般令人重視此番行程，內在也有更多的意識感。

附註7

我觀察過成功的助人單位，尤其是協助孩子成長的團體，最好的方式便是為孩子建立舞台。我所指的舞台，不是實質上的舞台，而是讓青少年找到自我價值的平台，讓孩子們找到自我價值，進而轉化了他們的人生，這便是John Barmen說的「連結渴望，跨越行為問題」。

過去我在體制外中學任教，學校的戲劇課、肢體課、樂團與登山課程，學生投入的程度讓人豎起大拇指，因為每學期都有肢體、戲劇與音樂表演的發表，也需要小組長帶隊登大山，讓他們深深感到價值。

附註8

當一個群體流傳的故事，是正向的、勵志的、有力量的故事，會使一個群體更朝向那個故事走去。若是群體中，流傳的故事，是受傷的、迫害的、悔恨的、無奈的故事，也容易使群體成員走入負向的故事。在正向故事中成長的孩子，遇到了人生中的挫折、困境、失敗事件，比較容易正向思考，為自己負責任；反過來說，在負向故事中成長的孩子，遇到了人生中的挫折、困境、失敗事件，也容易負向思考，要別人為自己負責任。

一般人稱之為命運，我認為世界是由意識創造出來。

希臘悲劇《伊底帕斯王》：伊底帕斯去德爾斐神殿，請求太陽神阿波羅神諭，得知自己將來會「弒父娶母」。為了避免神諭成真，伊底帕斯便離開科林斯，並發誓永不再回去。伊底帕斯流浪到底比斯附近，在三叉路上與一輛馬車發生衝突，受到馬車上的人的推擠和攻擊，便失手殺了全部的人，其中正包括了他的親生父親，並且在隨後的事件裡，立功娶了自己的母親。伊底帕斯一輩子最擔心的事，就這樣成真了……

霍桑的《人面巨石》：小男孩一心一意等待偉人來村莊，那是一個古老的傳說——村里有一顆大石頭，那模樣慈祥而智慧，像極了一個智者。村裡傳說將有一位智者會前來村子，模樣有如那顆巨石，為村子裡帶來幸福。村子有位小男孩始終相信，始終滿心期待，最後小男孩日漸老去，卻依然相信與等待，成為老人的男孩，日後竟就是那位智者，為村子帶來智慧與幸福……

故事傳承著價值，主宰聽故事人們的心靈，有時也決定了人的意識。

美國民謠搖滾宗師鮑伯．狄倫，曾接受《滾石雜誌》法文版專訪時說：「如果你的血液中有三K黨的味道，黑人可以聞到，就像猶太人可以聞到納粹黨的血液味道，塞爾維亞人可以聞到克羅埃西亞的血液味道一樣。」

我認為鮑伯．狄倫所言，這些仇恨、血液與憤怒，也是藉由故事傳承而來。

我常審視一個人、一個家庭、一個社群、一個國家、一整個民族，承載著什麼樣的故事？發展出什麼樣的作為。

附註9

很多國家、公司、學校、家庭都有一段流傳甚久的故事，這些故事形塑、貢獻了某種文化的養成。比如台灣早期為了對國家有認同感，宣揚八百壯士中的女學生護旗故事，便有學生為了一張飄在馬路上的日曆，冒險要卡車停駛，只為了國旗印在日曆上，不能任意侮辱，可視為國家藉由故事，創造人民的愛國意識；某個公司元老，在崗位上盡心盡力，細心負責任的態度，阻止了一場可能發生的災害，故事讓員工懂得感恩與盡責，公司藉由故事凝聚了某種價值；學校的傑出校友回校演講，提及當年學校的點滴，老師的諄諄教誨，藉由有生命力的陳年故事，讓學生感覺到學校的用心與光榮，自己也將成為故事的一分子；家族的歷史，常讓子孫覺得自己是個受害者?還是個擁有優良血脈、有價值的人。

我幼年時期，父親常講述自己奮鬥的歷史，家族的書香傳統，我認為這無形中也讓我走入這樣的脈絡。尤其父親最常告訴我的是：「我們家的孩子，都是大器晚成。」並且告訴我諸多大器晚成的故事，包括父親自己都是四十歲以後才上大學，四十歲以後才生下我和弟妹，讓我在毫無成就之時，仍然記得這些大器晚成的故事，即使三十歲三天沒飯吃，甚至從家中垃圾桶掏出數天前的棄食下肚，都沒放棄有大器的可能。

不過當我年過四十，我問父親，家族的孩子真的都大器晚成嗎?父親卻矢口否認曾經這樣說。但我的腦海裡面，多年來早已陳列著這個故事，並且認為自己也會大器晚成，那似乎是一種希望，如燈塔一樣導引我航向大器的彼方。

國家圖書館預行編目資料

心教——點燃每個孩子的學習渴望／李崇建著. --初版. --臺北市：寶瓶文化, 2015. 3
面； 公分. --(Catcher ; 073)
ISBN 978-986-406-008-5 (平裝)

1. 親職教育 2. 親子關係 3. 師生關係

528. 2 104004150

Catcher 073

心教——點燃每個孩子的學習渴望

作者／李崇建

發行人／張寶琴
社長兼總編輯／朱亞君
副總編輯／張純玲
主編／丁慧瑋 編輯／林婕伃
美術主編／林慧雯
校對／賴逸娟・陳佩伶・劉素芬・李崇建
營銷部主任／林歆婕 業務專員／林裕翔 企劃專員／李祉萱
財務／莊玉萍
出版者／寶瓶文化事業股份有限公司
地址／台北市110信義區基隆路一段180號8樓
電話／(02) 27494988 傳真／(02) 27495072
郵政劃撥／19446403 寶瓶文化事業股份有限公司
印刷廠／世和印製企業有限公司
總經銷／大和書報圖書股份有限公司 電話／(02) 89902588
地址／新北市新莊區五工五路2號 傳真／(02) 22997900
E-mail／aquarius@udngroup.com

法律顧問／理律法律事務所陳長文律師、蔣大中律師
如有破損或裝訂錯誤，請寄回本公司更換
著作完成日期／二〇一五年
初版一刷日期／二〇一五年三月二十日
初版四十一刷+日期／二〇二四年五月九日
ISBN／978-986-406-008-5
定價／三四〇元

AQUARIUS 寶瓶 文化事業

愛書人卡

感謝您熱心的為我們填寫，
對您的意見，我們會認真的加以參考，
希望寶瓶文化推出的每一本書，都能得到您的肯定與永遠的支持。

系列：Catcher 073　**書名：心教——點燃每個孩子的學習渴望**

1. 姓名：＿＿＿＿＿＿＿＿　性別：□男　□女

2. 生日：＿＿年＿＿月＿＿日

3. 教育程度：□大學以上　□大學　□專科　□高中、高職　□高中職以下

4. 職業：＿＿＿＿＿＿＿

5. 聯絡地址：＿＿＿＿＿＿＿＿＿＿＿＿＿＿＿＿＿＿＿＿

   聯絡電話：＿＿＿＿＿＿＿＿　手機：＿＿＿＿＿＿＿＿

6. E-mail信箱：＿＿＿＿＿＿＿＿＿＿＿＿＿＿＿

   □同意　□不同意　免費獲得寶瓶文化叢書訊息

7. 購買日期：＿＿ 年 ＿＿ 月 ＿＿日

8. 您得知本書的管道：□報紙／雜誌　□電視／電台　□親友介紹　□逛書店　□網路　□傳單／海報　□廣告　□其他

9. 您在哪裡買到本書：□書店，店名＿＿＿＿＿　□劃撥　□現場活動　□贈書　□網路購書，網站名稱：＿＿＿＿＿＿　□其他＿＿＿＿＿

10. 對本書的建議：（請填代號　1. 滿意　2. 尚可　3. 再改進，請提供意見）

    內容：＿＿＿＿＿＿＿＿＿＿＿＿

    封面：＿＿＿＿＿＿＿＿＿＿＿＿

    編排：＿＿＿＿＿＿＿＿＿＿＿＿

    其他：＿＿＿＿＿＿＿＿＿＿＿＿

    綜合意見：＿＿＿＿＿＿＿＿＿＿＿＿＿＿＿＿＿＿＿＿＿＿＿＿

11. 希望我們未來出版哪一類的書籍：＿＿＿＿＿＿＿＿＿＿＿＿＿＿＿

讓文字與書寫的聲音大鳴大放

寶瓶文化事業股份有限公司

（請沿此虛線剪下）

廣 告 回 函
北區郵政管理局登記
證北台字15345號
免貼郵票

寶瓶文化事業股份有限公司　收

110台北市信義區基隆路一段180號8樓
8F,180 KEELUNG RD.,SEC.1,
TAIPEI.(110)TAIWAN R.O.C.

（請沿虛線對折後寄回，謝謝）